U0465364

帝国的归宿

两宋卷

于之伟 李鹏◎主编
袁岂凡◎著

中国华侨出版社
·北京·

图书在版编目（CIP）数据

帝国的归宿．两宋卷／袁岂凡著．—北京：中国华侨出版社，2017.12

ISBN 978-7-5113-7242-0

Ⅰ．①帝… Ⅱ．①袁… Ⅲ．①中国历史—宋代—通俗读物 Ⅳ．① K209

中国版本图书馆 CIP 数据核字（2017）第 297396 号

帝国的归宿．两宋卷

著　　者／袁岂凡
责任编辑／高文喆　桑梦娟
责任校对／高晓华
经　　销／新华书店
开　　本／880 毫米 ×1230 毫米　1/32　印张／9　字数／252 千字
印　　刷／北京溢漾印刷有限公司
版　　次／2018 年 5 月第 1 版　2018 年 5 月第 1 次印刷
书　　号／ISBN 978-7-5113-7242-0
定　　价／36.00 元

中国华侨出版社　北京市朝阳区静安里 26 号通成达大厦 3 层　邮编：100028
法律顾问：陈鹰律师事务所
编辑部：（010）64443056　　64443979
发行部：（010）64443051　　传真：（010）64439708
网　址：www.oveaschin.com
E-mail：oveaschin@sina.com

序

钱穆先生说到中华文化的三个特点，一是历史悠久，二是不间断，三是记载详密。环顾全球，恐怕没有哪个民族如中华民族这样重视历史。中国可以说是世界上历史最为完备的国家。

学习历史的意义何在？我理解应该有三个层次：第一，了解我们的先人是如何生活、如何思考的；第二，了解我们的民族是如何发展、繁衍至今的；第三，从中摸索出一些规律，以推动和促进我们当下的生活。很多人在学生时代或多或少对历史都有一点恐惧心理，枯燥的时间地点，乏味的典章制度，为了应付各种考试，不得不死记硬背。但是，当我们积累了一些社会经验，增长了一些人生阅历之后，却会发现，生活中时时处处都有历史的影子在摇曳，那感觉似是而又非、真切而又恍惚，今天好像是昨天的重现，但却又与昨天有着完全不同的意义。这一切，驱动着你想去探寻，是什么造成了昨与今之间的同与不同，是什么导致了今与昨之进步与反动。这就是历史的魅力所在。

前辈学者阐释学习历史的态度时，特别指出，对于本国历史应该持有一种温情与敬意，应该有一种理解之同情。只有满怀温情与敬意、抱着理解之同情，才能同时摒弃妄自菲薄与狂妄自大，以一颗平常心去面对我们民族五千年的文明史，并从中有所收获。

新中国成立以前，人民受教育程度普遍偏低，普罗大众的历史知识主要来自两种通俗文艺形式——评书和戏剧。义务教育普及的今天，历史仍然是大众读物乃至大众娱乐的重要内容。充斥银幕的热播剧、各大图书排行榜上的畅销书，许多都是以历史为题材。另外，学者皓首穷经的研究成果，则很少有人问津。冷静一想，这种现象不仅发生在我们大陆，即便在今日之美国、日本以及中国的台湾、香港，也无不如此。在世界华人社会里，是陈寅恪的《柳如是别传》，还是金庸的《鹿鼎记》发行量大？同是“三国”，读《三国志》的有几人，《三国演义》却是家喻户晓。小说《三国演义》《鹿鼎记》乃至电视剧《三国演义》《鹿鼎记》等对培养青少年历史兴趣的功能不容忽视。回想我们这一代历史学者，有多少人是因为读《三国演义》《水浒传》而喜欢上历史并走上专业研究道路，又有多少人一开始就是捧读《史记》《资治通鉴》的？显然是前者。

因此，不必鄙视大众读物，不必轻视大众读物乃至影视作品对于唤起人们对历史、对历史学产生兴趣的作用。同时，不可否认的是，有些大众读物、影视作品粗制滥造，闹了很多令人啼笑皆非的笑话，造成了不良影响。

《帝国的归宿》丛书出版在即，中国华侨出版社的年轻朋友嘱我为这套通俗历史读物写一篇序言。丛书将“以史为鉴，可以知兴衰”作为选题宗旨，详述秦汉隋唐宋元明清等主要朝代的兴亡过程。粗读全稿，与一般历史读物相比似乎并无特别之处。细读之下，却感受到了其中的与众不同。丛书作者都是在科研、教育一线的青年史学工作者，他们秉持史学研究的科学方法，带着一份学术的尊严，投身大众读物创作，其热情与严谨洋溢于字里行间。全稿宏大叙事与历史细节并重，在正确的史学理论之下，从史料出发，切实做到了言必有据。特别难能可贵的是，不少作者将学界的新成果融会贯通，以普通读者喜闻乐见的方式进行传播和推广，这就是我们通常所说的科学普及工作。这一点在丛书的唐朝卷、元朝卷、明朝卷中都有很好的体现。

相信，这套丛书能够在众多大众历史读物中脱颖而出，得到广大读者的认可。

是为序。

方志远 丁酉秋九月望日

目　录

第一章 祖宗家法

第一节 杯酒之间释兵权

公元960年，赵匡胤建立宋朝后，帝国旋即陷入一个困境，那就是：如何防止“陈桥兵变”的历史重演？

军人掌握足够的兵权，就能发动政变、改朝换代。这个规律在五代十国以来不断上演。赵匡胤由兵变当了皇帝，某一天，在他的部将身上会不会也发生“黄袍加身”的事情呢？起初，赵匡胤并没有太担心这回事。不是他不懂得统兵大将权力过大的危害，而是他比较信赖自己的部下。

文臣赵普却不这么认为。

赵普读书不多，为人忠厚。其家世算不上显赫，但自曾祖父以来，数代为官。陈桥兵变前，赵普即为赵匡胤亲信幕僚。当时赵普颇受当朝宰相范质的器重，被举荐为“军事判官”。这是一个主管军队军纪执法的官员，说明赵普应该善于辨别是非、能断案。在其之后的为人处世中，也印证了这一点。

赵匡胤与赵普的交往，应该主要是从后周显德三年（956年）开始的，而且是赵匡胤的父亲与其交往在先。这一年，赵匡胤攻下滁州后，他的父亲赵弘殷在滁州养病。赵普则朝夕侍奉药饵，赵弘殷于是以宗族的情分来对待他。这种“宗族之情”后来成为赵匡胤与赵普之间相互信任、相互合作的重要基础。

据说，赵匡胤曾经与赵普交谈，也觉得他很不寻常。当时捕

获盗贼100多人，按律当斩；但赵普怀疑其中有无辜的人，于是展开询问，结果很多人经过排查、弄清真相后存活下来。赵普的司法才干于是进一步得到认可，后来还调任到渭州继续担任军事判官。但此后赵普的人生际遇，基本上都随赵匡胤的发展而变化。赵匡胤升迁，赵普也会跟着被推荐、调动升迁。赵匡胤对赵普的信任始终是牢固的。“陈桥兵变”之发生，赵普是主谋，于赵匡胤有奇功。宋朝新定，赵普更是很多事都想在了宋太祖赵匡胤的前面，未雨绸缪、积极谋划。

史书记载，北宋建隆二年（961年）宋太祖赵匡胤跟赵普有过一番对话，这番对话主要是太祖赵匡胤向赵普问询对策。大致内容是：

太祖赵匡胤问赵普：“天下自唐季以来，数十年间，帝王凡易八姓，战斗不息，生民涂地，其故何也？吾欲息天下之兵，为国家长久计，其道如何？”

赵普听后马上回答说：“此非他故，方镇太重，君弱臣强而已。今所以治之，亦无他奇巧，惟稍夺其权，制其钱谷，收其精兵，则天下自安矣。”

在这番对话中，赵普从“权、钱、兵”三方面提出了自己的观点，直指要害。其意要把政权、财权、兵权从方镇手中夺回来；换言之，用“夺、制、收”的办法使方镇与政权、钱财、精兵三者分离。核心是财政，但当务之急却是兵权！

不过，赵普的建议起初并不为太祖赵匡胤所采纳。因为太祖赵匡胤对当时的部下非常信任。谁叛、谁不叛，他心中有数，而且是相当自信的。其实，太祖赵匡胤对此所持的观点也并非没有道理。

因为陈桥兵变前，赵匡胤是从禁军士兵一步一步起家的，他在禁军中有很深厚的根基和影响力。除了有赵普为代表的文臣辅佐之外，赵匡胤在军中亦广结善缘，和许多军官感情都很好，“义社十兄弟”就是突出的代表。(“义社十兄弟”是赵匡胤在军中的结义兄弟，共10个人，大多是级别较低的军官。按文献的不完全记载，这十人大致应该是：赵匡胤、杨光义、石守信、李继勋、王审琦、刘庆义、刘守忠、刘廷让、韩重赟、王政忠。这些人也正是发动“陈桥兵变”的重要力量之一）此外，后周禁军一些手握重兵的大将，诸如慕容延钊、韩令坤、赵彦徽、高怀德等，也都是与赵匡胤相交多年的密友，在“陈桥兵变”中大多扮演了主谋的角色。这些人，对太祖赵匡胤来讲，应该都是信得过的人。所以，当赵普劝说太祖赵匡胤削夺统兵大将权力的时候，赵匡胤是有些不以为然，认为“过虑”的。但在赵普不断地劝说中，有些话还是触动了太祖赵匡胤，使其态度渐渐转变，倾向于尽快削夺统兵大将的权力，因为这些人对皇权的威胁最直接。

根据史书记载，赵普之所以能触动太祖赵匡胤，推测是源于下面的一段对话：

赵普：“但虑（石守信、王审琦）不能制伏于下，既不能制伏于下，其间军伍忽有作孽者，临时不自由耳。”

太祖赵匡胤：“此二人受国家如此擢用，岂负得朕？”

赵普：“只如陛下岂负得世宗？”

太祖方悟而从之。

赵普是担心石守信、王审琦都是不能节制部下的人，万一他们的部下在军中作乱，届时石、王二人恐怕会身不由己；而太祖赵匡胤却认为，国家如此重用他们，他们怎会辜负我？对此，赵

普只给了轻轻一问：就像你当初不应该辜负周世宗一样吗？

赵普这“轻轻一问”应该是触动太祖赵匡胤并使其接受自己主张的关键点。因为“陈桥兵变”这件事，恰恰是深受后周皇帝重用与信任的赵匡胤“负”了后周的皇帝。由此及彼，那么石、王二人为什么不可能辜负大宋呢？这种“以子之矛攻子之盾”的逻辑，终于使赵匡胤“方悟而从之”。

于是，历史上最具有戏剧性的“夺权”行动随即展开，此即为：杯酒释兵权。

事件发生在北宋建隆二年（961 年）七月的某个时间。按《续资治通鉴长编》《国史》《实录》等记载，这天，太祖赵匡胤召集石守信、高怀德、王审琦等高级将领举行了一次宴会。

酒喝到正酣的时候，太祖赵匡胤开始诉苦和感叹：“做皇帝也太艰难了，还不如做节度使快乐，我整个夜晚都不敢安枕而卧啊！”

这些将领十分不解地询问缘故。

太祖回答说：“这不难知道，我这个皇帝的位置谁不想要呢？”

此言一出，把大家吓一跳，赶紧叩头表示：“陛下何为出此言？今天命已定，谁敢复有异心？”

宋太祖说：“事情不像你们说得那么轻巧。你们虽然没有异心，然而你们部下想要富贵，一旦把黄袍加在你的身上，你即使不想当皇帝，到时也身不由己了。”

石守信等人听罢，赶紧跪求皇帝指明出路。

太祖赵匡胤于是说出了自己早已给他们想好了的去处：“人生在世，像白驹过隙那样短促，所以爱好富贵的人，不过是想多聚金钱，多多娱乐，使子孙后代免于贫乏而已。所以你们不如放下兵权，去镇守地方，多置良田美宅，为子孙立永远不可动的产业。同时多买些歌儿舞女，日夜饮酒相欢，直至终年。我再同你们再结为儿女亲家，君臣之间，两无猜疑，上下相安，这样不是很好吗？”

石守信等人叩头称谢。第二天，石守信、高怀德、王审琦等人纷纷称病、请求解甲归田。太祖赵匡胤顺水推舟解除了他们的兵权，同时，给予丰厚的赏赐。

对于上述事，史学界一直怀疑它是否在历史上真实存在过。因为正史作品《宋史》中未曾提及。它的最早记载，是王曾（公元978—1038年）的《王文正公笔录》。此后，司马光的《涑水纪闻》、王辟之的《渑水燕谈录》等北宋史籍对“杯酒”一事亦有记载。这些记载，在文辞、情节详略上有所不同，在有关“杯酒”一事的时间、诸将释兵权后的职务安排等方面亦有分歧，但都能基本证实“释兵权”一事确实发生过。其中李焘在《续资治通鉴长编》中的考订是极为严谨的。现在对“杯酒释兵权”的引用，一般都以李焘考订出来的版本作为依据，倾向于相信它的存在。应当承认，有关“杯酒释兵权”的记载中，某些细节的夸张和渲染肯定是存在的，但“释兵权”这一情节也显然成立。而且，根据学界的考证，“释兵权”其实是分批次进行的，对石守信、王审琦、高怀德等人的解除权力只是水到渠成的一种结果。

为了说明这个问题，我们需要先介绍一下当时的兵权分配情况。

北宋的军队跟后周末期一样，还是分为禁军和厢军两部分。其中，“禁军”为中央军，也是正规军，属于作战部队；而“厢军”属于地方军，主要从事各种劳役（因而也称为“役兵”）、维持社会安定，偶尔也会参加一些战斗。所以，统率禁军之权，是北宋的兵权所在。北宋的禁军又分两极：“前殿军”和“侍卫亲军”。在“杯酒释兵权”之前，禁军的领导机构和人事安排分别如下表所示：

北宋建立的禁军职官阵容一览表

编制	部门	番号	禁军军职	任职将领
禁军 中央军。也是正规军、作战部队。负责守京师，备征戍。	殿前司	殿前军	1. 殿前都点检	慕容延钊
			2. 殿前副都点检	高怀德
			3. 殿前都指挥使	王审琦
			4. 殿前都虞候	赵光义
	侍卫司	侍卫亲军	1. 马步军都指挥使	韩令坤
			2. 马步军副都指挥使	石守信
			3. 马步军都虞候	张令铎
			4. 马军都指挥使	张光翰
			5. 步军都指挥使	赵彦徽

上表中的北宋建立后的禁军职官阵容亦是赵匡胤即将着手“释兵权”的对象。

这些统领禁军的各级军官中，已分批次被解除多人统率禁军的兵权。

第一批次发生在北宋建隆元年（960 年）八月，张光翰和赵彦徽被调“出守大藩”，分别外放为永清军节度使、建雄军节度使，同时自动解除他们在禁军中的军职。这是太祖赵匡胤第一次对禁军将领做重大调整。因为“出守大藩”既在名义上是“高升”，同时又享有“节度使”的优厚待遇，所以此二人愉快地接受了安排，外界也没有过度联想和关注。

第二批次发生在北宋建隆二年（961 年）闰三月，太祖赵匡胤又如法炮制，因庆贺平定李重进的叛乱，以加官晋爵的名义解除了“殿前都点检”慕容延钊和“侍卫马步军都指挥使”韩令坤的禁军军职；慕容延钊以“侍中”（高级宰相）衔外放为山南东道节度使、西南面兵马都部署，韩令坤同样以侍中衔改任成德军节度使、北面缘兵马都部署。自此,“殿前都点检”开始长期空缺。慕容延钊和韩令坤的外调，也是既有名义上的“高升”，又有节度使的优厚待遇，同时还能对诸多地方驻扎军队有指挥权。所以这批次的人事调动也相当和平。甚至慕容延钊对太祖赵匡胤的安排几乎到了“心领神会”的地步。

至于发生在北宋建隆二年（961年）七月的“杯酒释兵权”，实际上只能算第三批次的“释兵权”了。不管这第三批次的“释兵权”是否发生在酒宴中，石守信、王审琦、高怀德、张令铎的禁军职权同时被解除都是事实。此时距离第二批“释兵权”才四个月时间。而且石守信、王审琦、高怀德、张令铎被解除禁军职权后，也并不是真的就解甲归田了。太祖赵匡胤的安排，依然是“外放”去做节度使：石守信为天平节度使，高怀德为归德节度使，王审琦为忠正节度使，张令铎为镇宁节度使。至此，禁军中只剩下赵光义（太祖赵匡胤的亲弟弟，本名匡义，又名光义）仍旧在禁军中任职了。不过，这也是暂时的事。因为下面还有第四批次的“释兵权”。

第四批次的“释兵权”是紧随“杯酒释兵权”之后，调任赵光义为开封府尹，并解除其“殿前都虞候”的禁军职务。“侍卫亲军步军都指挥使”罗彦環也因被外放为安国节度使，并解除其禁军职权。

至此，禁军两司（殿前司、侍卫司）的各级军官已经全部被替换掉了（如下表所示）。

四批次“释兵权”的安排一览表

编制	部门	番号	禁军军职	“释兵权”的批次安排
禁军	殿前司	殿前军	1. 殿前都点检	第二批：慕容延钊被外放为节度使。此职开始长期空缺
			2. 殿前副都点检	第三批：高怀德被外放为节度使
			3. 殿前都指挥使	第三批：王审琦被外放为节度使
			4. 殿前都虞候	第四批：赵光义转任开封府尹
	侍卫司	侍卫亲军	1. 马步军都指挥使	第二批：韩令坤被外放为节度使，此职由石守信接任 第三批：石守信被外放为节度使。此职被取消
			2. 马步军副都指挥使	第二批：石守信被升职为马步军都指挥使，此职被取消
			3. 马步军都虞候	第三批：张令铎被外放为节度使。此职被取消
			4. 马军都指挥使	第一批：龙捷左厢军指挥使韩重赟接任
			5. 步军都指挥使	第一批：控鹤左厢军指挥使罗彦環接任 第四批：罗彦環被外放为节度使

可见，“杯酒释兵权”只是太祖赵匡胤“释兵权”的一个著名样本而已，并不是“释兵权”的全部动作。所有批次的“释兵权”，都仅仅是针对“禁军”的各级将领——都是解除禁军将领的兵权——而不是地方节度使的兵权。但必须要承认的是，包括“杯酒释兵权”在内的四次“释兵权”，都是比较和平、和谐的。在这过程中，皇帝与这些禁军将领之间，近乎达成了默契。

放下禁军职权的将领不仅没有了人身安全上的顾虑，而且还能享受经济上的优厚待遇，也能继续维持在军队中的声望和荣誉。有些将领还和皇帝结成儿女亲家，增进了和皇帝之间的私人感情。对于皇帝而言，卸任的禁军将领以各地节度使的名义，还在军中任职，可以继续在必要时参加大宋的统一战争；而新上任的禁军将领通常是军中级别和名望较低的军官，他们在军队中的威信远远不足以策划“陈桥兵变”这样的政变。这意味着皇帝的个人安全和地位得到了空前的保障和巩固。从表面上来看，第一代开国将帅由此调出京城，“各守外藩”，武人干预中央政治的局面为之改变；此后，新提拔的第二代将帅，资浅功薄，自然无法与皇帝——甚至赵普等开国文臣相抗衡了。实质上，此番系列动作和平地消除了开国皇帝和开国功臣之间的矛盾，避免了历史上类似刘邦诛杀开国功臣等案例的重演。在君主专制的时代，能做到这一点，委实不易。

其最深远的影响，还在于营造了一种较为文明和理性的开国氛围，从而影响和带动着宋代的政治生活向着相对宽松和自由的方向发展，并最终形成了“未尝轻杀臣下”“不以文字罪人”“不杀士大夫及上书言事人”等值得肯定的政治传统。而且，只要五代十国以来，军人政变的事情不至于随时发生，皇帝就有时间专注于其他的事情，例如：继续致力于王朝的统一和开展经济建设。

所以，包括“杯酒释兵权”在内的、各批次的“释兵权”，都是“双赢”的结局。

这种“双赢”的合作之所以能达成，与太祖赵匡胤个人智慧的高深是分不开的。五代十国以来，不是没人注意到军人跋扈的危害，也不是没人想过要杜绝此类现象的发生。然而，非不想为也，实不能为也！

宋太祖能和平、和谐地解除禁军将领的职权，是由多种因素共同促成的，这些因素在之前的朝代并不同时具备。总结起来，

至少有三：

其一，太祖在军中足够的地位和威望。否则，既不可能有陈桥兵变——拥戴他改朝换代当皇帝，也不会有这些禁军高级将领在政变后对他的持续支持和忠诚。

其二，太祖赵匡胤在解决禁军将领职权的问题上，非常有策略。他的策略基本可以归纳为：先易后难、名正言顺、明升暗降、待遇优厚。第一批次的“释兵权”，就是遵循了“先易后难”的策略。被调离岗位的是禁军中级别较低的将领，不容易引起高级将领的恐慌，“释权”的战略意图也不明显。第二批次的“释兵权”，选在平定李重进的叛乱之后，平定叛乱自然需要论功寻赏。这个正确的时机，给了太祖赵匡胤“名正言顺”调整人事安排的理由。且被调离禁军职位的将领，都在军中获得了足够多的职务补偿和名义上升职的安排。第三批次是“杯酒释兵权”，看上去这是实在没什么理由的情况下而为之的。但此番人事安排之所以成功，是以前面人事安排已经调整完毕、石守信等人相对被孤立为前提，另外就是太祖赵匡胤给出的待遇是对方无法拒绝的——既是节度使，又是宰相，再加“约为姻亲”和丰厚的赏赐。

其三，赵普的不断建议和坚持。从历次“释兵权”来看，太祖赵匡胤很可能早有此意，而且自有计划和步骤，只是他并不急于为之。但赵普与太祖赵匡胤的多次对话来看，赵普是非常坚决、积极鼓励太祖赵匡胤尽早削夺禁军大将职权的。他的许多观点，非常具有文官的代表性。

不过，以“杯酒释兵权”为代表的系列“释兵权”动作，并不能代表皇权可以自此永世高枕无忧。因为假以时日，那些第二代禁军将领也会在禁军中逐渐建立自己的威信，进而重新威胁皇权；那些已经外放为节度使的第一代禁军将领，也可能会重新威胁中央集权。这意味着武将对中央集权的威胁始终没有彻底根除，随时可能重新激化矛盾、发动叛乱或者政变。那么，届时北宋统治者又该如何是好？此时的太祖赵匡胤已经想到这一层了吗？

第二节 军制建设控军权

“杯酒释兵权”只是解除禁军统兵将领兵权的一个代表性案例，权宜之计而已。太祖赵匡胤实际上早已深谋远虑、全盘计划。北宋王朝全面而深刻的军事、政治改革，才刚刚拉开序幕……

在君主专制的时代，无论如何，君主不可能“一个人”独自统治国家。他需要军队来保卫自己和国家，他也需要文官来协助自己治理中央和地方。但是权力一旦下移，军队可能会不受控制，甚至反过来威胁自己；文官可能不称职，甚至背叛君主。这就是君主专制的矛盾，也是君主专制的“原罪”——任何“君主专制”的国家或者社会都无法摆脱它。结果，君主在巩固自己的权力、地位的过程中，常常首尾不能均顾——总是不免衍生出各种头疼的问题，最终都表现为威胁皇权。

对于北宋而言，武将的不可靠，太祖赵匡胤是最有体会的。那么文官就可靠么？文官其实也不可靠，并且殷鉴不远、触目惊心。远有秦朝丞相李斯，近有唐玄宗皇时期的杨国忠、李林甫；这些人居庙堂之高、掌丞相之职，却前者制造了宫廷政变（沙丘

之变）、后二者专权误国终致“安史之乱”并使唐朝由盛转衰。所以，巩固统治，不能独独对武将“释兵权”而已。

太祖赵匡胤深谙前代兴亡盛衰之道，处心积虑地汲取每一个教训。皇帝统治国家，需要同时笼络文臣和武将，使之为皇权效力；但文臣和武将的权力都不能过重，且应当受到监督和制约，确保皇帝能始终掌握全局。这需要在制度上做高超的顶层设计，以便国运永昌。这个“顶层设计”就应该是大宋的发展蓝图、万年大计。随着禁军的开国将领逐一外放为节度使，其在禁军中的位置被资浅望轻的将领所取代，太祖赵匡胤及其继任者腾出了精力和时间来绘制这样的发展蓝图了。没有证据表明太祖赵匡胤是按纸上的计划逐步开展，但其随后施政措施却基本遵循了上述逻辑。首当其冲的，是军制改革。

这是紧随“杯酒释兵权”之后徐图开展的。在北宋开国后的第一代禁军将领外放为节度使后，不宜给第二代禁军将领在军中的崛起留出时间。否则，迁延日久，内有第二代禁军将领威胁皇权，外有第一代禁军将领以“节度使”的身份割据一方、威胁中央。“杯酒释兵权”只是给太祖赵匡胤腾出了进行后续改革的精力和时间，并不能对皇权的稳固起到一劳永逸的作用。太祖赵匡胤的当务之急，是抓住这个机会，建立防范军人跋扈、武将专权的制度体系。从这个逻辑上讲，军制改革也必须放在首要位置。太祖赵匡胤的军制改革主要有四项内容：

（一）分散军权。将禁军的衙门由“两司”拆分为“三衙”

前面已经说过，“禁军”不管是在后周还是在北宋立国之处，都是中央军、正规军、主力作战部队。太祖赵匡胤在改革前，北宋承袭后周军制，禁军分为“殿前军”和“侍卫马步军”分别由“殿前司”和“侍卫司”两个机构管辖，并且殿前司的地位高于侍卫司。但是“杯酒释兵权”之后，太祖赵匡胤随着禁军将领的外迁，顺势陆续撤销了侍卫司的长官都指挥使、副都指挥使、都虞候的建制。这样，侍卫司没有了长官，原先属于侍卫司的侍卫马军和侍卫步军各自独立成为两司，与殿前司并列合称“三衙”，三衙长官皆称都指挥使，并称“三帅”。三衙三帅之设，无形中分散了军权（见魏福明:《北宋的集权与分析》,《东南大学学报》（哲社版）2003 年 7 月，P69–74）。

宋太祖赵匡胤军制改革前后对比一览表

<table>
<tr><th colspan="3">改革前</th><th colspan="3">改革后</th></tr>
<tr><td>编制</td><td>部门</td><td>禁军统帅</td><td>编制</td><td>部门</td><td>禁军统帅</td></tr>
<tr><td rowspan="9">禁军</td><td rowspan="4">殿前司</td><td>1. 殿前都点检</td><td rowspan="9">禁军</td><td rowspan="4">殿前司</td><td rowspan="4">1. 殿前都指挥使
2. 殿前副都指挥使
3. 殿前都虞候</td></tr>
<tr><td>2. 殿前副都点检</td></tr>
<tr><td>3. 殿前都指挥使</td></tr>
<tr><td>4. 殿前都虞候</td></tr>
<tr><td rowspan="5">侍卫司</td><td>1. 马步军都指挥使</td><td rowspan="3">侍卫亲军马军司</td><td rowspan="3">1. 马军都指挥使
2. 马军副都指挥使
3. 马军都虞候</td></tr>
<tr><td>2. 马步军副都指挥使</td></tr>
<tr><td>3. 马步军都虞候</td></tr>
<tr><td>4. 马军都指挥使</td><td rowspan="2">侍卫亲军步军司</td><td rowspan="2">1. 步军都指挥使
2. 步军副都指挥使
3. 步军都虞候</td></tr>
<tr><td>5. 步军都指挥使</td></tr>
</table>

禁军经过机构改革后，“两司”变为“三衙”，且互不统属。看似改动不大，实际用意深远。和两司相比，三衙更难对抗皇权。改革前的“两司”同时背叛皇帝，听上去不是容易的事，但“陈

桥兵变”的发生却说明其概率并不低。但在技术上，“三衙”同时背叛皇帝的概率肯定比“两司”要低。而且在“三衙”中偶有一个出现叛逆的迹象，皇帝也能够及时拉拢其他两个衙门形成压倒性优势迫其就范。此一改革对稳固皇权之贡献，于中可见一斑。

（二）分散兵权。将兵权一分为二：领兵权和调兵权

对于由禁军首领摇身一变成为皇帝的赵匡胤来讲，兵变这种事情不论概率多低，只要有发生的可能，即便未来可以平息，也一定是有代价和损失的。所以将这一隐患消灭于摇篮之中，才是上策。为此，太祖赵匡胤精心谋划，还将禁军统率的兵权一分为二：领兵权和调兵权，也叫“握兵权”和“发兵权”。

调兵权（发兵权）由枢密院掌管，但其权力主要限于发令调遣，并不参与日常统兵；领兵权（握兵权）则由三衙将帅掌管，他们只负责日常统兵、训练工作，无权发兵。如果我们假设“发动兵变”是一种“犯罪”的话，那么这一分权做法，等于是将“犯罪动机”和“犯罪实施”两者截然隔离——有能力犯罪的人产生不了犯罪动机，有犯罪动机的人没有犯罪的行为能力；结果只能是——“犯罪”不成立！至此，“陈桥兵变”这一幕是不可能再发生了！

在人事安排上，北宋政府的做法是枢密院的官员坚持由文官出任（正职必须是文官，副职偶尔任用武将），而禁军三衙的统帅则由武将担任。即，枢密院负责“运筹帷幄”，三衙的将帅负责“决胜千里”。这种权力分配和人事安排，不仅防范了禁军将领重演“陈桥兵变”的隐患，强化了皇帝对军队的控制，还逐渐形成一个新的传统：文官的地位在实质上开始高于武将，“重文轻武”的文化正在形成中。因为枢密院和三衙之间，更像是上下级关系，三衙要服从枢密院的调遣。而且，“枢密院”的长官人选上正职用文官、副职偶尔用武将的做法，也体现出武将从属于文官的色彩。

这项改革的优点是加强了皇帝对军队的控制、实现了皇帝在军权上的“集权”，而缺点则是谁来保证“运筹帷幄”的质量和水平？战场上的情况瞬息万变、战机更是稍纵即逝，三衙的将帅若无灵活运用军队的权力，如何能够抓住战机、赢得胜利？这不能不说是“集权”带来的矛盾。

（三）驻军轮换。实行“番休互迁”，使“兵不知将、将不知兵”

“番休”是轮流休息的意思，“互迁”是指互相调动。“番休互迁”是指太祖赵匡胤采纳赵普的建议，对军队实行“更戍法”，让戍边和驻扎地方的军队每三年轮换一次，但将帅却并不随同调动。这种制度设计，从表面上看，是为了让禁军习惯于这种勤苦的军旅生活，并且戍边的军队和驻守地方的军队可以轮番休整，似是好意。但，亦从实质上规避了将帅随同军队一起调动！

因为军队在轮换，但将帅却原地不动（正如“铁打的营盘流水的兵”一样）。而且，如果将帅不被调遣、另有任用，那么将帅便跟“营盘”一道都是“铁打”的。这种“兵”与“将”之间的相对流动性，会使得将帅与士兵之间能保持相对的陌生。三年后士兵不知会被调往何方，而将帅也不知会率领哪支军队。士兵和将帅之间，永远都是相对陌生的。这就叫“兵不知将，将不知兵”，或者“兵无常帅，帅无常兵”。

这种制度设计其用意在于防范将帅和军队之间“感情过密”。因为将帅和军队之间一旦感情过密，军队就容易被将帅“私有化”。经长年相处的官兵之间，容易建立私人感情上的效忠关系。如果将帅在军队中培植亲信、招贤纳士，甚至“歃血为盟”等，那么他所统率的军队就很容易团结在他的周围、建立对他牢固的效忠关系。这样发展的结果，将是军队不知有国家、只知有将帅，不知有皇帝、只知有长官。这样的军队，就是被将帅“私有化”了的军队。有一支听命于自己的、私有化了的军队，那么将帅何愁

大事不成？一旦将帅有异心，轻则割据一方、自立为王，重则发动兵变、改朝换代！当初赵匡胤统帅的军队若是只效忠于国家和皇帝，不单单效忠于将帅，又岂能上演赵匡胤在陈桥兵变中“黄袍加身”的一幕？

所以，“驻军轮换”只是现象、手段，“兵不知将、将不知兵”才是真实目的。这个制度斩断了将帅与军队之间建立情感的可能，确保了皇帝对军队的牢固控制，自然也带给了皇帝无上的安全感和踏实。只是，将帅所不“知”的，恐怕不仅仅是士兵的姓名，应该还有这支军队的作战能力。

兵将之间互不了解、缺乏有效的磨合和训练，军队就自然缺乏凝聚力和战斗力。出现“元戎不知将校之能否，将校不知三军之勇怯”的局面。这不能不说是此种制度设计的弊病。看来，皇帝的制度设计并非完美无缺。

（四）守内虚外。京师大兵云集，边防则微兵虚守

如果说前述三项军制改革主要是汲取“陈桥兵变”的历史教训，处心积虑削弱武将的兵权，那么“守内虚外”的政策就应该是汲取了唐朝“安史之乱”的教训。

安史之乱发生于唐玄宗时期，是一场让唐朝措手不及的巨大动荡和危机；事后，唐朝由盛转衰、走向灭亡。在世人眼中，这场动乱既不是源于国家在经济上出现了衰败，也不是源于外敌入侵，更不是源于适逢乱世——安史之乱“制造了”乱世而不是“生于”乱世。它是“堡垒最容易从内部攻破”这个理论下的一个案例而已。叛乱发生前，唐朝一派祥和、繁荣、富足；但叛乱发生后，叛军轻取洛阳和长安。伟大唐朝的国都竟能如此轻易被攻破，这实在让人震撼！

太祖赵匡胤对大唐的巨大转折显然有过一番深入思考。他将禁军22万一分为二：一半守京师，一半守边防。“京师”再大，也不过是一个城市（开封）而已。全国的军队，一半的精锐用于保卫这一个城市，另一半用于漫长的边防线上。很明显，京师的安全是压倒一切的。历史文献是这么解释他的用意的：

京师十余万，诸道十余万，使京师之兵足以制诸道，则无外乱；合诸道之兵足以当京师，则无内变。内外相制，无偏重之患。

这段话的大致意思就是，京师与地方各驻军10余万，使京师与地方的兵力大致持平；那么“诸道”有变，则京师之兵制之；万一“京师”有变，则诸道之兵可以合起来“勤王”。如此，保证内外兵力可以互相制衡，“外乱”和“内变”就不能轻易发生。如果说太祖赵匡胤的治国理念是重京师、努力使中央与地方“相互制衡”；那么太宗赵光义的治国思想则更为直接，他明确认为内患是才是最值得恐惧的。《续资治通鉴长编》卷三十二记载：

淳化二年（991年）八月，宋太宗赵光义曾对自己的近臣说，“国家若无外忧，必有内患。外忧不过边事，皆可预防。惟奸邪无状，若为内患，深可俱也。帝王用心，常须谨此。”

宋朝的政治中心，是京师。京师的安全，即皇帝的安全。只有京师有足够数量的精锐兵力驻守，那么地方上就算有“安禄山、史思明”之流，量也不成气候。禁军的这种“一半一半”的分布，未见充分考虑外敌入侵。揣其历史情境下的心思，大概是因为，国家再大，如果京师都守不住、皇帝人身安全尚且不保，国家大又有什么意义呢，不照样“其亡也忽焉”？这种重京师轻地方、重内患轻外忧的内向型军事政策，学术界称之为“守内虚外”。此政策行于太祖，确立于太宗，并世代承袭，成为宋代的“基本国策”。

上述四项军制改革，有四点规律：第一，充分汲取历史教训（主要是唐朝安史之乱以来的历史教训）；第二，处心积虑防范武将专权、想方设法分散他们的兵权；第三，大施“权力制衡”（禁军中三个衙门之间的相互制衡、枢密院和统兵将帅之间的制衡、京师和地方之间的制衡等）；第四，改革的深度和广度史无前例（都不是对前代的小修小补，而是大刀阔斧）。

改革的最大受益者无疑是宋朝皇帝。因为改革削弱了武将的权力，加强了皇帝对军队的绝对控制。后世再没有任何一个王朝能让自己的军队如此安分守己，忠顺于皇帝本人。通过多管齐下，中央集权得到巩固和加强，皇权的至高无上得到了保障，武将的权力受到限制，依仗武力干预朝政或者改朝换代的隐患也就基本解除了。军人干政的可能性降至历史最低水平，那么政治也就能够由此变得理性。政权没有了被自己的武装力量推翻的风险，那么对皇帝而言最大的“内忧”也就解除了，国家的经济和文化建设也就从此没有后顾之忧。整个北宋期间，政局长期保持相对稳定。宋代文化之繁荣、经济之自由，于中可见端倪。

但众所周知的事实是，一个政权稳固与否，并非仅仅由内因来决定。“外敌入侵”等外在原因（或者客观原因）照样可以是政权的致命威胁。经此系列军制改革，“陈桥兵变”和“安史之乱”这样的事情，已不太可能在宋朝发生。宋朝这个“堡垒”，已不大可能被内部势力攻破，逻辑上只剩下从外部攻破的可能。这可以看成是改革的成就，也可以看成是改革未竟的事业。既然宋朝逻辑上只剩下被外部势力“攻破”的可能，那么这预示着：如果宋朝某一天亡国了，那么他很可能是亡于外敌入侵。

历史，会循着这个逻辑发展么？

第三节 中央官制削相权

军制改革加强了皇帝对军队的绝对控制，这为其他领域的改革创造了安全环境和赢得了充裕的时间。有了对军队的绝对控制能力，皇帝在中央官制和财政领域的改革就变得更加从容。这两个领域改革的目标，自然也是加强皇权。

中央官制是中国历代王朝政权建设的核心工作，也是政权核心权力的分配。北宋的中央官制，主要建立于太祖、太宗时期，后来成为宋朝“祖宗之法”的一部分，虽经数度修改，但基本框架始终未变。它以后周官制为基础、五代十国为教训、初唐为楷模，并以巩固皇权和加强中央集权为目的、以削弱“相权”为核心。唐代的中央官制我们称之为“三省六部”，宋代的中央官制我们一般称作“二府三司”。

（一）唐代中央官制之回顾

唐代的“三省六部制度”，是指在中央设置“中书省、门下省、尚书省”三个机构，其中“尚书省”下设“吏、户、礼、兵、刑、工”六个分管部门。“三省”的分工是：中书省负责起草诏令，门下省负责审批，尚书省负责执行。三省的长官都是宰相，但三省分权势必造成朋党之争、效率低下等弊端，所以从唐高祖时中书、门下两省就开始联席办公，地点设在门下省，叫“政事堂”。

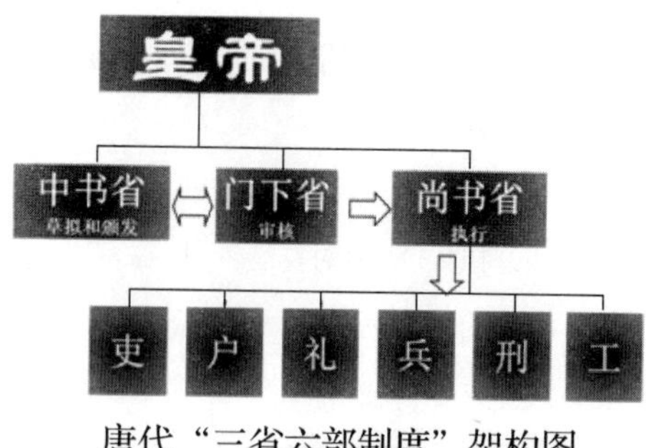

唐代“三省六部制度”架构图

这一制度的优点在于，“三省”既分权制衡、巩固了皇权，又分工明确、提高了效率。所以多为后世所承袭。

（二）**北宋中央官制的确立**

北宋的中央官制深受唐代影响，但更保留了五代十国以来的痕迹。宋代的中央官制，我们简称为“二府三司”，指的是“中书省、枢密院、三司”三个机构。其中，中书省、枢密院并称为“二府”，“三司”也叫“计省”，管“户部、盐铁、度支”三个衙门。

这里的“中书省”是一个简称，实际应该叫“中书门下省”，又称“政事堂”。中书门下省的长官为宰相，领受“同中书门下平章事”（简称“同平章事”）的头衔。宰相管行政，枢密院管军事，三司管财政。“三司”时而合为一个机构，时而分为三个机构，但三司合一的时间居多。从赋权的角度看，“三司”更应该被视为一个整体。

（三）**唐宋中央官制之特点**

唐宋的中央官制都存在分权的设计，而且都是在地位平等的三个机构之间分权，其目的都是为了巩固皇权、加强中央集权、维护封建统治。但其分权特点则大不相同。

唐朝是按决策程序来分权，每一“省”负责“决策程序”中的一个环节；而宋朝的制度设计是基于事务的专业领域，每一部门掌管一个专业领域的事权。唐朝的三省，重在保障决策的科学、合理，突出体现在门下省“封驳”的权力上。至于决策的事务属于军政、民政还是财政方面，这不是重点，因为都有可能。

而宋朝的三大中央机构分别对应的是行政、军事、财政三大专业领域，这是从专业的角度来设计和分配的。跟唐代的中央机构相比，宋代的三个中央机构都有独立的决策权，在本专业领域的决策不受另外两个机构制约。中书门下省有独立的行政决策权，枢密院有最高的军事决策权，三司有独立的财政权，三者之间互不统属，都直接对皇帝负责。

唐宋中央官制的特点，简单地说，唐朝是“三权有序”，宋朝是“三权分立”。唐朝讲究权力要按程序运用，宋朝讲究权力要相互并立。

（四）唐宋中央官制变化的核心——“相权”的削弱

了解宋史，常以唐朝为参照物。研究宋代中央官制——尤其是相权的变化，也须如此。

宋代中央官制下，中书门下省的长官毫无疑问是宰相，且跟唐朝一样领受“同中书门下平章事”（简称“同平章事”）的头衔。宋代宰相之权力，与唐代相比衰弱显著。这是北宋“二府三司”的要旨。宋代宰相权力的削弱体现在许多方面，主要有：

1.“分享”相权者众

唐朝的宰相一般都是两人，分别是中书省和门下省的长官：中书令、门下侍中。（唐代的尚书省长官原本也是宰相，但“开元”年后尚书省长官不再参与政事堂议政而不享有宰相身份）

和唐代不同，北宋前期没有以中书令为宰相，中书令与尚书令一样，都是虚衔。期间偶尔出现“侍中”任宰相，其他都是“同中书门下平章事"任宰相。北宋前期一般设二位宰相，有时设一相或三相。设三相时，首相兼昭文馆大学士，称昭文相；次相监修国史，称史馆相；末相兼集贤殿大学士，称集贤相。如果只有二相，往往首相兼昭文馆大学士、监修国史，其他情况较少见。

这些宰相中，除了"同中书门下平章事"和偶尔任宰相的"侍中"之外，其余的宰相应该都是"参知政事"。此职在宋代始设于太祖乾德二年（964 年），其后逐渐成为常设官职。

"参知政事"一职作为副宰相，一般充任宰相的助手，但有时也被委以重任、独挑大梁。参知政事最少设一员、最多设四员（元丰改制后，以门下、中书和尚书左右丞为副宰相，就是设四员的例子），通常则在二三员之间（南宋后期，三员成为定制）。他们都是"相权"的分享者，在人数上，至少不比唐代少。我们熟知的一些北宋人物，例如寇准、文彦博、范仲淹、欧阳修、王安石等都曾做过"参知政事"。

2."分割"相权者多

唐代宰相对政治、经济、军事等方面的事几乎无所不管，只要遵守"中书←→门下→尚书"这个议事程序就没问题。但宋代却让枢密院专管军事、"三司"专管财政，以此来分割了宰相的军事权和财政权，使得宰相的"事权"锐减。

宰相、枢密院、"三司"的关系也是平级、并立的，互不统属，都直接对皇帝负责。《宋史·职官志》记载，宰相"与枢密对掌大政"。"对掌大政"这一表述，说明宰相与枢密院的地位平等、权力分立。宋代宰相与枢密院的长官合称为"宰执"。这个称呼也反映了宰相与枢密院的平权、并立。

除了财政权、军事权被分割外，宰相的人事权、谏议权也在一定程度上被分割。

在制度上，人事权本应属于尚书省下面的"吏部"（唐代如此）。但宋代却在吏部之外，另设考课院对官员进行综合考评；考课院后来更名为审官院，又分为东西两院，东院负责选用文官，西院负责选用武将。这就等于是解除了宰相人事方面的任免权。

“谏议权”在唐宋都由各种名目的谏官掌管。唐代的谏官设在门下省，主要职责是直接给皇帝提谏议。谏官的作用就是，遇到“宰相有时有不便同皇帝讲的话”，谏官可以“替”宰相讲出来。谏官职位低，说错了也无妨，最著名的例子莫过于魏征了。魏征担任谏议大夫时，其所属的部门就是“门下省”。门下省与谏官，这是上下级关系，谏官归门下省领导。此时的谏议权实则是在门下省，为宰相的事权之一。但宋代则不然，谏官不再是宰相下属，而是独立出来，也不由宰相任命，改为皇帝任命。于是宋代的宰相自此便失去了对皇帝的谏议权。

3.“监督”相权者增

按常识，监督百官的权力应为类似秦汉“御史大夫”这样的部门执掌。这项权力我们把它叫作“监察权”。唐代的监察权由“御史台”执掌，负责监督中央政府官员。宋代也还是有御史台，“掌纠察官邪，肃正纲纪大事则廷辩，小事则奏弹”，负责监督中央的政府官员（地方官由“通判”负责监督）。既是监督中央的政府官员，那么宰相自然属于监督的对象。但除此之外，宰相还要受一个部门的监督，那就是上文刚刚提到的——谏官。

唐代谏官专门讽谏皇帝，纠绳皇帝的过失，是专为监督皇帝而设，其官名如谏议大夫、拾遗、补阙、司谏、正言，是宰相下属，替宰相“言宰相所不能言之事”。为此，谏官可能冒犯龙颜、直言进谏。宋代也有行使谏议权的机构——谏院。它从原本隶属于门下省的谏官中分离出来。并且从此以后，谏官不再是宰相下属，宰相无权任用谏官，因为所有台官、谏官均由皇帝任命，并且由此不再是负责监督皇帝，反而变成监督宰相的部门了。

唐代设立谏官的初衷是纠绳皇帝，而不是纠绳宰相，所谓“谏”是针对皇帝而言的。而宋代让谏官脱离门下省、不再隶属于宰相，其职能就反过来变成了纠绳宰相。这样就剥夺了宰相通过谏官向皇帝进行规谏的权力，并且加强了对宰相的监督。谏官的“不再纠绳皇帝，而是纠绳宰相”，使宋代的相权在已经受御史台监督的情况下，又多了一重监督机构。

4.“坐而论道”之礼废

秦汉至隋唐，宰相与皇帝议政都是坐着的，所以才有“三公坐而论道”之说。期间，宰相与皇帝可能也有失和的案例，但正常情况下皇帝对宰相还是相当客气，讲究礼节的。比如，任命宰相时，皇帝要行大礼，叫作“拜相”；汉代的宰相、三公与皇帝议事时，大家都是跪坐在榻上，面前几案上摆放有茶点果盘，叫作“三公坐而论道”；宰相生病了，皇帝还得亲自跑过去送个花篮。

五代十国时期，“坐而论道”的规矩也还是有的，但到宋朝却给废了。宋朝皇帝与宰相议事的时候，情形变成了皇帝仍旧是坐着，但宰相却是从此都站着。为什么会这样呢？这与北宋的首位宰相范质有关。

范质，本是后周的宰相。陈桥兵变发生后，赵匡胤还京，范质只好拥护赵匡胤当皇帝。不过，在他的努力下，赵匡胤答应以“受禅”的形式登基为帝，并善待后周宗室。赵匡胤也留用范质让其继续为相。那么“坐而论道”这种君臣议事形制又是怎么废除的呢？跟范质有何关系？据《续资治通鉴·宋纪一》解释：旧制，凡大政事，必命宰臣坐议，常从容赐茶乃退。及（范）质等为相，自以周室旧臣，内存形迹，又惮帝英睿，乃请每事具札子进呈取旨，帝从之。由是坐论之礼遂废。

这就是说，范质在宋朝虽继续担任宰相，但顾虑自己是前朝的宰相，又明白太祖赵匡胤爱好集权，所以主动放弃“坐以论道”

的礼遇，选择站着跟皇帝说话，从此形成新的传统。自此，宰相与皇帝议政，都是皇帝坐着、宰相站着。而且在议事中，宰相不再自作主张、做决定，而是改为把意见写在札子上供皇帝参考。宰相的札子不具有行政命令的效力，皇帝才是最后作决定的人。这与唐朝略有区别。唐朝的宰相在中央主事，诸事都是议好、拟好，然后报于皇帝批阅、同意。按照著名史学家钱穆先生的观点，唐朝皇帝拥有的是“同意权”，至于“决定权”实际上是在宰相手中；但宋朝则不然，自范质用札子议政开始，政务的“决定权”便掌握在皇帝手中，宰相作用被弱化。

因此，范质对太祖赵匡胤的过自谦抑，实际上导致了两个结果：其一，宰相“坐而论道”的传统自此废除，改为在皇帝面前站着议政；其二，宰相示弱、皇权加强，政令之决定权收归皇帝。

对于因范质而带来的政治新传统，史学家钱穆先生毫不客气地批评，说这是“宋代宰相失职”、是“晚唐五代进士轻薄传下的一辈小家样的读书人，才如此做”。

所以有学者认为，“唐宋制度变革的一个特点，正是从‘君主独裁’演变成‘君主独裁制’；过去是靠皇帝个人的能力，现在是靠‘制度’来维持独裁，如以中书与枢密分掌文武二柄，以枢密、三衙和帅臣分掌军政、军令和军兵，和台谏独立等。无能的皇帝仍可是独裁君主，即使出现权相，也只是对百官弄权，无能对皇帝弄权。”

从制度设计上，宋代相权的没落是没有争议的。相权弱、皇权强，成为宋代的政治特色。这对于皇权的稳固、政局的稳定固然是有帮助的。但相权的制度性削弱，则不免阻碍了宰相个人才干的发挥、抱负的施展。遇有军国大事，宰相不介入又不行的情形，宋朝的“祖宗家法”就得面临考验。最简单的，例如对外战争。倘若只是打仗、纯军事行为，宰相或可不让介入；但若需要议和，这是政治而不是军事，那就属于宰相的本职了，枢密院不该管。所以，制度设计是一回事，实践操作可能就是另一回事了。再完美的制度设计，也难以考虑到所有未知的可能性。因此，宋代宰相的权力在制度设计上、“祖宗之法”的初衷上，也许是要极力削弱。但在实际运用中，宰相的权力有没有可能扩张，甚至发展成“权相”呢？这就是另一个问题了。

第四节　重文轻武留后患

在宋朝历史上，再没有其他皇帝的影响力能超越宋太祖和太宗这两位开国皇帝。这不仅仅是因为他们享有“开国”的地位，更是因为太祖、太宗在位期间对宋朝统治秩序的创立，其若干规范和原则还被要求后世子孙永远遵守。人们遂把这些内容概述为“祖宗之法”。

“祖宗之法”，是一个“动态积累而成、核心精神明确稳定而涉及面宽泛的综合体”。它既包含治国理政的基本方略，也包括统治者应该遵循的治事态度；既包括贯彻制约精神的规矩设施，也包括不同层次的具体章程。其出发点是着眼于“防弊”，主要目标在于保证政治格局与统治秩序的稳定。在具体内容上，它通常包括：限制宗室、外戚、宦官权力，分权制衡，与士大夫共治天下，不杀言事臣僚，提倡“忠义”气节，后宫皇族谐睦简约等。另一方面，也包括守内虚外、将从中御、以文驭武等弊端突出的“基本国策”。其中，宋代重文轻武之做法，尤为后世所争议，爱之者深、责之者切。“爱之者”肯定其促成了文官政治局面的形成，而“责之者”却认为这是“弱宋”的主要原因。下面我们来了解一下其中的来龙去脉。

一、“重文轻武”国策的由来

何谓“重文轻武”？这里的“文”和“武”分别指的是文官和武将。“轻”和“重”的体现，是统治者对文官和武将的任用和由此带来的权力、地位的变化上。

（一）“重文”不等于必然“轻武”，反之也成立

因为“文”和“武”并不是天然的矛盾关系，统治者既可以文武“并重”，也可以文武“并轻”。而孰轻孰重，或者轻谁重谁，则取决于巩固皇权的需要。

北宋统治者最先重视的既不是文官也不是武将，而是皇权。为了巩固皇权，不仅要限制武将的权力，也要限制例如宰相这样的文官的权力。只要对巩固皇权有利，谁都可以被“重”，谁也都可以被“轻”。所以“限制武将的权力”既不等于“轻武”，也不等于“重文”。

许多证据证明，太祖时期对军人虽有防范、各种削权，但在治理国政时还是非常重视武将的作用。比如说在枢密院长官的人事安排上。

北宋建立初，枢密院正副长官并用文臣、武将，而武职出身者无论是在人数上还是任职时间上都略占优势。如最初沿袭后周旧制，以武臣吴廷祚与文官魏仁浦并为枢密使。以后，文臣赵普和魏仁浦主宰枢府两年。但随后，武将出身的李崇矩连续独任枢

密使8年多，为宋太祖朝枢密院中任职时间最长者。在此期间，还曾有3年时间由李崇矩与武将出身的副使王仁赡完全掌管西府。太祖开宝五年（972年），李氏因“赵普为相，与崇矩分秉国政，以女妻普子承宗。太祖颇不悦”，才罢官出镇地方。李崇矩遭黜后，文官沈义伦和武将楚昭辅以副使身份掌枢府，正使则虚位近3年半之久，之后才由大将曹彬接任。不久，宋太祖即死去。由此看来，太祖赵匡胤时期充分考虑了武将熟悉军情的特长，在枢密院中给其足够的重视，使其作用得到应有的发挥。如李崇矩和曹彬，皆历经沙场，以军功获誉，因深得开国皇帝信任而主掌枢密院。

可见，当时虽不遗余力削藩镇、收兵权，也竭力恢复文臣的权威，以消除武将跋扈的阴影，但并未忽视武将的作用和地位。这说明，至少在统治者眼中限制武将的权力，也不等于就是否定武将的地位和作用。

（二）“重文轻武”国策确立于太宗时期

“重文轻武”国策，并不是北宋立国之后就全面推行的，而是在统治实践中逐步确立的。太祖时期对该政策的贡献，主要是基本完成了“限制武将权力”的建设，并且逐渐意识到文官以及文治的价值。太宗时延续太祖的做法，并且在“枢密院”正副长官的人事安排上，形成了“以文驭武”的政策，这才算是正式确立了“重文轻武”的国策。

“分散军权、分散兵权、驻军轮换、守内虚外”等军制改革措施“二府三司”这一中央行政制度的建立，都是太祖时期直接巩固皇权的举措，但并不具有刻意抑制武将权力的含义。因为中央机构之一——枢密院，仍是武将发挥作用的舞台。枢密院作为一个军事决策机构，其地位与中书省一样高，枢密院正副长官的地位自然也相当于正副宰相。这个机构的人事安排，在太祖时期都是长期由武将充任的，而且这些武将都有足够高的权威和丰富的统兵经验。所以，太祖时期武将的地位并不绝对低于文官，在枢密院中尚受尊重。

但至宋太宗赵光义时期，情形则不同。太宗赵光义在形式上仍旧保留了枢密院武人居多的旧制，但在实质上却弱化了武职正副长官的角色作用。他将大量具有军职身份却无武将本色的亲信之徒安插在枢密院要职之上，为自己掌管军权。这些人名为武将出身，却几乎全无战场经历。如王显、柴禹锡、赵镕、张逊、杨守一及弭德超等人，皆为宋太宗藩邸亲信、属吏。他们或以恭谨见用，或以理财出名，或以告密得宠。

比如王显"初为殿前司小吏，太宗居藩，尝给事左右，性谨介"，从而得到重用。史称其"居中执政，矫情以厚胥吏，龊龊而已"。柴禹锡在宋太宗藩邸时，"以善应对，获给事焉"。赵光义登基后，柴氏又积极替天子刺探外臣动向，所谓"每夜值，上以藩府旧僚，多召访外事"。终于以"告秦王廷美阴谋，擢枢密副使"。赵镕"少涉猎文史，美书翰，委质晋邸，以勤谨被眷"。杨守一则"稍通《周易》及《左氏春秋》，事太宗于晋邸"，以后与柴禹锡、赵镕等人迎合宋太宗需要，因制造秦王廷美狱案而平步青云。张逊以晋邸随从出身为武将，但长期料理香药榷货事务，因货利而升迁。而臭名一时的弭德超，更是以诬告曹彬之事而立即获得枢密副使之职。

也正是在太宗时期，文官开始被大量任用为枢密院的正副长官。太祖时期只有 3 位文官出任过正副枢密使，且都是短期或者临时兼任性质；太宗时期却有 11 位文官出任正副枢密使以及兼职，武将出身的却只有 7 位，且如上文所言，多为"具有军职身份却无武将本色的亲信之徒"。这种用人体制被后世称为"以文驭武"，是文官地位超越武将的起点和见证，为宋真宗及其后世所严格承袭。

宋太宗伐辽战争失败后，便索性不再追求武功，明确以"兴文教，抑武事”作为基本国策，“重文轻武”遂成为治国的根本指导思想。

（三）“重文轻武”国策之确立，有多种因素的需要和考虑

宋代“重文轻武”国策的确立，有多种因素的需要和考虑，这首要因素自然是汲取唐末五代以来武将专权的历史教训。此种考虑世所皆知，故此处不赘述。

第二个因素是“文治兴邦”的传统。传统上，中国历代王朝多以武功建立，但治国平天下却要靠文治。所以西汉重用儒生，东汉光武帝“以柔道”治天下，唐代大兴科举，都是遵循这一历史规律。知识分子在封建王朝代表着理性的力量，在社会的长治久安中发挥着重要作用。北宋的创建者太祖和太宗也深谙此道，走上“重文”之路，实属历史的必然。宋太宗更是公开承认：“王者虽以武功克定，终须用文德致治”，并表示要重用文人，“以文化成天下”。

第三个因素则是道德建设的需要。唐末五代以来，社会风气败坏、道德沦陷，忠、孝、节、义和廉耻观念在朝野之中已经非常淡泊。先秦以来的儒家文化大受冲击，道德标准改变，价值观念颠倒，所谓重忠义、讲气节之风尚荡然无存，而视寡廉鲜耻为固然，社会风气相当贪婪。如崔倩、张文蔚及四朝宰相冯道，视改朝换代为常事，主易则他易，“天下荡然，莫知礼义为何物矣！”尤其是冯道，历仕四朝，三任中书，居相 20 余年，但从不以之为羞耻。宋朝显然不希望自己的朝廷出现这样的官员。

北宋建立后留任了不少前朝旧臣，例如宰相范质。范质为官极其清廉，从不谋私，朝野上下对此无不膺服。但太宗赵光义评论范质的时候，却说“宰辅中能循规矩、慎名器、持廉节，无出质右者，但欠世宗一死，为可惜尔”。言外之意，如果范质在陈桥兵变时，为后周世宗以死殉节，那么其人格形象就完美了。在太宗赵光义看来，范质唯一不完美的，就是缺乏“气节”。而“气节”这一道德品质，是唐末五代以来最缺乏的，而道德建设只能靠文治来实现。所以，“重文”是重建封建道德的必由之路。

第四个因素，是提高官员文化素质的客观实际需要。（这里的“官员”，既包括文官，也包括武将）北宋立国，太祖赵匡胤很快就受到一桩刺激，使他意识到了官员文化素质的必要。

北宋建隆四年（963 年），是宋太祖赵匡胤登上帝位的第四个年头，他准备改换年号。太祖赵匡胤把这件事交付当时的宰相议定，要求定一个以前没有用过的年号。最终，宰相议定了用“乾德”这个年号，字面上的意思是“天意、上天的恩德”。这个寓意的年号，赵匡胤当然是满意的。

但太祖乾德三年（965 年）却发生了一桩怪事。这年宋军攻灭后蜀，一些后蜀宫女进入大宋宫廷。结果，某一天在这些宫女的行李中发现一面镜子，背面刻有“乾德四年铸”字样。赵匡胤把这面镜子拿给宰相赵普看：现在才是乾德三年，这面镜子竟然刻着“乾德四年”，这是怎么回事？如此诡异的情况，赵普也答不出所以然来。后来赵匡胤又找到了儒生窦仪。窦仪看了之后解释说：“这块镜子应该是从蜀地来的。前蜀最后一个君主王衍，用过‘乾德’这个年号，镜子应该是那个时候铸的。”原来“乾德”这个年号，已经被用过，而且使用这个年号的还是个亡国之君。这是何等尴尬！此事让赵匡胤大受刺激，感叹：“宰相须用读书人！”

那么这个年号是谁议定的呢？赵普是太祖乾德二年（964 年）拜相，所以议定年号的时候他不是宰相，与他无关。赵普之前，担任宰相的是首相范质、次相王溥和魏仁浦，“乾德”年号应该正是这三人议定的。不过这三人中，范质是科考进士出身，王溥也是进士出身、翰林学士，只有魏仁浦出身于枢密院小吏。那么赵匡胤感叹的“宰相须用读书人”指的是仅仅魏仁浦吗？恐怕还要包括范质（乾德二年就已去世）、王溥和赵普。议定选用了此年号的范质和王溥在太祖赵匡胤眼中，压根儿算不上合格的读书人。至于赵普，在太祖问及“乾德四年”这面镜子时一句话也说不出来，这亦是个问题。所以，不是只有武将才有提高文化素质的需要。

这个事件的发生绝非偶然。晚唐进士轻薄，门第衰落，读书人一代不如一代。五代十国时期，又是武人专制的天下，读书无用，文治废弛。读书人少，官员文化素质下降，势所必然。

太祖赵匡胤劝宰相赵普多读书的故事亦是广为人知。较早的记载出现在北宋僧人文莹的《玉壶清话》中：太祖尝谓赵普曰：“卿苦不读书。今学臣角立，隽轨高驾，卿得无愧乎？”普由是手不释卷，然太祖亦因是广阅经史。此外，另有李焘所著《续资治通鉴长编》也提到：赵普初以吏道闻，寡学术，上每劝以读书，普遂手不释卷。这说明，以宰相赵普为例，太祖赵匡胤对其文化修养是不满意的，不仅劝勉其多读书，而且自己也有带头做榜样。宰相如此，其他文官之文化素养也就可想而知了。

偏偏“打天下”与“治天下”不同，“打天下”需要靠武将，而“治天下”需要大量的文官。宋太宗就曾对其身边人说过：“……王者虽以武功克定，终须用文德致治。”但宋朝建立后，却遭遇文官奇缺的难题。因为随着北宋统一战争的逐步完成，统治区域的不断扩大，对文官的需求亦越来越大。史载：“宋太祖欲更用士人，而有司所选终不及数”，太祖开宝四年（971 年），诸道幕职州县还“闭人百余员”。这样的现实，宋太祖也就不得不实行“重文”政策了。

至于已经完成“打天下”任务的武将，太祖赵匡胤也是希望他们能多读书的。《宋史·太祖本纪》中道，建隆三年（962 年），太祖曾经就咨询身边的侍臣，“朕欲武臣尽读书以通治道，何如？”遗憾的是太祖希望武将能多读书的想法，当时这些侍臣们是丈二和尚摸不着头脑，以至于“左右不知所对”。太祖赵匡胤的“欲武臣尽读书”史实在其他文献中也有记载，证实确有此事。

那么太祖赵匡胤为何“欲武臣尽读书”呢？其实他已经暗示，那就是——“通治道”。太祖欲引导将帅们读书、讲论经义，是基于“天下已定”这一总体政治背景的。所以“欲武臣尽读书”的目标，不在于变武夫为操持“吏事”的治国能手或饱读经书的儒臣，而是要使他们明悉君臣大义。简而言之，就是知“忠君”事。

二、“重文轻武”的政策措施

北宋“重文轻武”国策的形成，有一个过程，是在太祖、太宗两朝逐步确立的。该国策一经确立，遂成为宋朝后世皇帝必须遵守的“祖宗之法”。理解这一国策，需要再次重申和明确两个细节：“文”指的是文官，“武”指的是武将——而不是武器军备、军队；“重”与“轻”是指对文官和武将的权力分配以及由此带来的地位上的轻重变化。

所以，从逻辑上讲，“重文轻武”国策应该是一套政策系统，这个政策系统理应包含两方面的措施：1. 重用文官，提高文官的地位；2. 抑制武将的权力，降低武将的地位。下面我们就“大致”从这两方面说明“重文轻武”国策的构成（有些措施如果同时包含“重文”与“轻武”的用意，我们不生硬归属为“重文”或者“轻武”方面，所以在排序上一贯到底。另外有些学者倾向于用“重文抑武”或者“崇文抑武”来取代“重文轻武”这一表述，但考虑到大众习惯，本文决定采用“重文轻武”这一表述）。

（一）科举选官：文士的录取名额，远高于武举

北宋立国，为了满足不断扩大的文官需求，以及巩固执政基础，从太祖赵匡胤时期开始逐步扩大科举取士（文士）的名额。建隆二年（961 年）录取进士 11 人，但开宝六年（973 年），却一次性录取进士和诸科达 127 人。太宗赵光义亦是即位不到两个

月，就将录取名额扩大至 400 多人（进士 190 人，诸科 270 人），大大超过了以往规模，文士的录取名额暴增。至于真宗及以后的历代宋朝皇帝，文士录取规模一般都不低于这时的数据。

而且在太祖赵匡胤时期，除了正常录取的进士（正奏名进士）之外，还开创了科举制度的一种特殊规定：考进士多次不中者，另造册上奏，经许可附试，特赐本科出身，叫“特奏名”，与“正奏名”相区别。特奏名进士的名额从太祖时期开始出现，后来不断增加。

如果统计整个北宋期间文士的录取人数并与其他朝代相比，或者将本朝文士、武举的人数同步比较，我们会得出惊人的结论。

据学者张希清教授统计，北宋 167 年所取文士（含特奏名文士）合计有 60035 名，平均每年约 360 人。这一数值大大超过了唐代（年均 71 人）、元代（年均 12 人）、明代（年均 89 人）、清代（年均 103 人）。北宋平均每年录取文士的人数约是唐代的 5 倍、元代的 30 倍、明代的 4 倍、清代的 3.5 倍。这里我们还需要考虑的因素是，论全国人口，北宋是远不及明清时期的。

那么武举的录取情况如何呢？还是以张希清教授的统计来说明。北宋一朝，武举共取士 868 人，年均仅仅 5 人。其总数不及宋真宗景德二年文士录取人数的三分之一。

这说明，北宋统治者自太祖、太宗时期开始，就在有意扩大文士的录取规模，而且明显使之远高于武举的录取规模。这是北宋“重文轻武”的直接、有力证据。不仅如此，在授官和任职方面，文士也比武举优越得多。

（二）授官任职：文士从快、从优，武举不受重视

北宋自太祖、太宗时期，就格外重视对新科进士的加恩笼络，殿试合格者常常要被赐袍笏、赐宴、赐试，以示荣宠。起初，新科进士的名单直接在尚书省放榜，但从太宗雍熙二年（985 年）起，要举行殿前唱名、皇帝亲赐及第、进士登第仪式，使新科进士直

接成为“天子门生”，荣耀非常。这些进士很快就得到授官，且官位不低。这一点与唐代不同。

唐代虽然也是科举制选官，但考中进士的人其实不会被直接授官，这是常常为人们误会的地方。唐代的科举，进士及第后只是获得授官的资格，但何时授官，需要等候，这叫“守选”；在正式授官之前，还须经过吏部的释褐试，方得授官；吏部择人的标准有四：一为体貌端正，二为说话有条理，三为书法工整美观，四为文辞优美。与唐代相区别之处在于，宋代将及第与授官并为一途。进士及第后不需其他考核程序就可被直接授官。

而且一改唐代授官较低的现象，宋代对进士及第授官很高。按宋真宗时期制度：前三名多授监丞、大理评事，并通判诸州；一甲的其余进士，多授予秘书省校书郎，知县事；甲第较低者，多授主簿、县尉等职。

那么武举的授官情况呢？则很不可观。北宋前期因统治者强调以文治天下，所以武举长期废罢，几经兴复，至英宗治平以后才成为定制。而且整个宋代，武举出身人的数量较少，并且不受重用。即使举行武举考试，考中的武举人被授予官职，同等情况下，武举人的品级也低于文士。北宋武举中选后，分为三等，其最优者被授予的官职（右般殿直）也只有正九品，但文士的最高授官（大理寺丞）却是正八品。武将的最高官位应该是枢密院的正副长官，但相关职位却也逐渐被文臣所占。

（三）考核升迁：文官考核从优、升迁从快

宋代对官员的考核叫作“磨勘”，由审官院负责。宋代的磨勘很复杂，需要参阅《宋史·职官志》《宋会要·职官》等文献篇目详加了解。但学术界对宋代的官员考核制度评价较高，认为宋代对官吏的考核在继承唐代对官吏考核的基础上有较大发展，并对元、明、清三朝予以深远的影响（元、明、清三朝基本上是

对宋代的仿效，而少有进步）。而且宋代对官吏的评价可谓“公平、公正、公开、透明”。磨勘制度明确规定了官吏升迁的各种条件，政绩越好的官吏升迁的机会和获得奖赏的可能性也越大。宋代的所有官员，不论文武，都要接受磨勘。

在磨勘制度中，文官和武将的区别主要体现在：文官的磨勘年限比武官要短，文官的升迁比武将快。

比如，宋真宗时期文官调任“京朝官”的磨勘年限是3年，而武将却是7年；英宗时期做了调整，调任“京朝官”的磨勘年限改为4年，武将的磨勘期减为5年，但文官的磨勘年限还是比武将少。

宋代官员遇有犯罪，根据制度，其磨勘期会延长，但文官与武将也还是很不平等。按照宋仁宗时期的规定，官员若犯赃罪（也就是贪腐），文官的磨勘期延长至7年，武将则为10年。也就是说，同等犯罪情况下，文官的磨勘期也还是比武将要短。

磨勘期上文官所处的优越地位带来的直接好处就是升迁快。这一点尤其体现在进士高科出身的官员身上。这些官员十几年工夫就擢升为宰相的现象相当普遍。

太宗朝的第一个状元叫吕蒙正，只用了11年就被提升为宰相。整个北宋共71名宰相，除赵普等4人因“开国功臣”身份而任宰相外，只有3人不是由科举出身任宰相，其他64名均为进士或制科出身。（注：“制科”是唐朝宋朝都有的一种特殊的考试制度。科举考试每三年一次，而制科考试是不定期的。参加制科考试的人员由朝廷中的大臣进行推荐，然后参加一次预试。最后，由皇帝亲自出考题。制科考试的选拔非常严格）

（四）优待文士：宋代皇帝“与士大夫共天下”，且“不许杀士大夫及上书言事者”

宋代皇帝不仅重视文士，而且文士还拥有“与帝王共天下”的无比崇高的政治地位。据文献记载，太宗赵光义曾对宰相李昉等文官道：天下广大，卿等与朕共理，当各竭公忠，以副任用。自此，“与士大夫共天下”成为北宋帝王与大臣遵循的政策。帝王“与士大夫共天下”，等同皇帝与士大夫结成政治同盟。这种地位，是武将所不可能享有的。整个宋代，从未听说皇帝对武将有过类似表述。

宋代皇帝给予文士至高地位的还有另外一句话：“不许杀士大夫及上书言事者。”这句话据说是太祖赵匡胤所说，但也有人怀疑为杜撰。不过，事实却是宋代皇帝的确极少杀戮士大夫，若非谋反之类的重罪，诛杀士大夫的案例的确罕见。所以“不杀士大夫”这条家训的真实性很高，它就算不是赵宋王朝的成文法，也一定是习惯法。

这不能不说是宋代皇帝给予士大夫的一个优待，因为中国历史上其他各朝都不能与之相比。其他各朝，我们熟悉的反而是诸如焚书坑儒、重用酷吏、廷杖、文字狱等多种名目的杀戮士人案例。所以，清代王夫之格外羡慕宋代文人待遇，认为“自太祖勒不杀士大夫之誓以诏子孙，终宋之世，文臣无欧刀之辟。张邦昌躬篡，而止于自裁，蔡京、贾似道陷国危亡，皆保首领于贬所……宋之初兴，岂有自贵之士使太祖不得而贱者感其护惜之情乎？”

反观武将之地位，就格外悲哀。因唐末五代以来的教训，宋代统治者始终对武将保持高度的戒备与防范。与对士大夫态度不同的是，宋代皇帝始终视武将为政权的直接威胁或者潜在威胁，所以采取猜忌、防范态度，稍有过错即遭到罢官或者问罪，甚至即便证据不足也可能被定死罪。这种司法待遇上的不公平，简直堪称“天壤之别”。

（五）文官主政：以文驭武、军政分离

按照宋朝统治者的制度设计，枢密院是中央军事决策机构，专门分割宰相事权而设立，有削弱相权的意图。但削弱相权的同时，也实际上限制了军权对行政的侵入，所以实际效果是军政分离。不过枢密院很快就不再是武将的舞台了；枢密院的职能没有发生变化，依然是负责军事决策，但其正副长官却逐渐由文官来充任。

根据一些学者的统计数据表明，北宋一朝，在枢密院存在的167年中，出任枢密院正职长官的有73人、副职长官129人。

在正职长官中，文官占73.9%，武将出身者只占24.6%；副职长官中有83.7%来自文官，16.2%来自武将。而且，北宋枢密院存在了167年，有91年的时间由文官在枢密院独自任正职，文官主掌枢密院的时间长度约占北宋枢密院存在时间的54.5%；另有文官与武将并任枢密院正职时间长达16年，与前者相加则有107年，约占枢密院存在时间的64%。这说明，枢密院的正职长官主要而且长期是由文官充任的。其实副职长官也呈现这样的特点。北宋文官在枢密院独自任副职约121年，其独立任副职期间大约占北宋枢密院存在时间的72.5%；北宋文官另与武臣共同任副职27年，与前者相加，合计148年左右，约占北宋枢密院存在时间的88.6 %。也就是说，文官出任枢密院正副长官的时间、人数与武将相比，始终有着压倒性的优势。枢密院作为中央最高军事机构，长期、大量由文官掌管，这种现象我们叫作“文臣主枢密”，意在要用文官来驾驭武将、约束武将，也就是“以文驭武”。

与中央“文臣主枢密”遥相呼应的，则是地方上大规模的“文臣任知州”。太祖赵匡胤从北宋乾德元年（963年）开始，就任用文臣做知州，管理州的行政事务，自此州不再隶属于藩镇，节度使也逐渐成为一个虚衔。为了防止知州职权过重，专擅作大，宋太祖后来还创设“通判”一职，与知州共管州的地方行政事务。知州与通判，相当于州的正副长官，但都来自文官。文臣任知州，以及通判的设置，使地方权力实现了军政分离，自此军不代政。这种军政分离的局面后来还发展到地方财政、司法等领域，甚至战场上的指挥权都交给文臣。范仲淹、韩琦、庞籍等人都指挥过对西夏的战事。

通过文臣主枢密、文臣任知州，设置通判、转运使等职，太祖、太宗时起，宋代全面形成和发展了文官主政的局面。以至于仁宗时蔡襄说："今世用人，大率以文士进。大臣，文士也；近侍之臣，文士也；钱谷之司，文士也；边防大帅，文士也；天下转运使，文士也；知州，文士也。虽有武臣，盖仅有也。"这是文官主政局面全面形成的真实写照。

事物常有正反两面，在文官主政局面形成的同时，必然是武将权势的衰落和抑制。武将权势的衰落和抑制，首先是从各种分权、削权开始的。通过分权和削权，宋朝建立了"将从中御"的制度。

（六）将从中御：三衙各统兵，临战授阵图

"将从中御"是太宗时期户部郎中的张洎归纳总结出来的，意思是说最高统治者（皇帝）对率军出征的前敌将领，不给以机断行事的指挥全权，事事必须秉承皇帝或朝廷的旨意行动。户部郎中张洎太宗端拱二年（989 年）总结伐辽失败的原因时道："伏自北戎犯顺，累载于兹，其故何哉？盖中国失地利，分兵力，将从中御，士不用命故也。"张洎认为伐辽失败原因在于将从中御，士兵不愿意效命。

但其实"将从中御"形成于太祖时期。太祖赵匡胤对军队进行改革，将军权一分为三：殿前司、侍卫亲军马军司、侍卫亲军步军司；又通过枢密院掌调兵权、将帅掌领兵权，形成了"领兵权"和"调兵权"格局；而且通过驻军轮换，造成了"兵不知将、将不知兵"的局面。这自然是基于汲取唐末五代以来的教训而处心积虑为之。

宋太祖时期对军队已经掌握了绝对的权力。每遇战事，枢密院负责提供决策建议或者推荐武将，但建议的最终采纳或者人事安排都是由皇帝决定的。将校的任免、部队的调动都由太祖绝对掌握。至太宗时期，皇帝对军队的控制极端发展，连出征作战用什么阵图都事先由皇帝画好，且不容许有任何变通的余地。一切都要服从中央朝廷的旨意。

不仅如此，太祖时期还沿用唐代旧制，任用宦官为监军。为了监督战场上的将帅，监军们被赋予很大的权力，以确保“将从中御”贯彻实施。

（七）限制武将：分散军权和兵权，减其辖区、夺其司法、收其精兵、制其钱谷

武将的权力自太祖以来有多方面限制。在前面的篇目中已详尽叙述分散军权和分散兵权的做法，降低了武将和军队对皇权的直接威胁，但这还不是全部。当时藩镇还在，武将还有与地方势力勾结拥兵自重的可能。所以太祖又实行了驻军轮换的制度，制造“兵不知将、将不知兵”的效果。但这依然不能使他放心。

于是，遵循赵普的建议“稍夺其权，制其钱谷，收其精兵”，对藩镇的武将采取了系列措施予以限权，主要包括：削减其辖区、剥夺其司法权、收其精兵、制其钱谷。

“削减其辖区”的做法是，把原属于藩镇管辖的支郡直属于中央，使“天下节镇无复领支郡者”；“剥夺其司法权”的做法是，派文官到地方担任县尉，掌握地方的司法治安权。“收其精兵”的做法是，将地方军队中强壮之士抽调充实禁军。“制其钱谷”的做法是，将地方财政中的大部分送往中央，专设“转运使”负责地方财政，借此控制地方财政，使武将丧失割据一方的经济基础。

综上所述，北宋“重文轻武”国策的切实体现不仅仅是“重视文教”的表面功夫，而是实实在在地提高文官地位、抑制武将权力、降低武将地位的措施。这些措施主要是在太祖和太宗时期全面施展完成的，后世只是奉为“祖宗之法”来遵循，不动摇。

通过“重文轻武”，北宋统治者巩固了皇权，中央集权的程度超过秦汉和隋唐。文官和武将地位高下的格局在整个宋朝大体上被固化下来。另外，文官主政时代的到来开启着社会面貌的新变化。这是下一个需要讨论的议题。

三、“重文轻武”的政策后果

宋代实行重文轻武（或者重文抑武）政策，必定导致两方面的影响：积极的和消极的。

由于人们习惯于关注其消极影响，并且使之与“弱宋”这一观感联系起来，所以这里我们先说说它的积极影响，以尽量使人较为全面地看待该政策的影响与后果。

（一）积极影响

其一，是有利于政局的稳定和政治的理性。五代十国时期的政局动荡因之得到扼制。五代十国的政权之所以并不长久，一个重要原因在于，其社会基础并不广阔，使之政权犹如浮萍无所依。当时，藩镇割据所依赖的阶层不是地主、大地主，更不是士族地主，而是成为职业雇佣兵的破产农民和无业游民。彼时，将校长官约有三四成是由下级拥立，而不是上级任命。清代学者赵翼在自己的著作《廿二史札记》中提出了这个观点，他认为“诸镇由朝命除拜者，十之五六，由军中推戴者，十之三四”。而且一旦被拥立者不能满足下级军官的利益，那么随时可能被下级所推翻。所以五代十国时期的政治生态是不健康、不正常的。军人太活跃，给政局带来了太多的不稳定性。武夫治国，容易因滥用暴力而形成“暴政”。提高文士的地位、重用文士治国，对武将、对暴力是一种有效的约束，有助于政治生态的理性化。

其二，是文官政治的格局逐渐形成，文士迎来了自己的美好年代。五代十国时期，文士的个体力量十分弱小。在“天子宁有种乎？兵强马壮者为之耳”的时代，读书是无用的，“从军”才有前途。历史上但凡藩镇割据的时代，文士都是依附于武将的，他们地位低下。五代十国，武将残害文士、侮辱文士的现象十分常见。骄兵悍将面前，文士是卑微的，他们必须看武夫的脸色行事，唯其如此才能保自身平安。然而宋代彻底扭转了这种风气，重文轻武提高了文士的地位、抑制了武将的地位。文士受重用，读书开始变成高贵的活动。“万般皆下品，惟有读书高”的时代到来了。一个国家不可能天天备战、全民备战，战争不可能是一个政权的常态，所以文士取代武将成为治国的主体力量是合情合理的。在和平时期，更需要文士来理智地施政治国。

太宗皇帝提出“与士大夫共治天下”的理念，大量重用文士，使得文官主政的政治格局在北宋初年就逐渐形成。重文轻武政策下，进士出身的文士成为北宋的主体，儒生治国出将入相，全面掌政。自宋真宗时起，武将就彻底地远离了政治权力中心。因为宋真宗不仅重用文臣出任文职，而且还采纳了孙何的建议，“择儒臣有方略者统兵”。这等于把武将的权力范围也让给了文臣，其结果就是“文人主政”局面完全形成、全面形成。

其三，是社会风气和道德伦理发生变化，“以天下为己任”和“忠君”意识得到发展。修身、齐家、治国、平天下，被广大文士作为终身矢志不渝的追求目标。范仲淹提出的“先天下之忧而忧，后天下之乐而乐”的观点，更是流芳百世对后世文人的影响经久不衰。范仲淹“先天下之忧而忧”的社会责任感代表了当时文士道德情操的一种境界和水平。这与后来王安石提出的“以富国强兵为己任”如出一辙。或许是因为深受君主的恩宠，宋代文士“忠君、爱国”的情操和气节格外可歌可泣，在国家危难时刻总是不乏坚守气节之士，总能看到一些文士宁愿守节而死也不愿苟活于世。尤以南宋的文天祥、陆秀夫等人为典型。这是宋代统治者足以令后世赞叹的成就。

其四，则是促进了宋代文化的繁荣和文教的发展。“与士大夫共治天下”和“不杀文士”的祖训，使得宋代文士有足够高的安全保证和言论自由。这激发了知识分子的创造，使得宋代在科学、文学和史学领域取得极大成就。这一点，得到许多学者的认同。陈寅恪给予高度评价：“华夏民族之文化，历数千载之演进，造极于赵宋之世”。这等于是说，宋代文化是中华民族文化繁荣的最高峰。无独有偶，史学家邓广铭也同样这么认为。他说：“宋代的文化，在中国封建社会历史时期之内，载至明清之际的西学东渐的时期为止，可以说已经达到了登峰造极的高度。”宋代文化成就高，具体而言，既体现于文学，也体现于史学。

北宋开始，散文、宋词发展迅速，成就极高。唐宋八大家中，绝大部分（有6人）都是宋代的。“宋词”则继唐诗之后，成为新兴的、流行的文学形式。宋代词人辈出，派别多样，精彩纷呈。宋代的话本则在我国文学史上开辟了一个新纪元，它开启了明清时代白话小说发展高潮的序幕。史学方面，以各种新体裁史书的编纂及开拓新的研究领域著称，对后代史学发展产生了巨大的影响。杰出成果体现于《旧五代史》《新五代史》《新唐书》《资治通鉴》《通鉴纪事本末》《续资治通鉴长编》《通志》等经典史书。尤其是司马光的《资治通鉴》，开创了“通鉴学”，其“编年体通史”影响很高。而袁枢的《通鉴纪事本末》则开创了中国史书的新体例——纪事本末体。

在自然科学方面，我们引以为荣的“四大发明”，其中有一项发明于宋代、有两项在宋代取得重大突破。发明于宋代的，是“指南针”；取得重大突破的，是“火药”和“印刷术”。至于数学、天文学、医学等其他领域，宋代也有很大的成就。

在文教方面，因为文士受重视以及宋朝统治者的重文轻武、倡导读书，所以读书办学的风气也达到历史高点。宋朝统治者最著名的劝学、鼓励读书的例子发生在宋真宗身上，他曾亲作《劝学诗》鼓励人们多读书，该诗全文如下：“曾富家不用买良田，书中自有千钟粟。安居不用架高堂，书中自有黄金屋。出门莫恨无人随，书中车马多如簇。娶妻莫恨无良媒，书中自有颜如玉。男儿若遂平生志，六经勤向窗前读。”此后“书中自有颜如玉”“书中自有黄金屋”这样的金句广为流传，影响了不止一个时代。结果，民间就形成了“万般皆下品，惟有读书高”的价值观。

因为统治者重视文教、鼓励读书，于是办学成风。北宋中期以后，公私学校林立，书院讲学盛行。据统计，宋代书院达到 397 所，其中闻名天下的四大书院都兴于北宋。北宋时期，学生的规模也远超唐代。《三字经》《百家姓》等蒙学读物开始通行。一时间，宋代的文化教育水平位居当时世界最高。

以上说的都是“重文轻武”国策的积极影响。下面再说说该政策产生的消极影响。

（二）消极影响

首先，因统治者重文轻武之故，社会耻于从军，军人被视为粗鄙的代名词。统治者重文轻武，民间会自然形成了这样一种价值判断：做文官有出息，当军人没出息。上文提及的“万般皆下品，惟有读书高”就是这种价值观的生动体现。当时民间流行一句话：“做人莫做军，做铁莫做针”。甚至出现了“为父兄者，以其子与弟不文为咎；为母妻者，以其子与夫不学为辱”这样的观念。这种风气与唐末五代以来“及第不必读书，做官何须事业”的风气截然不同。

这种风气之下，文官与武将之间的职位互换变得异常困难。在宋代，文士一旦为文官，便绝对拒绝转换为武职工作；而武将一旦改任文职，便不再愿意恢复武职。这种现象叫作“文不换武”。整个宋代，文官不愿意改任军职，武将则罕有转为文臣，文武之间换职出现了相当大的障碍。即便有人属于文武全才，也很难以出任军职的方式为国家效力。这意味着统治者在人才的选用方面必然狭窄。

其次，统治者对文臣武将的不同态度和待遇，导致了文臣与武将之间的对立。这种对立无异于自我分化。因为“重文轻武”国策的推行，权力在文臣和武将之间的分配不利于武将，这与五代十国时期完全相反。统治者公然重视文士、优待文士，文士也就自然容易滋生鄙视武将的心理和情绪。这方面的例子很多。真宗时期，宰相寇准跟武将曹利用一起共事；但遇到意见分歧时，寇准就能责备曹利用:“君武夫耳，岂解国家大体？”还有个例子发生在仁宗时期。有一次，宰相文彦博和富弼在共同商议储君的事情时，根本就不与枢密院商量。枢密院与宰相府级别相同，结果当时的枢密使王德用对此颇为不满。而翰林学士欧阳修闻后，竟认为王德用是“老衙官何所知？”由此可见，在武将面前，欧阳修的言辞何其轻佻、傲慢！

文士瞧不起武将，武将对文士的不满就可想而知了。面对文士的轻蔑，也有武将反驳。宋真宗时，宋辽交兵于澶州城。禁军殿前都指挥使高琼赞同寇准的意见，主张北上抗辽；但文臣冯拯却主张逃难，并当众责骂高琼。高琼忍无可忍，当即回敬冯拯“君以文章致两府，今敌骑充斥如此，犹责琼无礼，君何不赋一诗退敌邪？”可想而知，冯拯必定哑口无言。这种针锋相对的对话，武将言辞辛辣、语气愤慨，可见武将的心里是何等压抑和不满。

最后，军队战斗力下降。武将不论是否真的“不解国家大体”，但他们对自身地位不如文士、被贬抑的现状是清楚的。可以想象的是，这种处境下他们如何能为国家尽心效力？君不待我，教我如何侍君？所以，军队战斗力下降亦是意料之中的事。

宋代军力下降，是由多方面原因铸成的。“重文轻武”国策下武将的积极性不高，这是一方面。指挥权受限制、不能灵活发挥，这是第二方面。担心受猜忌，这是第三方面。宋代武将出征

作战，战败往往很安全，战胜反而有危险。皇帝只说过“与士大夫共治天下”，没说“与武士”共天下，那么武将何须关心这样的“天下”。重文轻武、重文抑武，这教武将们如何全心爱国？重文轻武的用人思维下，越有能力和才干的武将越不受重用、越受提防，越是昏庸无能的将领反而越受信任、越受重用，这样的军队如何有战斗力？庸官指挥军队，军队焉有获胜之理？

在人们熟知的故事中，“杨家将”就是最典型的案例。杨老令公杨业，史书上说他“忠烈武勇，有智谋”，人称“杨无敌”，曾大败辽军于雁门关。但在雍熙三年（986年），遭到监军王洗与上司潘美的侮辱，被逼在形势不利的情况下出战，结果兵败之后不幸死于辽军之中。对此负有直接责任的潘美事后仅仅只是降了三级，并且不久就官复原职。这是极不公平、极不正常的。

当然，在这种不公平的政治环境下，也有一些“聪明”的武将。比如太宗时期的“第一良将”曹彬。曹彬曾经为北宋平定江南立下汗马功劳，战场上所向披靡，但因为受到皇帝猜忌，所以即便位居高位，他也极其小心谨慎，在路上只要是碰到士大夫的车马都主动屈尊避让，以免招致敌意。后来，在岐沟之战中，他犯下十分明显的错误而导致北伐失败，部队因之死亡过半。但奇怪的是，他不仅没有被严惩，反而不久就官复原职。后世学者在发现这个反常的现象之后，认为以曹彬身经百战之丰富经验，不太可能粗心犯错，此事一定是曹彬为了避免功高震主故意为之。因为只有如此则可以保全自己晚年的富贵。虽然找不到确凿证据证明这个猜测，但似乎这是最合理的解释。

那么，我们该如何评判这种利弊共生的国策呢，“重文轻武”究竟是利大还是弊大？文官固然可以为国家殉节，但如果国家都不存在了，殉节又有何意义？凡事物极必反、过犹不及，或许“重文轻武”也符合这一规律吧。

第二章 宋辽和战

第一节 图谋幽云十六州

公元960年，赵匡胤建立宋朝，但恰不逢时的是，此时已有一个强大的政权横亘在中国的北方，这便是——辽国。辽国的建立比宋朝早50多年，与宋朝形成南北对峙的局面。而且这个对峙几乎困扰了整个北宋时期。

辽国由契丹族的首领耶律阿保机于公元916年始建年号，国号初为“契丹”，后又改为“辽”（并且反复多次）。简便起见，本文对该政权一律称之为“辽”。辽与北宋，在民族构成、经济生活等多方面形成鲜明对比。“宋”以汉族为主体，“辽”以契丹族为主体；前者以农耕生活为主，后者以游牧生活为主。辽宋之间的矛盾，始于宋朝的统一战争。

一、统一江南、谋北汉

公元960年北宋建立后，面临的抉择是先统一江南，还是先平定北汉。当时江南尚有南平、楚、后蜀、南汉、南唐、吴越六个政权。至于北汉，地处宋辽之间，当时已经臣属于辽，长期割据山西中部和北部。北汉距北宋都城开封较近，兵力少但很强悍，如果辽军做支援，那么对宋都开封和北方边境都能构成威胁。但是如果先取北汉，那么北宋就要面临强大辽国的威胁，宋与辽之间再无缓冲之地带。因此，审时度势之后，太祖赵匡胤做出了“先

南后北”的作战方针，对辽则采取积极防御政策。这个战术是否足够正确，实际很难说。该战术方针制定后，太祖赵匡胤只用了短短十余年时间就轻取南平、楚、后蜀、南汉、南唐；太宗皇帝赵光义即位后，又灭掉了吴越，完成了对江南的统一。

在北宋统一江南期间，辽宋之间的冲突很少，只有零星的盗贼活动。辽当时正值辽穆宗耶律璟的统治之下，他是中国历史上有名的昏君和暴君。史书上说他在位期间常常通宵达旦饮酒作乐，以至于第二天白天整日睡觉、不闻政事，被人们称为“睡王”。辽穆宗还嗜好打猎，而且游猎不分季节，不管是寒冬还是盛夏，只要高兴，便去游猎，游猎时还不忘饮酒。此外，他还杀人成性。为了长生不老，耶律璟竟然听信女巫之言，杀人做药引。一时间，契丹贵族夺权活动频繁，社会秩序极不稳定。但辽的这种政局形势却对宋朝十分有利。因为辽昏君在位、内乱不已，这有利于宋朝专注于统一江南各国，而不用担心辽会乘虚而入。

假如宋朝“先北后南”，先攻打辽、再统一江南，行不行呢？坦率地说，辽国内政如此，宋朝如果真的先攻打辽以解除后顾之忧、再统一江南，没准照样会取得成功。如果选择这种方案，一旦对辽的战争取得彻底胜利、夺取北方的幽云十六州，那么宋朝或许会更加强大。因为幽云十六州实在是一个太有战略价值的地方了。当然这也只是后人站在历史的角度上所进行的一点设想。

结果，公元 969 年辽穆宗被近侍、厨师所杀之后，辽朝内政重回正轨。新即位的皇帝辽景宗耶律贤为了保障内政改革的顺利推进，对宋采取防御战略，并训令属国北汉不得随意惹是生非。辽的政策得到了宋朝善意地回应。宋太祖开宝七年(974 年)三月，辽宋之间互相遣使议和。双方最终议定互不侵犯、和平交往，史称“开宝和议”。这对于北宋集中力量完成南方统一、限制辽的掳掠、保持边境人民生活安定，都有积极意义。在和议达成后的六年里，辽宋边境恢复了安定的局面，两朝使臣往来频繁。据统计，宋遣使至辽 14 次，辽遣使至宋 18 次。看似相安无事，辽宋世代友好可期。但好景不长，宋朝统一江南之后，终于对北汉发起攻击。这就破坏了辽宋之间的和平约定。辽宋关系，因宋朝进攻北汉而陷入困境。

二、灭北汉，图谋幽云十六州

宋太祖时期，辽宋虽然通好，但北宋并未因此而放弃平定北汉、统一北方的大业。北汉虽为辽的属国，但是宋朝依然三次攻打北汉。

第一次是宋太祖开宝二年（969 年），宋太祖凭借攻取南平和楚国后所拥有的财力条件，亲征北汉，兵抵太原城下。只可惜，因“大军屯甘草地中，会暑雨，多被腹病，而契丹亦复遣兵来援”，宋军失败，不得不班师回朝。第二次是开宝九年（976 年），宋太祖又命令党进、潘美等分五道进攻太原，结果又因契丹援军赶到，再次班师回朝。第三次攻打北汉，是在宋太宗太平兴国四年（979 年）。此时宋太宗已完成统一南方诸国的任务，于是亲率十万大军出征北汉。宋太宗的行为显然违背了辽宋之间“互不侵犯、和平交往”的约定。所以，辽很快遣使责问兴师讨伐北汉之故。而宋太宗却颇具威胁性地回复，“河东逆命，所当问罪。若北朝不援，和约如旧，不然则战”。最后，辽考虑到若北汉灭亡，就没有其他力量可以牵制北宋，且宋辽之间没有了缓冲地带，边境直接交界，自己就有丧失燕云地区的可能；于是权衡利弊，辽朝统治者派军援助北汉。但辽对北汉的支援未能奏效，辽军在白马岭（山西忻县南）被宋军凭险击败，北汉还是灭亡了。此战之中，宋朝还有一个重大收获：杨业归宋。“杨家将”三代抗辽的感人故事由此拉开序幕。

北汉一亡，宋朝彻底终结了五代十国以来中国南方和中原地区的分裂割据局面，从此与辽形成南北对峙、分庭抗礼之势。这是中国继魏晋南北朝之后，又一次出现“南北朝”局面。宋灭北汉这一行为背弃了宋辽之间的和平约定，辽自此与宋朝交恶，此后长达 25 年时间两国不再互派使节。在“形势一片大好”的背景下，宋太宗还有一个大胆的目标，意图一劳永逸地解决辽对大宋的威胁，那就是：夺取幽云十六州。

那么“幽云十六州”究竟是个什么地方？有什么价值？这实在值得大书特书一下。

先说说“幽云十六州”在哪儿。“幽云十六州”也叫“燕云十六州”（因为幽州后来改称为“燕京”），顾名思义，有 16 个“州”。

这“十六州”分居太行山东西两侧，具体指：幽州（今北京西南地区）、檀州（今北京密云）、瀛州（今河北河间）、涿州（今河北涿州）、莫州（今河北任丘）、朔州（今陕西朔州）、新州（今河北涿鹿）、武州（今河北宣化）、云州（今山西大同）、顺州（今北京市顺义）、儒州（今北京延庆）、蓟州（今天津蓟州）、应州（今山西应县）、妫州（今河北怀来）、寰州（今山西朔州东北）。

幽云十六州在五代十国时期，就已经被后晋的皇帝石敬瑭送给了契丹——也就是辽。所以，宋朝建立的时候，这个地方归属辽的管辖之下。

石敬瑭，（892—942 年），沙陀部人，他本人是后唐皇帝李嗣源的得力爱将，又是李嗣源的女婿；时任后唐的河东节度使，守太原。石敬瑭的使命，本来是防御契丹入境侵扰，但因与李嗣源养子李从珂争夺帝位，所以反而向契丹借兵。最后，在契丹的支援下，石敬瑭夺得帝位，改国号为晋，史称“后晋”。石敬瑭为了获得契丹的庇佑，于是认契丹皇帝为父、割幽云十六州给契丹。由此，后人给石敬瑭起了个“儿皇帝”的名号，以示谴责和羞辱。

而又是什么原因使得宋朝如此在意“幽云十六州”呢?

答案是：首先它有巨大的军事价值，其次它还有重大的经济价值。仅仅这两方面的价值，已能显著左右宋辽双方的实力对比。下面，我们试析之。

幽云十六州的军事价值

幽云十六州所辖的地区东西约600公里，南北约200公里，面积约为12万平方公里。其北部在今河北北部地区，处于广阔而平坦的华北大平原北端，囊括雄伟险峻的燕山山脉；西部在今山西北部地区，该地区多山地，地形复杂。幽云十六州这一狭长地区形势非常险要，在古代确系一道军事天险。

幽云地区北部横卧着燕山山脉和北太行山山脉。从地形上看幽云十六州，燕山山脉和北太行山山脉就像两座相连的城墙屹立在华北平原北部，两山交会处更像是一道天铸“城角”，以骑兵为优势的北方游牧民族在此被严重阻隔。巍峨险峻的山脉俨然构筑了燕云地区在战略上抵御北方铁骑南下的第一道天然防线。

幽云地区中部和南部奔流着桑干河和巨马河，为战略防御中心的河流。“在中国古代，江河沼泽特别是河流常成为拒敌于外的防御屏障。事实上，在以刀枪弓箭为主要武器的冷兵器时代，利用江河设防是常用的御敌办法”。此外，江河还可以对军事战略物资进行运输。拒马河以易水与白沟河为两翼，构成了燕云地区南部的河流防御体系。横贯交错的河流显然构建了燕云地区在战略上抵御北方铁骑南下的第二道天然防线。

对中原王朝而言，幽云十六州是其北方的门户。一方面，在国力昌盛时期，它是中原王朝经略控驭北方游牧民族的据点和桥头堡。隋炀帝在涿郡筑临朔宫作为行宫，隋大业七年（611年）后三次用兵高丽，都以涿郡为基地，集结兵马、军器、粮储。另一方面，幽云十六州也是中原王朝抵御北方游牧民族入侵的屏障与前沿，是军事斗争的“战略缓冲带”。燕云地区北部的长城与五关构成了牢不可摧的人工防线。在古代战争中，骑兵对于以步兵为主力的中原军队无疑具有绝对的优势，而在军事地理上，长城对于北方游牧民族骑兵的南下则能起到防御屏障的作用。紧挨着长城南侧的幽云十六州，以其坚固的城池、巍峨险峻的山脉及横贯交错的大河构成了战略上的又一道防线。它是长城防线的有力依托，与长城构成唇亡齿寒、互相支持的关系。如今，这十六州划归了契丹，不仅使得今天津蓟州迤逦直到今山西朔州的千余里长城防线都成为辽境内的摆设，而且把长城南侧可以在军事上布防的隘塞险要也一并拱手让给了辽。这样，辽控制了长城，占领了幽云十六州，就像把守了中原王朝的北大门一样，随时可以长驱深入，直捣中原腹地。其后，不仅华北平原，而且整个中原王朝就完全敞露在北方铁骑的攻击力之下，彻底处在屏障尽撤、无险可守的境地。更为重要的是，幽云十六州的丢失使中原王朝统治阶层丧失了心理层面的“马其诺防线”。

所以，宋朝大臣吕中就曾感叹道：“燕蓟不收，则河北之地不固；河北不固，则河南不可高枕而卧也。”

对北方游牧民族而言，幽云十六州在战略上意义同样重大。占据幽云十六州后，彻底改变了他们在与中原王朝军事斗争的被动局面。北方游牧民族政权，虽然军事力量较强大，但他们在文化制度上往往并不先进，更没有固定的财力收入。由于自身政权制度的限制，在与强大的中原王朝斗争过程中，要么只是取得暂时的军事胜利；要么是被强大的中原王朝（如汉唐）彻底击垮。但占据幽云十六州后，这一局面彻底改变。通过幽云十六州这一窗口，他们开始了解中原，逐步接触中原文明，学习中原先进的生产方式。重要的是，该地区还为他们提供了固定的财力和充足的兵源。

幽云十六州的“割弃”成为影响中国政治格局和历史进程的

一件大事，直接导致了北方游牧民族政权对中原王朝在军事政治上的优势地位。游牧草原文明和中原农耕文明进行了激烈的冲击和碰撞，促进了我国历史上又一次民族大融合。幽云十六州是中原王朝难以愈合的伤口。[此后400余年中，收复幽云十六州成为每一个中原王朝梦寐以求的理想。直至明朝洪武元年(1368年)朱元璋遣徐达、常遇春攻克大都，幽云十六州才重回汉人手中。但这400余年时间，给中原王朝留下的记忆是持久而惨痛的。]

纵观我国历史，燕云地区的地理位置十分重要，它是历代兵家必争之地，又是中原王朝保护农业区、抵御游牧民族入侵的天然屏障。当然也是中原王朝在其盛世时经略东北的基地。北宋叶隆礼《契丹国志》说："幽、燕诸州，盖天造地设以分藩、汉之限，诚一夫当关，万夫莫前也。"这段话足以阐释其战略位置的重要性。后来，对幽云十六州的争夺几乎贯穿了10至12世纪北宋与辽金战争的整个过程。为什么这一地区的争夺会如此激烈而又漫长？也许当时的统治者比我们更能清楚地认识到幽云十六州的军事战略意义。

幽云十六州的经济价值

至于其经济价值，要从其地理条件说起。幽云十六州地处北纬39°至41°之间，属于暖温带季风性落叶阔叶林气候（西部部分地区属于暖温带季风性森林草原气候），降水量在400至800毫米之间。温暖湿润的环境十分有利于农业的生产发展。纵观我国历史，燕云地区一直是我国农业最发达、经济最繁荣、人口最稠密的地区之一，具有巨大的经济价值。

幽州自古就在我国北方占有重要的经济地位。"夫燕亦勃、碣之间一都会也"。随着幽云十六州划归辽，随之而来是大量汉人对辽的生产方式、生活方式带来的改变，农业经济取代游牧经济一跃成为辽的主要经济形式。燕云地区是辽的农业经济中心，也是主要的赋税来源地。仅燕京析津府一地就可"兵戎冠天下之

雄，与赋当域中之半”。

此外，燕云地区众多的汉族人口，为辽国提供了大量的兵源，是辽的重要兵源地。在兵役方面，由于辽朝崇尚武力，其全国军队分为御帐亲军、宫卫骑军、大首领部族军、众部族军、五京乡丁和属国军，其中“五京乡丁”多由汉人充当，而燕云地区因其人口密集，更是此项兵役的最主要来源。

“辽建五京：临潢，契丹故壤；辽阳，汉之辽东，为渤海故国；中京，汉辽西地，子唐以来契丹有之。三京丁籍可纪者二十二万六千一百，蕃汉转户为多。析津、大同、故汉地，籍丁八十万六千七百。”从五京乡丁出兵数目不难看出，“幽云十六州”的南京（析津，今北京）、西京比其他三京总和的三倍还强。

由此观之，从战略上看燕云地区具有极其巨大的经济价值，可以为王朝提供强大的财力支持和兵源补给。难怪，辽太宗接受后晋使者所献十六州图籍后不久做出了升幽州为燕京、云州为西京的决定，且“非亲王不得主之”。辽五京中燕云地区占了两京，足以显示燕云地区在辽国战略棋盘上的重要性。“自此开始，中原王朝和契丹才真正形成中国历史上第二次南北朝互相对抗的局面”。

鉴于“幽云十六州”在战略上巨大的军事价值和经济价值，于中原王朝和北方游牧民族政权双方而言，幽云十六州的归属意义重大。正因为如此，北宋君臣念念不忘收复燕云。

但无论是平定北汉还是收复燕云，北宋都势必会与辽发生激战。从客观上讲，宋初的国力、军力皆不敌辽。当时北宋全国兵力不过 16 万而已，且马匹严重缺乏，市场上一年可以买到的马匹也就 5000 左右。而当时辽撇开四京（这时中京尚未建立）的乡兵不算，就有战马十万，且马匹非常充足；契丹人还常年在幽云十六州周边牧马，以备不时之需。显然，不论是从兵力对比还是物资条件来看，北宋在军事力量上都处于劣势。

所以，在幽云十六州的问题上，宋朝起初并未把军事争夺作为首选。宋朝对幽云十六州产生觊觎之心，是在太祖赵匡胤时期。不过，宋太祖对自身国力还是比较清楚的，因此他的策略是：赎买。《续资治通鉴长编》中记载到，宋太祖赵匡胤为了将来能收回幽云十六州、拿到这个战略要地，他专门设立了一个“封桩库”来积累每年的节余，以用于“赎”回幽云十六州。原文如下：

太祖别置封桩库，尝密谓近臣曰：“石晋（后晋石敬瑭）割幽燕以赂契丹，使一方之人独限外境，朕甚悯之。欲俟斯库所蓄满三五十万，即遣使与契丹约，苟能归我土地民庶，则当尽此金帛充其赎值。如曰不可，朕将散滞财，募勇士，俾图攻取耳。”

太祖赵匡胤是可怜那些在幽云十六州生活的汉人，所以专门设立了这么一个“封桩库”来存钱，想存够三五十万就与辽人谈判，争取买下幽云十六州；实在不答应，再用这笔钱招募勇士、组建军队，以攻取幽云十六州。

但是，幽云十六州是一个极具战略价值的地方，对宋、对辽来说都是。所以，宋太祖所谓“朕甚悯之”只是个名义上的说辞而已。不过，需要承认的是，他的策略很稳妥。先存钱、争取买下这个地方，若辽不愿意卖，再用这笔钱作为军费攻取也不迟。这种渐进式做长远战略准备的做法非常理智、很有远见，即使战争到来宋朝在财政上也会早有准备，不至于仓促行事而陷入被动。先和平、后战争，这是一种以较小代价实现自己目标的战术。然而宋太祖去世后，继位的宋太宗并未延续“赎买”政策，但也未放弃图谋“幽云十六州”。

宋太宗对中原和江南的统一，结束了五代十国的割据局面，在战功上日渐自我膨胀，又过高估计了自己的军事能力，于是转而采取一种冒险政策，那就是——出其不意用武力夺取。结果就是，为了图谋幽云十六州，北宋从“和辽”走向了“伐辽”。

然而，宋军在战场上的表现能实现宋太宗的愿望吗？

太平兴国四年（979 年），宋太宗灭掉北汉之后，便趁热打铁主动发起了伐辽战争。这是在争夺幽云十六州问题上宋辽之间的第一仗。

灭北汉后是否要顺势用武力收回幽云十六州，这在当时分成了两派截然不同的意见。三军将士因为希望在战场立功获得赏赐都积极主战。有“副宰相”身份的参知政事赵昌言也倾向于主战，他甚至形容灭北汉后取幽云十六州，犹如“热熬翻饼”，是极容易做到的事儿。端州团练使崔翰也附和这一观点。但铁骑军指挥使呼延赞却不以为然。而宋太宗没能抵制住幽云十六州的诱惑，权衡利弊，他最终决定还是要翻一翻这个“饼”。

那么，这个“饼”是不是真的就那么好“翻”呢？这得看辽军的实力如何。

在宋平定北汉的战役中，辽军是打了败仗，宋辽由此失和。但是，辽军并未动摇根本，而是实力尚存。辽军大将耶律沙很快退回到幽州一线，准备巩固幽州的防御。辽景宗还派了多位大将集结了五六万军队在幽州城外，以支援城内的耶律沙，形成内外配合的阵势。显然，辽已预感到宋军可能顺势夺取幽云十六州，并且决意要捍卫幽云十六州，所以才做此军力部署。至于灭北汉之后，行将攻取幽云十六州的宋军，则不过 15 万人，只稍占优势。

不管怎样，“伐辽”的国策既定，宋军需要做的就是做好军事部署，争取打好胜仗了。五月二十日，宋军从太原分路东进，翻越太行山，二十九日抵达镇州（河北正定），进入河北平原。六月初七，赵光义调发京东、河北诸州的武器装备和粮秣运往前线。

高粱河之战

太平兴国四年（979年）六月十三日，宋太宗赵光义自镇州出发，十九日次金台屯，募民百人为向导，二十日至东易州（时宋辽各置一易州，西属宋，东属辽）之西，过拒马河入辽境。辽易州刺史刘宇，涿州判官刘厚德相继献易州、涿州投降宋军。

宋军推进很快。六月二十三日，赵光义大军至幽州城南，驻扎在宝光寺。当时辽南京（宋称幽州，辽为南京析津府所在）守将为权知南京留守事韩德让以及权知南京马步军都指挥使耶律学古。另有辽北院大王耶律奚底与统军使萧讨古等军在城北屯扎。宋军先锋东西班指挥使傅潜、孔守正巡哨城北，在沙河遇到辽军，马上以先至的兵马与之交战，后军不久到达，而后诸军齐集，大败奚底、讨古及乙室王撒合的辽军，斩获甚众，生擒500余人。

辽南院大王耶律斜轸（又译“色珍”）屯兵得胜口（河北昌平天寿山西北），看宋军锐气正盛，不敢与之直接冲突，便趁着耶律奚底战败，在得胜口用青帜伪作收容溃军之状以诱敌。赵光义得到探马报告，便有轻敌之心，麾军继续攻击，宋军将士乘胜追击，斩首千余级。而耶律斜轸抓住机会突然袭击宋军后方，宋军败退，与耶律斜轸军对峙于清沙河（北京城北20里）北。辽南京城内守军得此声援，固守之志更加坚定。

六月二十五日，宋军看出耶律斜轸兵力不足，只是据险而守，仅能声援幽州之敌，便只留一部兵力与之对峙，而用大军围攻幽州城。定国节度使宋偓与尚食使侯昭愿，领兵万余攻城东南面；河阳节度使崔彦进与内供奉官江守钧，率兵万余攻西北面；彰信节度使刘遇率军攻东北面；定武节度使孟玄喆攻西南面，并以潘美知幽州行府事。耶律斜轸部将渤海帅达兰罕率部降宋，赵光义以其为渤海都指挥使。自此，城外宋军对守城辽军多方招降，使城中人怀二心，后又有其铁林都指挥使李扎卢存等率所部出降。

原在城外的辽御盏郎君耶律学古入城增守，与韩德让等共谋守御，安定反侧，守军才安下心来守城。

六月二十六日，宋太宗赵光义由城南宝光寺至城北，亲督众将进兵，攻击清沙河辽军，大战一日，杀敌甚众，获马300余匹，辽军稍稍退却，但仍然凭借险要坚守。三十日赵光义又督军攻城，宋军300人乘夜登城，被耶律学古力战所擒，后又发现并堵塞了宋军挖的隧道，修守备待援兵。（考古学家1964年在今雄安区——当年的雄县发现了坑道遗址，1982年文物部门进行开掘，根据中国社科院等单位专家考证，认为是北宋防御辽国的永备军事工事，应该是政府投资的国防项目）而当时，辽南京被围，远近震动，辽顺州守将刘廷素、蓟州守将刘守恩相继率部降宋。这是此战以来的重大收获，若能拿下幽州——辽的南京城，必将对辽军的士气构成致命打击。

辽景宗耶律贤于六月三十日闻知南京被围，耶律奚底、萧讨古、耶律斜轸等军虽未大败，却不能进援，只能声援，于是急遣南府宰相耶律沙率兵往救，其特里兖（官名）耶律休哥（又译休格）自荐请缨，辽主便以休哥代替奚底，统帅五院军之精锐驰赴前线。这说明，辽军手中尚有精兵良将，且兵将充足。

同年七月初六，耶律沙大军至幽州，太宗赵光义督诸路军攻击，两军战于高梁河，耶律沙力战不支而败退。然而当时的宋军连续近20日不停地猛攻幽州城，士卒早已疲殆，故而虽然战胜，从中午到傍晚只追了10余里。令赵光义始料未及的是，耶律休哥率军出其不意间道而来，人人手持火炬直冲，宋军不知其多寡，未等接战心里已经发怵，故不敢接战，欲据高梁河为抵御之计。耶律休哥先收容耶律沙败军，使之回去再战，与宋军相持，然后与耶律斜轸各自统帅精锐骑兵，从耶律沙的左右翼挺进，乘夜夹攻宋军，实行两翼包围钳击之势。战斗激烈非常，耶律休哥身先士卒，身被三创犹力战。城中耶律学古闻援军已至，也开门列阵，四面鸣鼓，城中居民大呼，响声震天动地。耶律休哥继续率部猛攻，这时宋军才发觉已被包围，又无法抵抗辽军的猛攻，只能纷纷后退。耶律沙从后面追击，而休哥与斜轸两军也对宋军实行超越追击。宋军大败，死者万余人，连夜南退，争道奔走，溃不成军，赵光义与诸将走散，诸将也找不到各自的部下军士。

恰在此时，宋军还发生了一件更糟糕的事：兵变。原因是宋军之前灭北汉没有论功行赏，现在又力战幽云十六州，再加上战局不利、士气低落。赵光义的近臣见形势危急，慌忙之中找了一辆驴车请赵光义乘坐，急速南逃。（这在后来的《辽史》中被说成是“窃驴车逃去”）耶律休哥时已受重伤，昏死过去，不能骑马，左右用轻车载着他，代他发号施令，继续追击。一直追到涿州城下，获得宋军的兵器、符印、粮草、货币不可胜计。

宋代史书记载中还承认了高粱河之战中己方付出了一个巨大代价——太宗皇帝赵光义大腿上中了两箭。（此箭伤因当时医疗能力和条件所限未得痊愈，以至于后来年年发作，终于导致太宗在多年后因此伤病而去世）兵变之后，太宗逃脱，但此时又有一事让太宗的境况雪上加霜。原来，兵变中因为宋太宗的下落不明，军队中传出了立宋太祖的长子赵德昭的意图。本来宋太宗就担心人们怀疑他的即位不合法、来路不正，穷尽多种手段解释“斧声烛影”并粉饰自己的即位。现在又是军队发生兵变，又是有人想立死去的宋太祖的长子当皇帝。这等于又有点“陈桥兵变”的味道了。

然而战斗还没有完全结束。太宗赵光义为防备辽军乘胜南侵，命殿前都虞候崔翰收容溃军与定武节度使孟玄喆屯兵定州，河阳节度使崔彦进屯关南，云州观察使刘廷翰为都钤辖与彰德节度使李汉琼屯镇州，以上诸军都由刘廷翰指挥并得便宜行事。本如此即可，可赵光义偏偏又授诸将阵图，命令他们，如果契丹来犯，必须入图布阵，交代完之后，他才自金台屯南返，太平兴国四年（979 年）七月二十八日还至东京。太宗返回东京，自己倒是安全了。但“授予诸将阵图”并要求按图行事归，这实在是个昏着。且不说宋军是否还有转败为胜的机会，就算有这样的机会，“预授”的阵图如何能保证适用于战场需要？纯属作茧自缚而已。

由于打了败仗实在不好向老百姓交代、解释，宋太宗只好找了两个替罪羊治他们的“失律”（不守军纪）之罪，分别予以贬官了事。这两个替罪羊一个是西京留守石守信，一个是彰信军节度使刘遇，二人分别被贬为崇信军节度使、宿州观察使。

高粱河之战战败，宋太宗索性对平定北汉的功臣一并不予赏赐。当时很多人认为这样不妥，皇子赵德昭（赵匡胤之子，当时亦称“皇子”而不称“皇侄”）就上谏道：“当先行太原之赏，再行幽州失律之罚。”有先前之传闻，又如此一来，宋太宗不禁勃然大怒，只以“待汝自为天子，赏未晚也！”回赵德昭。一时间，赵德昭也无法解释自己的清白，回家之后便拔剑自刎了。赵德昭死后，宋太宗表现出极度懊悔，抱着赵德昭的尸体，又是大哭又是追赠封谥。但或许只有赵光义自己心里清楚——终于了却了心头一大患。

高粱河之战的惨败和幽州城下的兵变，不仅使宋太宗再也不敢亲临前线，而且他的目标转移到对内进一步控制上，这就是加强对亲族对军队的控制，用来挽回他失去的威信。兵变幸而没成，不然自己的帝位不保。这，大概也是宋太宗着意削减武将兵权、着力推行“重文轻武”国策的一个重要原因吧。

不过，经历此战之后，宋辽关系已不再以宋的意志为转移。因为北宋伐辽，给了辽报复宋的借口。战争是宋主动挑起的，所以对于辽而言，辽的抗战是正义的和正当的。由于辽军在高粱河之战中，并未伤筋动骨，所以辽军迅速恢复战斗力并于次月发起了对宋军的报复。这种宋辽关系完全是宋太宗所始料未及的。

辽军的统帅是辽景宗的亲信——一个契丹化了的汉人燕王韩匡嗣（即韩德让之父）此外，又以耶律沙为监军，命耶律休哥、南院大王耶律斜轸和权奚王耶律抹只率所部南征。辽军的兵力具体为多少，尚缺文献记载，但估计不在宋军之下，推测至少在十万以上。宋辽军队相遇于满城，习惯上，人们管这次战役叫作“满城之战”。这对刚刚打过败仗的宋军而言，实在不是好消息。

面对辽军来袭，宋太宗已敢亲上前线，却令人难以置信地以“预授阵图”的方式“遥控”前线诸将。那么，宋太宗为何要采用“预授阵图”这一套呢？这就需要援引前文中提到的“将从中御”这一“抑武”之策。宋太宗为了加强中央集权、巩固皇权、削弱或抑制军权，在战前亲自设计阵法要前线将士遵守执行、依“计”行事。这是空前的手笔，毕竟“将在外君命有所不受”是《兵法》中久已成习的默契。

据说，宋太宗的阵图上要求将士们“分为八阵”。辽军到来时，宋军将领赵延进登高眺望，发现辽军“东西亘野，不见其际”。其余将领崔翰等人“按图布阵，阵去百步，士众疑惧，略无斗志”。见此形势，赵延进提出，敌众我寡，宋军兵力分散更容易失败，不如集中兵力抗击。崔翰表示担忧：万一我们战败了怎么办？赵延进审时度势，坚决表示“倘有丧败”，自己“独当其责”。将领李继隆也表示，如果将来追究我们的“违诏之罪”，他自会承担。于是崔翰等宋军一众将领遂下定决心，将原来的八阵改为二阵，前后相接应，使兵力集中起来，共抗辽军。

结果战场上发生了戏剧性的逆转。辽军因为错误地估计了宋军的形式，以身犯险，中了宋军诱敌深入之计。结果，辽军“三战大破之，敌众崩溃，悉走西山，投坑谷中死者，不可胜计，追奔至遂城，斩首万余级，获马千余匹……”

这真是意外的胜利！高粱河之战中，宋军主动攻辽，宋军大败；现在满城之战，辽军主动攻宋，辽军大败。宋辽之间的实力悬殊到底是多大呢？这两场战役不得不使人重新思考宋辽双方的实力对比。

另外，假使赵延进等人严格按照宋太宗预授的“阵图”行事，结果又会是怎样呢？不过，虽然赵延进等人自行其是，没有服从皇帝的阵图，但是捷报传到京师，宋太宗不仅没有追究不按图作战的责任，反而封赏了赵延进。然而在以后的对辽作战中，赵光义还是采用老办法：战前赐阵图、定策略，大将们不得违背。实在很难理解宋太宗赵光义的想法。毕竟，即使出于“将从中御”的考虑，或者“驭将”的角度考虑，也不能视战争的胜负为儿戏。

辽军大败之后，辽景宗异常愤怒，险些杀掉主帅韩匡嗣，后经人求情对其从轻发落。他的岗位被将坛新秀耶律休哥、耶律斜轸所取代，这是未来的宋辽冲突中辽军的中坚力量。

高粱河之战与满城之战，似为宋辽双方的你来我往。宋辽冲突中的第一回合就此落下帷幕。双方各自一胜一负，表面上算是平手。但是宋太宗的“翻饼”之战，却未如事先预料的那样能顺利夺取幽云十六州。战略上，宋军显然是失败了。更为糟糕的是，北宋不仅损兵折将，而且由于“征晋阳，讨幽蓟，岁遣戍边”，费用开支剧增，将宋太祖时的积累挥霍一空，只得重新搜刮民财，加重了人民的负担。随着财政状况的恶化，在宋辽冲突中，宋朝可以选择的余地越来越有限了。

看来，“热熬翻饼”不仅不那么好“翻”，而且代价沉重。

第二节　雍熙北伐终失意

雍熙三年（986 年）正月，宋太宗决定对辽发动第二次北伐，史称“雍熙北伐”。

前番在太平兴国四年（979 年），宋太宗首次伐辽，大败而归何以有勇气再次伐辽？原来，宋太宗看准了一个下手的机会。

根据宋知雄州贺令图与其父贺怀浦的上奏，辽景宗耶律贤去世后幼主（辽圣宗耶律隆绪）即位，“国事决于其母”，并且辽圣宗的母后（萧太后）与大将韩德让关系暧昧，“国人疾之”。

宋太宗深思熟虑，认为辽朝“主幼国疑”，有机可乘，遂定下再次伐辽之策。

经过一番准备，宋太宗任命天平节度使曹彬为“幽州行营前军马步水路都部署”，率河阳节度使崔彦进等 30 余将，分东、中、西三路大军大举北伐。这三路大军的部署分别是：（一）曹彬为帅、崔彦进为副帅，又以米信为西北道都部署、杜彦圭为副帅，各率军一支军队，两军组成进攻幽州的主力，是为东路军。（二）以田重进为定州路都部署，出飞狐，以切断契丹西去的通道，孤立代北诸郡，是为中路军。（三）以潘美为云应朔等州都部署，杨业为副帅，以攻击代北诸郡，是为西路军。

宋太宗的意图是：第一步，以曹彬的主力吸引住辽国兵力，使其集结于幽州，无暇西顾，使潘美、杨业的西路军顺利攻占代北诸州；第二步，则是“联昨者兴师选将，止令曹彬等顿于雄霸，裹粮坐甲，以张军声；候一两月间，山后平定，潘美、田重进会兵以进，直抵幽州，共力驱攘，稗契丹之党，远遁沙漠，然同控扼险固，恢复旧疆”。在攻占代北诸州、“山后平定”之后，潘美和田重进的西、中两路军与东路汇合，共同进攻幽州，由此实现其战略目标。幽州始终是太宗伐辽的重点。

但是宋太宗的战术构想有些一厢情愿，因为辽国统帅已做好全面防御。他们始终把幽州作为战略重点，并围绕这个“重点”制定防御和反击的作战方针。所以宋太宗的战术方案有点“棋逢对手”，难以轻取。当时辽军的部署分四个方面：（一）从契丹各部征调兵力增援耶律休哥，再遣东京留守耶律抹只以大军继进，并诏令远征高丽的辽军接应援助，用来增强幽州辽军的防守力量。（二）派兵防备宋军从水上进攻，以策应幽州东路的安全。（三）以耶律休哥、耶律斜轸等将全面抗击宋军。（四）萧太后、辽圣宗驻兵驼罗口坐镇指挥，后随着战局进展于十月初一进驻幽州北郊，很快又亲赴固安前线反击宋军。

以此观之，辽军的防守不可谓不严密，大军之间的相互配合有序、梯度设置恰当。宋军应该是很难找到突破口的。这次宋太宗的北伐，注定了是一场恶战。

然而战争开始后，辽军却出现了接应援助不及时的问题，给了宋军顺利进军的机会。结果，潘美、杨业的西路军出雁门关，于三月相继攻占寰州、应州，四月又克云州、朔州，完成了攻占代北诸州的战术目标。

中路军田重进与辽军展开了激烈的战斗。田重进诱敌深入，在飞狐口设下埋伏，辽军中计溃败，宋将荆嗣“追奔五十余里”，克“仓头、小治二寨”等地。宋军乘胜拿下蔚州，蔚州守将投降。

但辽军将领耶律斜轸、萧挞览率部反攻蔚州，“至安定，遇贺令图军，击破之，追至五台，斩首数万级”。宋军闻讯不敢出战。待宋军救兵新至，耶律斜轸从后背发起攻击，将宋军追至飞狐口，斩首二万余级，最终夺回蔚州。贺令图又率宋军再次袭击，结果被耶律题子打败。蔚州被辽军稳稳地攥在了手里。这是辽西线反攻取得的首次胜利。

在辽军夺回蔚州之前，宋军因为西路军的胜利推进和田重进的苦战得胜，使宋军东路军将领们人心浮动。曹彬所率诸部将领听说潘美、杨业的西路军和田重进中路军均取得胜利后，按捺不住，急于立功。曹彬向来以稳健闻名，但在诸将怂恿下轻率发起主力进攻。曹彬的东路主力军迅速破固安、涿州两地。但米信所部西路军却陷入敌军重重包围，据说辽军对米信所部“矢下如雨”，最后米信仅仅率百余骑逃脱。此时宋军的东路军进展迟缓，接应不上。辽军统帅耶律休哥于夜间派出轻骑击杀宋军单弱分子，白天则调动精锐力量虚张声势，使宋军疲于防御，迟滞宋军的进攻。同时，耶律休哥还设伏断掉了宋军的粮道，迫使曹彬不得不退师到雄州。老成持重的曹彬，又仅携带 50 日粮食再度进攻；不想，辽军援兵已至，且萧太后、辽圣宗亲来前线，使辽军士气大振。辽军与曹彬主力部队在涿州展开大规模会战。结果宋军因为天气炎热、军士疲乏、粮草不济等原因退至岐沟，敌军追至岐沟，宋军主力大败。曹彬率残部渡过拒马河，在易水之南扎营。后又被辽军追击，宋军在渡河迎战中，人畜相互踩踏死伤者众，几乎全军覆没，宋军再次大败。

宋东路军溃败之时，田重进中路军在耶律斜翰军反击之下也不得不撤退，西路军孤立无援，宋太宗只好下令撤军。雍熙北伐至此以失败而结束。

雍熙三年（986 年）八月初，潘美、杨业奉命掩护云、应、寰、朔四州民众内迁，杨业向潘美提出由宋军掩护依序迁出云州、应州、朔州吏民。按照杨业的设计，宋军自代州经繁峙直插应州，形成切断攻占寰州辽军后路之态势，必然迫使辽军退师争寰州，所谓“善战者致人，而不致于人”，把辽军调动以就我之范，云、朔、应三州之民趁机撤离。这一方案稳操战争的主动权，是一个非常具有胆识的主张。

然而监军王侁不仅反对这一切实方案，胡说什么“领数万精兵，而畏懦如此”，要求“趋雁门北川中（按在大石路以西），鼓行而往马邑”，向辽军求战，而且又以宋太宗嫡系自居，用毒恶的语言诋毁杨业“君侯素号无敌，今见敌逗挠不战，得非有他志乎？”潘美也出于嫉妒、排挤异已的心理，支持王侁，反对杨业。杨业悲愤地说“业，太原降将，分当死”，既然“责业以避敌，业当先死于敌”他要求潘美在陈谷口，“张步兵强弩，为左右翼以援”，“俟业转战至此，即以步兵夹击之”！一个主动的“致人”的迁护计划，就这样被一个被动的“致于人”的迁护方案代替了。

结果，耶律斜轸所部主力攻占寰州，侦知宋军行动之后，在山高林密峡谷中，安排下伏兵，然后诱宋军追入埋伏圈，杨业战败殉国。《宋史·杨业传》中记载道：

（潘）美即与（王）侁领麾下兵阵于谷口，自寅至巳，侁使人登托逻台望之，以为契丹败走，欲争其功，即领兵离谷口……侁闻业败，即麾兵却走。业力战，自午至暮，果至谷口。望见无人，即拊膺大恸，再率帐下士力战，身被数十创，士卒殆尽，业犹手刃数十百人，马重伤不能进，遂为契丹所擒，其子延玉亦没焉。……乃不食，三日死。……业不知书，忠烈武勇，有智谋。练习攻战，与士卒同甘苦。代北苦寒，人多服毡罽，业但挟纩，露坐治军事，傍不设火，侍者殆僵仆，而业怡然无寒色。为政简易，御下有恩，故士卒乐为之用。

这段文献详细记载了杨业如何战败、被俘、身死，也简述了杨业的治军、为人。虽然在一些细节上与历代文学、戏曲作品有所出入，但杨业抗辽中友军不至、孤立无援等事实却几无分歧。杨业是抗击辽国、威镇边陲的一代名将，他的战败殉国，被辽统治者认为是一个极大的胜利而广加宣传。杨业本是北汉名将，负责守卫北汉与辽相邻的边境，30 余年以来经常与来犯的辽军交锋，辽军从未占着便宜，所以素来让辽军胆寒。正因为其抗辽的声名远播，所以宋太宗灭北汉后坚持要招降杨业。后来不惜让已经降宋的北汉皇帝刘继元亲自招降，才使杨业归宋。这样的人才，为辽军击败后，他们怎不喜出望外？

难得的是，辽人虽然借用杨业的殉国以渲染和夸耀其朔州之战，但对杨业的忠勇报国则是钦敬有加的，所以在古北口为这位爱国的将军修下了祠庙，供人们瞻仰。而在广大的中原地区，杨业的事迹更是激起了千百万人民的同情和讴歌，从而成为家喻户晓的人物。北宋诗人苏颂作诗说：

汉家飞将领熊罴，死战燕山护我师。
威信仇方名不灭，至今边塞奉遗祠。

诗中的“边塞遗祠”应该就是指辽所修建的祠庙。杨业之死，与王侁的刚愎自用、潘美的嫉妒有直接关系，社会上对这一大是大非问题是非常清楚的。加上杨业的后人如杨延昭等在抗辽斗争中，继续做出了光辉的贡献，“杨家将”的故事更加广泛地传播开来。民间为此创作了大量的文艺作品，千百年来传唱不息。这些作品大多围绕爱国与卖国之间的矛盾作为主题，叙述潘、杨两家的斗争，从而深刻地反映了一切误国卖国的行径永远受到正义的鞭挞，而爱国英雄人物的业绩则永远得到人们的崇敬，历万世而不朽！

当然，这些歌颂杨家将英勇抗辽的故事难免会有些夸张、失实的成分。例如，它们都过于强调潘美的责任而疏于描写监军王侁的过错，过于丑化了潘美的角色并增加了不少潘、杨两家并不存在的仇恨。此外，杨业到底有几个儿子、杨门女将到底都有谁，从文献来看都是扑朔迷离、难有定论。文献中明确承认的，主要有杨业、杨延昭、杨文广三人，其他人物在正史中都没有记载。而且正史显示，杨延昭并非各种民间“演义”中所说的“杨六郎”，而实为杨大郎——杨业的长子。“杨门女将”系列中，佘老太君尚有方志类文献可间接考证存在其人，正史中没有提及；穆桂英等其他女眷不仅无正史记载，甚至方志类文献中也都中都找不到痕迹。穆桂英的丈夫——“杨宗保”，这一角色被普遍认为纯属虚构。

不过，正史与地方文献的记载也并不能代表历史的全部，中国的史学传统历来着重于记载王侯将相，对于地位卑微的人，包括女性，都记载不多。所以正史中虽然只提到了杨家三男儿的姓名，但并不妨碍杨家还有其他男性承继抗辽大业，也不妨碍杨家女眷“不让须眉”般的忠勇爱国。我们可以对民间的“传说”和“演义”保持适度的尊重。

不管怎样，随着杨业的殉国，宋太宗的第二次伐辽也基本上落下了帷幕。此番伐辽，宋军先胜后败，锐气耗尽，“自是不敢北向”。

在这次战争中需要检讨的地方在于：统率东路军主力的曹彬贪功冒进以及统率西路军的潘美和王侁对杨业的求援不至。

一些学者研究提出，曹彬之所以贪功冒进并在岐沟之战中犯下十分明显的错误，是为了避免功高震主而故意犯错。理由之一，是曹彬身经百战、经验丰富，不太可能粗心犯错；理由之二，雍熙三年（986 年）的这次北伐，宋太宗没有亲临前线，如果大军全胜，则宋太宗将处境尴尬。对比曹彬的战绩，人们将如何评价宋太宗的军事指挥才能？理由之三，岐沟之战，虽然宋军战败、死伤过半，但曹彬不仅没有被严惩，反而不久就官复原职，这难道不是宋太宗与之心有灵犀？如果学者分析正确，曹彬不惜以所部将士“死伤过半”的代价来保全自己，那么曹彬的做法实在是为人所不齿。但一个国家能将自己的军事统帅逼到这种程度，这锅就只能由宋太宗亲自来背了。

至于西路军的监军王侁和统帅潘美陷杨业于死地一事，则暴露出两个问题：一，“监军”制度对宋朝军力的制约、武将才能的发挥；二，潘美的妒贤嫉能，宋太宗在用人问题上存在“嫡庶有别”。

按制度，监军不过是一个由文官充任的小官。但正是这样一个小小监军，却能在阵前瞎指挥，侮辱、激将西路军的副统帅杨业，终致杨业被生擒殉国。大家都知道“兵者，国之大事也”这一道理。但是，这么大的事，一支部队的军事副统帅竟然能受制于一个小小的文官，可见这个制度的设计是何等的不利于武将、武将是何等的不被皇帝信任。那么这样的“监军制度”对宋军的战斗力能起到好的作用吗？如果没有皇帝给监军在背后撑腰，文官充任的监军敢于如此张狂吗？监军敢于瞎指挥，自然也一定是不担心产生的后果。那么王侁的后果如何呢？史书记载，在杨业忠勇殉国后，王侁并没有受到太重的惩罚。他先是被发配到金州，后来又被赦免，并重新做官，当上了团练副使。也就是说，监军王侁犯下了这样大的错误，实际上最后也没被怎么样。那么可想而知，此后的监军会何等猖狂。

至于潘美，理当与王侁同为祸首。但他不仅平安无事，而且享有更多荣誉。宋太宗在获悉杨业的事情后，仅仅将潘美“削秩三级，责授为检校太保”。次年，又复旧官。而且潘美死后被“追赠中书令，赐谥号为武惠。咸平二年（999 年），配置于宋太宗庙附祀”。学者分析，潘美之所以被如此从轻发落，可能有 3 个原因：一是潘美为北宋开国功臣，自太祖时代就受重用；二是潘美是皇亲国戚，他女儿嫁给了后来的宋真宗，孙女为章怀皇后；三是，潘美毕竟是北宋旧臣，属于宋太宗的嫡系将帅，而杨业为北汉纳降之臣，属于“庶系”将帅，重嫡轻庶，情理之中。

但问题是，假使杨业九泉有知，他该作何感想呢？可以想见的是，宋太宗对待这些文臣武将的问责不力，必定使得后来者心寒，从而影响军心士气和战斗力。那些束缚武将的制度只要一日存在，阵前统兵的大将便有一日的不自在。假以时日，宋辽之间战端又起，谁人可以抗辽、谁人愿意抗辽？这大概是比北伐失败还要严重得多的后患吧。

果然，雍熙北伐失败后，一时间无人再主动提及北伐、提及收回“幽云十六州”。宋太宗调整治国方略，从此专心内政，不再对幽云十六州有任何幻想。在宋辽对峙中，宋朝从此丧失战争的主动权，陷入长期的消极防御、被动挨打的局面。

雍熙北伐以宋军的彻底失败而告终，北宋收复燕云的愿望化为泡影，从此终宋之世不敢言兵。宋军经此一战，损兵 30 万人，辎重无算。兹后，北宋由战略进攻转为战略防御，再也不敢与辽国争战以夺取燕云了，甚至谈辽色变。

战争给宋辽两国人民带来了巨大的灾难，北宋河北、山西等地生产遭到破坏，人民生活遭到浩劫，“自鄚至北，千里萧然”，辽军“所过郡邑，攻不能下者，则俘取村墅子女，纵火大掠，辇金帛而去。魏博以北，咸被其祸”，“当是时也，以河为塞，而赵、魏之间，几非国家所有”。辽国境内的幽云十六州遭受的破坏也很大，“宋兵所掠州郡，其逃民禾稼”，无人收割，山西北部，“自宋兵后，人民转徙，盗贼充斥”，“田谷多躏于边兵”，老百姓疲敝不堪，辽朝政府不得不“省赋役，恤孤寡，戒戍兵无犯宋境”。

宋太宗去世的前一年，即至道二年（996年），史书上形容北宋已经是这样一番模样：“京畿周环二十三州，幅员数千里，地之垦者十才二三，税之入者又十无五六。复有匿里舍而称亡，弃耕农而事游惰。逃亡既众，则赋税岁减而国用不充，敛收科率，无所不行矣。”

这一切，都是伐辽战争所带来的后果。周世宗、宋太祖两代人积累的财富，经宋太宗两次主动讨伐辽而消耗殆尽。“弱宋”由此成形。

由于在伐辽战争中一再失败，且在军队指挥和部署中存在诸多弊病，后世对宋太宗军事才能的评价并不高。钱穆对宋太宗的评价是——“才弱”，也就是志大才疏的意思。宋太宗想要收回幽云十六州、想要超越宋太祖，结果因为军事上胡乱指挥、战场上不汲取教训，导致不仅没能收回幽云十六州，反而劳民伤财、恶化了财政、恶化了宋辽关系；在战场上自己亲上线前，竟然还能发生兵变；满城战役中，太宗“预授阵图”以“遥控”前线将士，结果前方的将帅不按他的计划竟能转败为胜；所以，说宋太宗“才疏”那是一点也不过分，至少军事能力是如此。

在岐沟之战中，曹彬大败，后人以其沉稳怀疑他是故意犯错，以避免功高震主。这种推断并非无根之水。因为宋太宗本来就是一个心胸狭窄之人。高粱河之战，兵变将士提出拥戴皇子赵德昭，赵德昭并未随军出征，他与兵变实无任何关系，但仍引起宋太宗的记恨。战后，宋太宗间接逼死太祖之子赵德昭。此外，宋太宗还逼死自己的弟弟赵廷美、甚至嫉妒自己亲生儿子的名声。

赵廷美本是宋太宗的亲弟弟，在宋太宗即位后任开封府尹。因为宋太宗在登基前也是官居开封府尹，所以他称帝后最怕赵廷美效法自己，于是不惜制造冤案构陷赵廷美，将赵廷美贬官外放、致其死在涪陵。赵廷美外放后，开封府尹由寿王元侃（即后来的

宋真宗）担任。太宗去世之前，已明确立寿王元侃为太子，因其在开封府尹任上有政声，受到朝野拥护。但亲儿子的名声在外也引起太宗的不悦。并曾对宰相寇准抱怨，“人心遽属太子，欲置我于何地？”可见宋太宗的疑心之重，不论亲疏。

在疑心如此之重的君王手下效力，能平安度过就属不易，所以如果岐沟之战中曹彬若真的是故意犯错以避免功高震主，却也合乎逻辑。

第三节　澶渊之盟开太平

在雍熙北伐失败后已不再对幽云十六州抱有任何幻想。宋太宗开始行“守内虚外”之策，明确以“兴文教，抑武事”为国策；并为此大兴科举，扩大录取，提高士人地位，重用儒臣，逐渐奠定“重文轻武”的基本国策。

至道元年（995年），宋太宗在寇准的建议与支持下，立寿王赵元侃为皇太子并将其改名为赵恒，仍兼职开封府尹（这一官职自宋代以来形成传统，由“储君”担任）。赵恒原本无继位的希望，因为他排行第三，按照皇位继承顺序，很难轮到他。但其长兄赵元佐因叔父赵廷美之死发疯、二哥赵元僖无疾暴死，于是储君之位便落到了他的身上。不过，据说他幼小时便有帝王迹象。赵恒年幼时就曾登上万岁殿、坐在了皇帝的宝座上。他的大伯——宋太祖赵匡胤刚好看到这一幕，感到十分惊奇，就摸着他的头开玩笑地问："天子好做吗？" 赵恒回答说："听从天命罢了。" 这个故事是否属实，已很难考证，不排除是史家刻意杜撰，以说明赵恒当皇帝是"冥冥中自有注定"的事。

至道三年（997 年）三月，宋太宗驾崩，享年 59 岁，在位 23 年。宋太宗的去世，代表着一个时代的结束。从宋太祖到宋太宗，宋朝的这两位皇帝都有开国之功，都积极进取、开疆拓土。虽然两次北伐辽国都告失败，但在对周边民族政权的交往关系中，宋朝自持主动。宋太宗去世后，29 岁的皇太子赵恒登基为帝，是为宋真宗，次年改元"咸平"。这位皇帝从小养在深宫，不谙战事。宋真宗即位后，首先面对的一个巨大难题，就是太宗时代遗留下来的北疆问题。因为宋太宗与辽交恶，宋辽之间已对峙甚深。雍熙北伐，宋军败绩，辽军意欲待机复仇。宋真宗即位后并没有将北伐进行到底，而是专心守成。在对辽政策上，这是宋朝的一大转折。宋朝的对辽政策自此从"伐辽"转变为"御辽"。宋太宗一死，即位的宋真宗不再考虑继续伐辽、夺取幽云十六州的事，他更担心的是自己能否守住现成的基业。

宋真宗的担心不无道理。咸平二年（999 年），辽军重兵南下，是为"伐丧"。所谓"伐丧"，就是趁着对方有重大丧事（一般指国君的丧事），兴兵讨伐。这本是春秋时期人们不主张的事情，"礼不伐丧"是当时诸侯国之间冲突的底线之一。但现在辽军并未管这些，而此次入侵，辽军在瀛洲取得重大胜利，这间接说明辽军选择的时间非常正确。辽军的此番入侵具有惩罚性质。因为瀛洲大捷之后，辽军就迅速班师回朝。不料，就在辽军班师途中，守边的宋军在莫州突袭辽军，又使得辽军死伤者众。辽军先胜后负，并未占到便宜。

辽军入侵让宋真宗深感威胁。为了守护大宋江山，为了抵御辽军可能的进攻，宋真宗采取了许多措施。当时北宋的北疆边防困境在于：宋朝的北部边境没有达到长城一线，所以无“万里长城”可守、可依赖，另外也没有足够多的马匹来建立大规模的骑兵部队；由于幽云十六州没能收复，战略要地尽失，中原北部就是一马平川、无险可守，所以辽军的骑兵随时可以南下饮马黄河。鉴于这样的国情，为了抵御辽国骑兵，宋真宗延续了宋太宗时的办法：多开沟渠、多种水田。咸平四年（1001 年），还在今徐水周边引鲍河水以“隔限敌骑”。他的意图很明显，那就是通过开沟挖渠、多种水田来限制敌方骑兵部队的发挥。除了开河渠外，他还大力推广一种“方田”，就是在田地内开挖方格式的水渠网，有的水渠达五尺宽，七尺深。客观地说，这一战术应该还是有其合理性的。

咸平二年（999 年）辽军“伐丧”之后，又断断续续袭扰北宋多次，双方互有杀伤。然而宋军在河北各州县的兵民、物资枯竭，因御辽而消耗殆尽，形势于宋愈加不利。

宋真宗景德元年（1004 年）八月，萧太后与辽圣宗率精兵 20 万，主将萧挞览，再次南侵。然而此番进攻与以往不同，辽军似乎并不计较一城一地之得失，而是剑锋直指开封。因为宋军注意到，辽军主力部队在进攻瀛洲、定州未能取胜后，便放弃了两个地方并沿黄河北岸继续南下转攻大名府（今河北省邯郸市大名县的东南部）；又不下，于是绕道攻澶州（今河南濮阳）——此地距离北宋都城开封仅有百余公里。这意味着，辽军若从澶州奔袭至开封，只需花一两日而已，若是只用骑兵作战则可能“朝发夕至”。辽军的这种行动轨迹，说明此战不是如前“伐丧”那样具有惩罚性质，而是对北宋的灭国之战。

宋朝生死存亡之际，宋真宗问计于群臣。参知政事（副宰相）王钦若和签署枢密院事（知枢密院事的副职）陈尧叟都建议即刻迁都。他二人一个主张迁都升州（今南京），另一个主张迁都至益州（今成都）。但新任职的宰相寇准却坚决反对，甚至放言，出这种主意的人应当斩首！他建议宋真宗御驾亲征。他鼓励宋真宗，如果皇上亲自出征，士气必定大振，就一定能击退敌军。同为宰相的毕士安和殿前都指挥使高琼也都赞成寇准的意见。宋真宗虽内心倾向于迁都求安，但此时主战派众多，于是勉强亲征。

为确保宋真宗不至于打退堂鼓，待他起驾后，高琼与寇准二人不离左右，适时进谏，以坚定他抗敌的决心。到了澶州南城，探马飞报辽军势盛。宋真宗畏敌，寇准和高琼等人力劝真宗，拥其前行。到达黄河浮桥，真宗又欲停留，高琼急令驭辇武士飞马前进，直抵澶州北城，请真宗全副仪仗登上城楼。宋军远远看见皇帝的御盖，知道宋真宗已亲至前线，大为感动，三呼“万岁”，声闻数十里，一时军威大振。

而此时辽军主将萧挞览（一作凛）已被宋军的先进武器“床子弩”射杀毙命。床子弩是一种依靠几张弓的合力将一支箭射出的武器，往往要几十人转动轮轴才可拉开，射程可达500米以上，在当时绝对堪称“远程武器”。这个武器在这次战争中一战成名！当时萧挞览自以为其在弓箭射程之外，而且面向宋军一面有盾牌兵。结果宋军数十弩齐发，立马于高坡的萧挞览成了集中射击的靶子，第一箭就直接命中萧挞览的战马，他本人随后肋部中箭，犹掷箭于地，转眼间被数箭射中，当晚死于营中，死时身中六箭。宋军乘势开城攻击，萧挞览的部下未奉将令不敢撤退，大部分战死。因萧挞览是辽军中和耶律斜轸齐名的军事天才，同时也是辽国的驸马，素以勇猛闻名，所以他的战死对辽军打击巨大，辽军士气因此被重挫。

萧挞览死后，萧太后秘而不宣，派人前往宋军表示愿意讲和。因为当时辽军已经深入宋朝腹地，战线拉得过长、补给困难，如果战败，后果将不堪设想。《宋史》方面记载，宰相寇准拒绝和

谈，萧太后只好又多次派来使者。但宋真宗惧于辽的声势，并虑及双方交战已久、互有胜负，便答应议和。宋真宗派曹利用前往议和。曹利用出发前，宋真宗交代他：对方索要的财物只要不超过 100 万两就都可以接受。寇准知道后，威胁曹利用说“要是超过三十万两，就取你性命”。

经过一番谈判，曹利用与辽国使者达成妥协。曹利用回来后向宋真宗汇报情况。宋真宗听说曹利用回来了，他最关心的是要赔多少钱。曹利用伸出三根手指，宋真宗以为是 300 万两，吓了一跳，待沉默良久后，他表示愿意接受。后来，当他知道其实是 30 万时，高兴坏了，赶紧对曹利用大加赏赐。宋真宗的懦弱与无能，可见一斑。那么由曹利用议定并由宋真宗批准的辽宋协议具体是怎样的呢？这个和议在辽宋双方的史籍文献中记载基本一致，双方均称之为《誓书》，历史上我们把它叫作“澶渊之盟”（澶州亦称“澶渊郡”，故得名）：

（宋）以风土之宜，助军旅之费，每岁以绢二十万匹、银一十万两，更不差使臣专往北朝，只令三司差人般送至雄州交割。沿边州军，各守疆界，两地人户，不得交侵。或有盗贼逋逃，彼此无令停匿。至于陇亩稼穑，南北勿纵惊骚。所有两朝城池，并可依旧存守，淘壕完葺，一切如常，即不得创筑城隍，开拔河道。誓书之外，各无所求。必务协同，庶存悠久。自此保安黎献，慎守封陲，质于天地神祇，告于宗庙社稷，子孙共守，传之无穷，有渝此盟，不克享国。昭昭天监，当共殛之。远具披陈，专俟报复，不宣，谨白。

简而言之，就是三件事。第一，北宋每年给辽绢 20 万匹、白银 10 万两。后来被称之为“岁币”。第二，双方承认历史形成的事实，按战前两国的“现状”，划定以白沟河为界，宋朝不再提收回燕云，辽国也不再提收回关南。第三，不再纠缠历史问题而挑起新的兵端，熄灭多年的战火，维持和平，安定边境。

不过，这是“成文法”意义上的“澶渊之盟”。在这之外，还有口头约定、属于“习惯法”性质的一条盟约：辽宋双方约为兄弟之国。宋辽有关“兄弟之国”的约定，虽然不见于《誓书》，但从有关史料记载中可以看出，在宋辽澶渊和谈、双方互致《誓书》之前就已经确立了。所以，严格来说，“澶渊之盟”应该是四项条款。

合约议定后，宋辽之间重归和平。这是一个互相妥协的结果，也是双方面对现实、尊重彼此实力的结果。战争的结束，使人民得以安享和平、发展生产，这是宋辽统治者对两国人民的最大贡献。

只是，一个新的问题随之而来：澶渊之盟“值”吗，谁是这个盟约的“赢家”？这个问题的答案不只是宋人想知道，辽人也想知道，1000 多年以来学术界也一直在思考、在争论。

澶渊之盟，谁是赢家？

宋辽签订“澶渊之盟”后，后世长期纠结于此盟约对于北宋而言是否屈辱。千百年来，学术界也一直在反复议论。这些议论主要表现为两种意见：一种意见认为是屈辱和约，北宋乘胜求和，开“岁币”之滥觞，缴纳岁币成为宋日后的沉重负担。另一种意见认为这是宋辽处理双边关系的一种灵活务实策略的成功范例，缔结和约有利于双方长期和平相处。在中学教科书上，一般采用的是第二种观点。

讨论澶渊之盟对北宋是否屈辱，实际上也是在讨论“这个盟约中谁是真正的赢家”。如果辽是赢家，那么盟约对宋自然是屈辱，反之则必然不会有人认为此盟约对宋朝是屈辱的。

谁是赢家？这要先梳理和研究这样几个具体问题：为什么会有“澶渊之盟”？谁占了便宜？衡量盟约公平与否的标准是什么等。

我们不妨先来解决第一个问题：为什么会有澶渊之盟？

前文已述，澶渊之盟是辽军大举攻宋，在宋军取得重大胜利的情况下，双方达成的。这个盟约的达成，是辽宋冲突的结果，是辽未能实现灭亡北宋这个目标而为之，也是宋真宗懦弱无能、一味妥协的结果。从事情的经过来看，澶渊之盟的结成，就是这么回事。不过，这只是现象。如果深入研究辽宋做出“和议”这个决策的背景来看，就会有新的发现。

辽宋之间的这起冲突肇始于辽。辽的统治者在当时是辽圣宗、萧太后，实际是萧太后主政。自辽圣宗即位以来，萧太后锐意改革20余年，取得了显著的成效。辽国内部的民族矛盾、阶级矛盾暂得缓和，社会经济向前发展，边防日臻巩固，国势与军事实力日渐强盛。契丹族的社会历史很快进入了一个新的发展时期，同时也促进了祖国北部边疆的开发和北方各民族的融合。在萧太后治理下，辽通过向中原地区学习耕作、水利等，农业发展快，加之雄厚的畜牧业基础和久居幽云十六州之地，其经济处于上升期，很有生机。辽国尚武，但辽长期以来大致推行“草原本位政策”，其南下主要是掠夺人口财物而非土地。方今辽国鼎盛之际，萧太后与辽圣宗为保疆土完整、边境安宁，在对宋进行了一系列的试探之后，51岁的萧太后于辽圣宗统和二十二年（1004年，即宋真宗景德元年），“亲跨马行阵，与幼帝提兵”，以收复瓦桥关为名，率20万大军倾国南下攻宋。

战前，萧太后缜密地分析了辽宋双方的优劣势：辽的优势是骑兵突兀四出，机动性大，能进行远距离的、跳跃式的作战，善于寻觅战机，进而取得战略与战术上的主动。辽的劣势在于经济困难，兵源偏紧，攻易守难，难于持久，所以务必要速战速决。宋的优势是器良技精，经济上相对宽裕，兵员充足，筑城掘沟，坚壁待之，以逸待劳，攻难守易。宋的劣势是用兵必须后勤供应，一日不可少；军费浩大，且多步兵，不利于长途奔袭。鉴于此，萧太后制定了此次南下攻宋的军事战略：扬长避短，快速制敌。

辽军在澶州城遇挫后，面对悬军深入、进退两难的局面，萧太后审时度势，认为在宋辽多次战争中，尽管辽胜多负少，但除军事以外，辽各方面都远不如宋，特别是经济落后，这样长久相持下去，对辽未必有利。在这种思想的指导下，萧太后作出了一个重大的决策：以大军压境为前提，胁迫惧战的宋真宗不战而降。于是就有了辽宋之间在澶州城的和议。

这是辽在和议之前的情况。那么北宋方面的背景又是如何呢？

宋朝自宋太宗第二次北伐失败后，统治集团就已放弃积极、主动战略，实施了全面防御的部署。宋太宗去世前，就已经在尝试与辽议和。如宋太宗淳化五年（994 年），宋曾先后两次遣使入辽请和，不过遭到辽的拒绝。宋真宗即位后，更不敢主动与辽军开战。辽军在宋真宗景德元年（1004 年）的此番进攻之前，宋真宗就托王继忠手诏，带信给萧太后表达“和辽”之意：“常思息战以安人 …… 共议偃革事宜。”但也遭到了辽的拒绝。直至辽军兵临澶州城下，宰相寇准等人一再请求他御驾亲征、到前线去鼓舞士气，他还在派曹利用往辽营寻求议和。等宋真宗决心亲征，走到第五天，他与大臣讨论和战利弊，还在强调“国家以安民息战为念”。他压根儿没想全力抗辽，更没想过宋军还能在澶州大败辽军，他脑子里只有一件事——找机会一定要议和。当辽方提出议和之后，北宋如获至宝。议和的使者曹利用询问宋真宗可接受的条件时，宋真宗的回答是“必不得已，虽百万亦可”。从中可见，宋真宗是坚定的议和派，他对自己的军队从来没有过信心。某种程度上说，宋真宗是自宋太宗制定“守内虚外”这一祖制以来忠实的继承者。

综上所述，澶渊之盟达成之前双方的形式是：宋辽相对来说，经济上一富一贫，军事上辽积极扩张但不具备灭宋的能力，而宋进攻不足却防守有余，辽求财不太求土地，而宋有余财又不愿割让土地加上这次战争双方互有胜负，“(宋)又见其君有厌兵之意”，因此和约就顺利缔结了。所以，“澶渊之盟”的产生绝非偶然。这是双方势力均衡前提下达成的妥协，双方都是自愿，没有来自其他任何一方的逼迫。就宋朝而言，这可以说是宋太宗朝以来治国思想与国防战略转变后的必然选择。

那么，第二个问题：谁占了便宜？

撇开澶渊之盟的条款细度，简而言之就四项内容：一是，北宋每年给辽“岁币”：绢20万匹、白银10万两；二是，双方按战前两国的“现状”划界；三是，和平相处；四是，辽宋结义，约为“兄弟之国”。那么这四项条款中，哪一条容易被理解为对宋有羞辱之意或者被占便宜呢？

首先要刨除第三条“和平相处”，这是明显的平等条款。第二条则可能让人略有怀疑，但实际上也是平等的。因为按照该条款内容，辽宋之间战场仗相当于没打、回到起点。就算战前双方事实上的边界划分对某一方不利，但却不是澶渊之盟带来的。那么只剩下第一条和第四条了。对宋史有一定了解的人，可能知道辽宋之间此后并不始终是“兄弟之国”，而是还有“叔侄之国”“伯侄之国”。宋朝皇帝一度管辽朝皇帝叫“叔”甚至“叔祖”。这是否是辽对宋的侮辱之举呢？既然这个细节容易被误读，我们不妨略费笔墨把它解释清楚。

澶渊之盟中，辽宋之间的“约为兄弟之国”，是指宋真宗与辽圣宗之间，按年龄大小互称兄弟。这是一种“结义关系”，相当于结义兄弟。所谓“结义”，一般是指没有血缘关系的人结拜成“亲戚”关系。在澶渊之盟中提出两国“结义”，这显然是辽的主张，因为辽此前于五代十国期间跟后唐、后晋、后汉及北汉之间均建立过这种关系。辽在国与国之间开展“结义”主要是为了构建友好的双边关系。但是“结义”绝不代表提出结义的一方的地位要高于另一方。辽宋之间的“结义”，是要结成亲戚、结成兄弟。兄弟之分按年龄大小，辈分是平等的。而年龄的大小，这是不以人的意志为转移的。

辽宋之间的兄弟之国，当时宋是“兄”，辽是“弟”。因为宋真宗比辽圣宗年长，为兄，辽圣宗为弟，宋真宗称辽圣宗之母萧太后为叔母。但这只是起点，以此为起点论辈分、讲伦理，后面就会出现不同步的现象。宋真宗死后，其子宋仁宗即位，故称辽圣宗耶律隆绪为叔。辽圣宗死后，其子兴宗即位，宋仁宗年长于辽兴宗，故宋仁宗为兄、辽兴宗为弟。辽兴宗死后，其子道宗即位，故宋仁宗为伯、辽道宗为侄。宋仁宗死，其侄英宗即位，宋英宗年长于辽道宗、为兄，辽道宗为弟。宋英宗死，其子宋神宗即位，称辽道宗为叔、称辽道宗之母为叔母。宋神宗死，其子宋哲宗即位，称辽道宗为叔祖。辽道宗死，其孙天祚帝即位，宋哲宗年长于天祚帝、为兄，辽天祚帝为弟。宋哲宗死，其弟宋徽宗即位，宋徽宗年长于天祚帝、为兄，辽天祚帝仍为弟。可见，所谓“兄弟之国”并非永远只是“兄弟”，而是根据两国皇帝的辈分来具体情况具体排定的。这种按照两国皇帝的年龄、辈分来确定称呼的做法，完全是一种平等的亲情关系。所以不存在“谁占谁的便宜”这一说。

如此，宋辽之间的平等与否、屈辱与否，就只剩下“岁币”可资说明了。北宋每年给辽 30 万绢钱的“岁币”，却未见辽要给北宋对等的回报。这的确不公平。这一条，正是千百年以来人们评价澶渊之盟中北宋是否屈辱的重要证据。不过“不公平”就一定等于“屈辱”么？这得深究一下。

澶渊之盟订立前，北宋在军事上是胜利的一方，按常理，北宋完全有权拒绝和议，可是宋真宗却不顾阻拦坚决接受议和。所以，这场议和完全是基于双方自愿达成，不受压迫。结盟过程中，宰相寇准也曾要求乘机夺回幽燕，否则以后还会有麻烦。“杨家将”、杨令公长子——大将杨延昭，也曾建议乘辽离境可袭取幽易数州。这些谈判的策略和建议都未必不可行。但宋真宗的答复是：“数十年后，自有能抵御外患的人，我不忍心看着生灵横遭战火涂炭，所以方同意约和。”议和之后，在宋真宗的庆宴上，有人说 30 万太多，抱病由京赶来的宰相毕士安斥曰：“不如此，和事能长久吗？”这说明，宋真宗是充分衡量自身实力和国情，不仅愿意议和，而且愿意付出一定的经济代价，甚至可能认为只有付出必要的经济代价才能永保和平。所以，即使对于北宋而言有损失，那么这个损失要么只能视为是谈判技巧的不足所带来的，要么就视为北宋的一种战略投资——对辽宋双边和平的投资。

至于衡量这一盟约公平与否的标准，我认为不妨以现在的标准为参照。我们现在评判国家之间的条约是否属于“不平等条约”，其最重要依据，是看立约双方是否有一方被强迫——例如受到武力或者政治上的施压。按此标准，反观澶渊之盟，我们发现宋辽之间不存在互相胁迫的问题。盟约订立之前，宋当时是军事上的胜利者，所以辽不可能胁迫宋，但是宋也没有胁迫辽。因为宋若是胁迫辽，那么盟约中就应该是宋要求辽给北宋“岁币”，而不是相反。宋在当时有没有可能拒绝“岁币”、不用付出任何经济代价呢？答案是：有可能。因为辽军当时战场失利、主将被射杀、战线过长、后勤供应补给困难，且辽国境内也不太平，与周边其他国家或者政权也有矛盾；如果宋真宗能综合利用这些于辽不利的因素，未必不能让辽做出更大的妥协。可惜他没有。宋真宗一心求和，巴不得赶紧了事，所以事先已经做好准备付出经济代价。

因此，从这个意义上说，“澶渊之盟”的订立，是在双方势均力敌的情况下，以北宋愿意付出经济代价换来的结果，反映的也是宋辽双方的势力均衡。这个盟约完全是平等的。虽然北宋在战胜的前提下还要给辽岁币，但这是北宋的一种战略考虑、是综合权衡辽宋双方实力对比的结果，不能视为屈辱。即使北宋人民有屈辱感，那也不是辽的责任，而应该是宋真宗给北宋人民带来的，辽没有过错。

第四节 忘战去兵武备废

澶渊之盟以“辽宋结义”的形式大体固化了双边关系，宋辽之间在边境领土纠纷上缓和下来，长达 20 余年的战争至此方休，这给双方均带来了深远的历史影响。

（一）对辽的影响

盟约签订后，辽朝统治者便开始用心经营幽云十六州，在当地实施轻徭薄赋、休养生息政策。结果，当地的农业迅速得到恢复和发展，人口和耕地面积都呈现了大幅增长。而边境地区由于辽宋双方开始和睦相处，民间贸易也迅速活跃和发展起来。在集市上辽宋边民互通有无，有助于改善和提高辽境内百姓的生活水平。与经济发展相同步，辽在文化教育方面也成绩斐然，变化巨大。辽本来是“以用武立国”，但“澶渊之盟”后却逐渐走上了“偃武修文”的道路。从辽圣宗到辽道宗，辽的历任统治者坚持汉化，大量引进和学习汉族文化，使其文明水平得到了长足的发展。

而宋朝因澶渊之盟受到的影响就要复杂得多。这既包含积极

的影响，也包含消极的影响，近年来后者在学术界受到的关注越来越多。我们还是先从澶渊之盟对北宋的积极影响说起。

（二）澶渊之盟对北宋的影响

1. 积极影响

首先，这个盟约本来就是宋真宗所期待的。宋真宗没有从军经历，对行军打仗完全外行，不论是军事能力还是治国的志向，均远远不及太祖、太宗两位皇帝。所以他不求得到幽云十六州，而是期待宋辽边境能相安无事。因此，在缔结澶渊之盟的时候，尽管宋军在军事上尚处优势地位，但宋真宗也并未考虑利用这一点迫使辽做出割地之举，反而是愿意出钱缴纳“岁币”以换取辽的息事宁人。

史书记载说，澶渊之盟签订后，真宗班师回朝，途中不胜欣喜，即赋诗一首：“我为忧民切，戎车暂省方。征旗明夏日，利器莹秋霜。锐旅怀忠节，辟凶窜北荒。坚冰消巨浪，轻吹集嘉祥。继好安边境，和同乐小康。上天垂助顺，回旆跃龙骧。”在诗中，宋真宗毫不掩饰他的满意和高兴。在他看来，“澶渊之盟”是宋辽两国人民和睦相处、安居乐业的好事情，是“双赢”的结果。宋真宗对这个结果感到高度满意是有道理的。因为这个盟约的签订，亦给宋朝节省了大量的军费开支。

许多人在评价“澶渊之盟”的时候，总是纠结于“岁币”的负担、纠结于北宋的损失，并替宋朝从此失去了幽云十六州而惋惜。此种分析亦具有一定的片面性。因为只要稍稍计算北宋的得失就会发现，北宋的损失是微不足道的。

“岁币”的额度高达 30 万绢钱，听上去非常庞大。但只要了解一下战争时期北宋的军费开支，就会发现，30 万的绢钱实在是不值一提。根据文献记载，澶渊之盟新订不久，当时的宰相王旦就感慨“国家纳契丹和好已来，河朔生灵，方获安堵，虽每岁赐遗，较于用兵之费，不及百分之一”。这个数据史实还得到仁宗时期宰相富弼的认可。在澶渊之盟订立 40 年后、仁宗庆历年间，多次出使辽国的富弼曾道“自此河、湟百姓凡四十年不识干戈，岁遣差抚，然不当用兵之费百一二焉，则知‘澶渊之盟’未为失策。”由这二人的观点可知，澶渊之盟后“岁币”的金额与辽宋交兵时北宋的军费相比，也就占比百分之一二的样子。那么推断起来，辽宋交兵时北宋的军费应该在 1500 万至 3000 万两白银之间。因此，从经济成本的角度来看，宋朝与辽订立“澶渊之盟”是非常“划算”的。这等于是以极小的代价来获得和平、避免庞大的军费开支、生命和财产的丧事。这就是宋真宗在盟约订立之后很长时期沾沾自喜的原因。

此外，支付给辽的“岁币”未必不能从双边贸易中“赚”回来。因为澶渊之盟订立后，北宋在边境上的雄州（治今河北“雄安新区”的“雄县”）、霸州（治今河北霸州）等地设置榷场，开放交易。在榷场的交易中，北宋出口了大量的瓷器、香料、犀角、象牙、茶叶、瓷器、漆器、稻米和丝织品等，换回了自身比较缺乏的羊、马、骆驼等牲畜。虽然现在很难找到足够的数据去界定谁买得多、谁卖得多，但宋辽之间在商品上的互通有无显然也是于双方均有利的。

至于失去幽云十六州的“遗憾”，就更加莫名其妙。因为，对于北宋而言，幽云十六州从未归属于它。辽宋之间之所以互相杀伐多年，主要是因为北宋想“夺取”幽云十六州。

澶渊之盟后，辽国不仅继续汉化、继续改革，而且在民族心理上也发生了微妙的变化。辽在给宋的国书中，开始自作主张以“南、北朝”互称对方。这等同承认辽和北宋都是“中国”内部的两个对等的民族政权。这还一度引起北宋方面的高度不满。因为北宋以“中国”正统自居，“辽”这个政权并不在它定义的“中国”范围内。不过，北宋方面的抗议和不满没有任何作用，因为“南、北朝”的称呼已经在民间流传开了。从这个角度看，辽、宋之间的交往，不属于主权国家的“外交”活动，而应该是“民族融合”

之举。承认辽、宋是“中国”两个不同民族的政权、他们之间的交往属于民族融合，就必须接受“幽云十六州不必天然归宋朝所有”这一事实。鲜为人知的是，宋朝境内也有一个类似“幽云十六州”的地方，辽朝多次夺回未遂，这个地方叫“关南地区”。该地本属辽所有，但在北宋建立前被周世宗所占据。北宋想要辽的幽云十六州，而辽也一直想要回关南地区，但谁都没有道理“非得不可”。

以上事实从不同角度说明，澶渊之盟对于北宋而言，损失是微不足道、收获是巨大的。其最大的收获，就是长达上百年的和平。这对于北宋政权的巩固、军费的节省、经济的繁荣、文化的昌盛，都具有重大的意义。

但是北宋“成也萧何，败也萧何”，澶渊之盟给了北宋休养生息、提升实力的机会，但北宋却没能抓住这个机会，反而因此忘战去兵、荒废武备，逐渐走上消极防御之路。这自宋真宗开始就格外明显。

2. 消极影响

（1）疏远主战派，重用主和派

宋真宗在澶渊之盟签订后，很快就疏远主战派、重用主和派。第一个被疏远的正是在澶州城战役、澶渊之盟中立有大功的寇准。这位陕西籍的宰相此前还是宋真宗顺利即位的恩人。早年宋真宗之所以能被宋太宗立为太子，也是咨询了寇准的结果；后来太子在民间被人热议、被称为“少年天子”，这又引起宋太宗的不快，最后还是在寇准的巧言相劝下才释然的。

澶州城的战役中，若非寇准积极主战并极力建言宋真宗亲临前线鼓舞士气，宋军能否打败辽军还是一个问题。从宋军最初的表现来看，战败的可能性是非常大的。宋真宗亲临前线，使得“人和”因素超越了“天时”“地利”，实现了战场上的反败为胜。在随后的宋辽谈判中，寇准也发挥了重要作用。宋真宗的谈判思维是“用金钱换和平”，全然不顾宋军在当时是胜利者、对于战败的辽军是占据主动地位的——即使从谈判技巧的角度来考虑。在当时，只有寇准理性并且有技巧地提出利用“宋军大败辽军”这个前提，建议乘机要求辽朝割让幽云十六州以绝后患。只可惜未获宋真宗批准。于是寇准又坚持议和的官员不能接受辽方开出的过高条件。宋真宗能接受的条件一开始是100万两白银，但寇准坚决不允许接受超过30万两白银的条件。但就是这样一位极力维护宋朝统治者利益、理性主政的功臣，在享受了宋真宗短暂的尊重和礼遇之后，就被听信谗言的宋真宗贬官、去职。

给宋真宗进献谗言的不是别人，正是澶州战役期间极力主张迁都的王钦若。寇准被疏远后，王钦若很快成为宋真宗跟前炙手可热的宠臣。王钦若之所以对宋真宗进献谗言，主要是出于对寇准的嫉妒。因为澶渊之盟签订后，宋真宗一时间格外器重、依赖寇准。先前在澶州城战役期间主张迁都了事的王钦若出于忌恨，便在某天退朝之后，在宋真宗面前挑拨，说澶渊之盟这种“城下之盟”事情，不仅不会有功于社稷，反而是“《春秋》耻之”的事情。接着，他又把寇准在澶州之战的表现比喻为赌博，形容宋真宗到前线去激励将士不过是寇准的“孤注一掷”、侥幸赌赢了而已。这番话竟然轻易地动摇了宋真宗对寇准的信任，景德二年（1005年），宋真宗就改用王旦为宰相，将寇准降为刑部尚书，知陕州。主战派就是这样被轻易地疏远和抛弃了。

在后世看来，宋真宗是个才能平庸之主，而且多少有点“飞鸟尽，良弓藏”的做派。重用王钦若之后，宋真宗听信其建议，热衷于“封禅”这样的活动，并伪造“天书”降临，以标榜自己受命于天。澶渊之盟的签订，让宋真宗飘飘然地相信太平盛世已经到来，于是把国防和军备渐渐忘得一干二净。

（2）忘战去兵，武备松懈

有许多迹象表明，澶渊之盟以后，宋真宗便很快就放松了国防建设，而且才短短几年时间其松懈程度就达到了令人惊叹的地步。有史书记载,“澶渊之盟”以后，宋辽双方保持来往，但辽使到开封后，常挟能骑善射之长蔑视宋朝。而荒唐的是，宋真宗在满朝武将中竟然找不到一个善射之士。为了挽回脸面，宋真宗只好在文臣中寻觅“善弓矢、美仪彩”者，以陪伴对方出入靶场。于是，有人就推荐了状元陈尧咨。陈尧咨，文士出身，不仅文辞出众，而且在射术上有名于当世，有“小由基”（春秋时有个著名射士叫“养由基”）的佳号。宋真宗听闻此事后，就想让陈尧咨由文士转为武职，便托人给他带话:“陈某若肯改武，当授节钺（即节度使）。”“节度使”在当时是武将的最高军衔，其俸禄甚至优于宰相。宋真宗愿意以这样高的礼遇换取陈尧咨改任武职，不单单是对他射术的欣赏，也侧面反映出朝中武将人才匮乏的境况。然而陈尧咨最终还是拒绝了宋真宗的建议，因为陈尧咨的母亲认为出任武职会辱没家门。

“出任武职”何以辱没家门？这便是宋太宗以来“重文轻武”国策消极后果的体现。过于贬抑武将，民间已形成“万般皆下品，惟有读书高”的社会准则，武职的待遇无论多优厚也吸引不了文士。文官不愿意转换武职，这叫作“文不换武”。陈尧咨拒绝了宋真宗之后，宋真宗只好作罢，不再重拾此议。但这却充分暴露出澶渊之盟后，武将的选拔和培养已不受重视，朝廷对国防已经松懈下来。

对此早有意识的是枢密副使马知节。他提醒宋真宗要保持清醒头脑，不可忘战去兵。但是宋真宗已沉醉于所谓的“太平盛世”，热衷于“封禅”活动。结果，马知节长期遭到冷遇，在王钦若等溜须拍马之士的压制下，无法作为。与此命运相同的，还有曹玮、王德用等武将；禁军中的河北军和京师军“武备皆废”，只剩下陕西军可用。这种现状在随后的宋仁宗、英宗时期，也没有任何转变。

仁宗时期，宰相富弼曾在《条上河北守御十二策》中沉痛地指出:“而所可痛者，当国大臣，论和之后，武备皆废。”他认为“结盟”本身未算失策，令人痛心的是当国大臣自和约以后，就不再对边事感兴趣，以至武备皆废。守边将帅用心防范，就被斥为惹是生非之举；士民议论国防，又被视为迂阔无用之论，弄得人人忌谈兵事，好像天下已永久太平了。但他的这种居安思危意识并未能唤醒当朝皇帝以及“主和”的一些臣僚。

宋真宗以来，宋朝单方面地“忘战去兵、武备皆废”，很快就导致了严重的消极后果。北宋已经放下战争，但是战争从未走远。从宋仁宗时代起，宋的另外一个邻居——西夏，便开始屡屡兴兵攻宋，致使宋军一败再败。并且，在宋夏交战之时，辽也一再提出增加“岁币”的要求，甚至主张重新划界。虽然辽的做法近乎“趁火打劫”，但宋仁宗、宋英宗两朝皇帝在位期间迫于压力，也只好一一允诺、有求必应。

第三章 宋夏和战

第一节　宋夏和议三足立

（一）西夏的建立

西夏，是党项族建立的政权。党项族是我国古代西北民族，属羌族的一支，发源于今青海省东南部黄河一带。汉代时，羌族大量内迁至河陇及关中一带。此时的党项族过着不知稼穑、草木记岁的原始游牧部落生活。他们以部落为划分单位，以姓氏作为部落名称，逐渐形成了著名的党项八部，其中以拓跋氏最为强盛。隋朝时，部分党项羌开始内附，追随中原政权。唐朝时，经过两次内迁，党项逐渐集中到甘肃东部、陕西北部一带，仍以分散的部落为主。他们与室韦、内迁的吐谷浑及汉族杂居相处。经济以畜牧业为主，“党项马”在当时名噪一时。唐中央多在党项民族聚集地设立羁縻州（近似于民族自治州）进行管理，有功的党项部落酋长被任命为州刺史或其他官职。

党项族发展的重要里程碑，是黄巢起义事件。唐末黄巢起义时，唐朝皇帝传檄全国勤王。党项族宥州刺史拓跋思恭出兵，联合其他力量共同击败起义军。战斗中，拓跋思恭的弟弟拓跋思忠战死。唐僖宗赐拓跋思恭为“定难军节度使”，后被封为定难节度使、夏国公，赐姓李。至此，党项拓跋氏集团有了领地，辖境包括夏、银（今陕西）、绥（今绥德）、宥（今靖边东）、静（今米脂东）等五州之地，握有兵权，成为名副其实的藩镇。党项族由此成为一个割据一方的地方政权，从此世代相袭。

五代十国时期，不管中原是何人当政，李氏（拓跋氏）皆“俯首称臣”，换来该地的统治地位和大量的赏赐。在这段时期，李氏十分谨慎地处理着与后唐、后晋、后汉等政权，与耶律阿保机于公元 907 年建立的辽国，以及与赵匡胤于公元 960 年建立的宋朝之间的错综复杂的关系。

1031 年，李元昊继夏国公位，开始积极准备脱离宋。他首先弃李姓，改姓嵬名。第二年以避父讳为名改宋明道年号为显道。开始了西夏自己的年号。在其后几年内他建宫殿，立文武班，规定官民服饰，定兵制，立军名，创造自己的民族文字（西夏文），颁布秃发令。并派大军攻取吐蕃的瓜州、沙州、肃州三个战略要地。这样，元昊已拥有夏、银、绥、宥、静、灵、会、胜、甘、凉、瓜、沙、肃十数州之地，即宁夏北部，甘肃小部，陕西北部、青海东部以及内蒙古部分地区。

1038 年 10 月 11 日，李元昊称帝，建国号大夏。这标志着党项族建立的这个政权的汉化和封建化的过程中从量变发展到了质变。它成为与宋和辽相并立的又一个民族政权。

（二）西夏与北宋的关系

李元昊称帝、西夏的建立，由此正式拉开了辽、宋、西夏三足并立的格局。

李元昊生性暴戾，但又颇有文韬武略。其在青少年时便已对朝政多有参与并发表意见，深得父亲李德明的器重，并在民间已有声望。据说当时的北宋边帅曹玮驻守陕西沿边，早想一睹李元昊风采，派人四处打探他的行踪。听说李元昊常到沿边榷市行走，几次等候，以期会面，但总不能见到。后来派人暗中偷画了李元昊的图影，曹玮见其状貌不由惊叹：“真英雄也，若德明死，此子必为中国患！”李元昊的称帝，在某种程度上证实了曹玮的预言。称帝后，李元昊一面寻求北宋的承认，一方面继续与辽保持姻亲、和睦关系。

不过，李元昊寻求辽宋承认其平等地位的过程并不太顺。

辽当时也在党项的崛起中感受到了威胁，所以从辽兴宗开始便明令禁止夏国的使者在辽的境内开展铜、铁方面的交易。铜可以用于铸造货币，铁可以用于打制兵器，所以辽对夏国禁止铜铁交易，其意图不言自明。后来，辽禁止贸易的对象还扩大到马匹等商品，并且在全国推行。辽兴宗的这种做法，当然引起了李元昊的极大不满，积怨由此产生。此外，李元昊在称帝前已娶辽兴宗许配的兴平公主，但婚后两人关系一直不好。1038 年，也就是李元昊登基正式称帝的这一年，兴平公主染病而死。这让辽兴宗非常怀疑兴平公主的死因。根据《辽史》方面的文献记载以及现在的学术研究来看，李元昊对兴平公主的死显然负有很大责任，因为他平常待兴平公主很不好，而且在公主生病期间，也从不看望。对李元昊来讲，这桩婚姻完全是政治婚姻，没有任何感情可言。辽兴宗对兴平公主的去世显然很悲伤并且对李元昊很不满，他还为此专门派遣使臣前去西夏责问，但没有文献记载他得到怎样的答复。因兴平公主之死，辽兴宗的内心对李元昊多少有些怨恨。所以，在双边贸易上对西夏的政策收紧，那更是情理之中的事。

宋仁宗宝元二年（1039 年）正月，李元昊以臣子的身份，遣使到宋给宋仁宗上表，追述和表彰他的祖先同中原皇朝的关系及其功劳，说明其建国称帝的合法性，要求宋朝正式承认他的皇帝称号。

但李元昊得到的答复可想而知。宋朝素以“中国”正统自居，不仅不愿承认李元昊的帝位，而且宋仁宗还下诏“削夺赐姓官爵”，停止互市；另外，宋朝在宋夏边境张贴榜文，悬赏重金高官捉拿李元昊，或献其首级。宋朝大多数官员甚至主张立刻出兵讨伐西夏，兴师问罪。眼看目标没有实现，李元昊决定用战争来迫使宋朝承认。一场长达三年之久的宋夏战争由此拉开序幕。

1. 三川口之战

战争从宋仁宗康定元年（1040 年）开始。这年三月，李元昊一面率军佯攻北宋的金明寨（今陕西安塞南部），一面送信给宋朝延州（今陕西延安）知州范雍，表示愿意与宋和谈，制造假象，以麻痹范雍。范雍却信以为真，放松了戒备。七月，李元昊派大军包围延州。为了拿下延州，李元昊使用了大量计谋，安排大量士兵诈降进入宋将李士彬的麾下。等安排妥当后，李元昊率军突然发动攻击，事先诈降的西夏人纷纷而起里应外合，李士彬父子被擒杀。之后，李元昊大军兵临延州城下。

范雍肝胆俱裂，一面命人紧闭四城拒守，一面派人带信急召当时屯守庆州（今甘肃庆阳）的鄜延路副总管刘平和石元孙。宋朝大将刘平、石元孙奉命增援。当他们到了三川口（今陕西延安西北）时，遭到西夏军队的偷袭，被重重包围。刘、石二人率军与夏军苦战，虽然西夏军队损失十分惨重，但是宋军因为寡不敌众，只好退守三川口附近的山坡。随后，西夏又增援了大量军队。

关键时刻，远居后阵的宋将黄德和心怯，见前军小却，他马上召集麾下往后狂逃，“众从之，皆溃”。刘平见状，马上派自己的儿子追赶黄德和，并拉住他的马缰苦劝。黄德和不听，纵马驰奔而去。刘平无奈，只好目送其远去，自己转斗三日，西夏军再退。可见，宋兵此时的战斗力仍很顽强。此战中也有可歌可泣的战将，例如郭遵。他独出奋击，“期必死，独出入行间”，手持大槊横冲直撞，如入无人之境。西夏军多次拦截，均不成功。最后，西夏特派一股部队，边斗边佯败，诱郭遵深入，然后万箭齐发，将郭遵射死。稍事修整后，西夏军队猛攻宋军驻守的山坡。宋军战败，刘平、石元孙被俘。此前，李元昊多次写信劝降刘平，但刘平宁死不屈。

三川口之战，西夏虽大胜，但因天降大雪，加之延州城坚，并未能一举攻克延州。后来，宋将许德怀偷袭李元昊得手，西夏军队被迫撤离宋朝境内，延州之围才得以缓解。这场战役，虽然宋朝成功抵御西夏军队的入侵，但是损失太多，而且宋朝甘陕青宁边境的防御也处于被动地位。

2. 好水川之战

三川口之战以后，宋仁宗深感西夏强盛，下令封夏竦为陕西经略安抚使，韩琦、范仲淹为副使，共同负责迎战西夏的事务。康定二年（1041 年）二月，李元昊再次率领 10 万大军大举南下攻宋，把主力埋伏在好水川口，另一部分攻打怀远（今宁夏西吉东部），声称要攻打渭州（今甘肃平凉），诱宋军深入。但由于当时宋朝有足智多谋的范仲淹在，所以西夏军队不敢轻举妄动。

但是，韩琦不听范仲淹劝阻，固执己见，派环庆副都署任福率军五万余人，自镇戎军（今宁夏固原）抵羊隆城（今宁夏固原西南部），出夏之后，伺机破西夏，殊不知西夏伏兵正等着他们。任福率军到达怀远城，正遇上镇戎军西路巡检常鼎与西夏军队战于张义堡南，杀死几千西夏军队，西夏也不断增援。任福军赶到当地支援，于是夏军佯败，任福中计，随尾追击。宋军由于长途追击，粮草不继，人困马乏，已是十分疲惫。追至好水川，遇李元昊的西夏军队主力伏击，宋军溃败，将士战死 10300 余人。任福身负重伤，小校刘进劝他突围，任福大声喊道："吾为大将，兵败，以死报国耳！" 遂力战而死。其子任怀亮战死，桑怿、刘肃、武英、王珪、赵津、耿傅均战死。其中王珪为行营都监，率 4500 人自羊牧隆城来援，亦被夏军击败。此役宋军几乎全军覆灭，仅朱观所部千人逃脱。

西夏军获胜后，李元昊闻宋环庆、秦凤路派兵来援，遂回师。宋朝的再度失败，让李元昊踌躇满志，公然叫嚣"朕欲亲临渭水，直据长安"。而宋军退兵中途，阵亡将士的父兄妻子几千人，持故衣纸钱为烈士招魂，噩耗传到东京，“关右震动，仁宗为之旰食”。宋仁宗怒贬夏竦、韩琦、范仲淹。宰相吕夷简连连惊呼：“一战不及一战，可骇也！”

3. 定川寨之战

范仲淹等人被贬谪以后，西夏又开始商议攻宋大计。宋仁宗庆历二年（1042 年），李元昊谋臣张元向其献计。张元认为，宋朝的精兵良将全部都聚集在宋夏边境地区，而宋朝关中地区的军事力量却十分薄弱，如果西夏大军牵制宋朝边境地区的军队，使宋朝无暇顾及关中地区，然后即可派一支劲旅乘机直捣关中平原，攻占长安（今陕西西安）。李元昊采纳了张元的建议，派遣 10 万大军兵分两路大规模进攻宋朝。一路从刘璠堡（今宁夏固原西北）出击，一路从彭阳城（今宁夏固原东南部）出发向渭州发动攻击。

宋将王沿闻知急忙派葛怀敏等人率军增援刘璠堡。同年闰九月初九，葛怀敏进抵瓦亭寨，会该寨都监许思纯、环庆都监刘贺部，违令北进，进屯五谷口（瓦亭寨北）。王沿遣使持书戒勿深入，命其背城为营，示弱诱敌，设伏奇袭，攻其不备。葛怀敏不从，不断以身犯险。

诸将闻元昊移军新壕（今宁夏固原西北古长城壕）外，议次日黎明前往袭击。宋将赵珣以为夏军远来，利于速战速决，建议依马栏城（今陕西旬邑东北）布栅，扼其归路，固守镇戎，以保障粮道，待其兵疲而击。葛怀敏不听，命诸将分兵四路趋定川寨。

二十一日近午，夏军毁新壕版桥，断宋军粮道和归路，又截断定川寨水源，宋军又渴又饥。葛怀敏率军列阵出击。元昊集兵分别进攻，击阵于寨东葛怀敏军。时狂风突起，飞沙弥漫，宋军部伍相失，营阵大乱，士卒惊骇，争相入城，人马相互踩踏。葛怀敏为众所拥，几乎被践踏致死。幸亏赵珣率刀斧手和勇士据门桥奋击，夏军稍退，随后围城以逸待劳。

葛怀敏心存侥幸，想突围出去，但被夏军从四面冲杀过来。葛怀敏与部将曹英、李知和、赵珣、王保、王文、刘贺等16人战死，夏军四面夹击，宋军9400余人近乎全军覆没。元昊获胜后，挥师南下，连破数寨，直抵渭州，在纵横600里地区，焚民舍、毁城寨，所到之处，宋军皆壁垒自守。

同年十月初，元昊得知环庆路经略安抚使范仲淹率军来援，又受陕西诸路20万屯兵的牵制，未再深入，大掠而还。定川寨之战，夏军虽然得胜，但李元昊直捣关中的美梦就此破灭。

上述三场战役，持续长达三年；李元昊虽然取得了胜利，但也给夏国带来了严重的后果。如由于战争爆发，宋朝停止了对夏国大宗银、绢、钱的“岁赐”；关闭了边境榷场，禁止夏国所产青白盐入境，使夏国不仅失去了直接的经济实惠，而且境内的粮食、绢帛、布匹、茶叶及其他生活日用品奇缺，物价昂贵，国人怨之。连年战争使西夏民穷财尽，阶级矛盾与民族矛盾加剧，境内部族人民纷纷起而反抗，或逃奔宋朝。西夏兵力到战后已处于“死亡创痍者相半，人困于点集”的境地，李元昊想再发动战争是十分困难的。同时李元昊也认识到战胜地广人众的宋朝绝非易事，宋朝在战略上的优势是西夏望尘莫及的。

基于以上原因，李元昊开始向宋朝试探求和。宋朝三场战役皆败，史称“镇戎三败”。宋朝深为西夏所惧，一时难以组织反攻，且即使反攻也无取胜的把握；又适逢辽乘北宋同西夏交战的机会，向北宋勒索土地，宋朝也需要迅速了结同西夏的战争，于是双方开始接洽议和，宋夏战争遂告一段落。

（三）庆历和议

宋夏之间三大战役（三川口之战、好水川之战、定川寨之战）结束后，双方综合各方面利弊选择议和。但其实“议和”之念自西夏与宋发生冲突不久就已经产生了，并且三川口之战一结束，李元昊就试着与宋进行议和。直至达成最终和议，西夏一共有 6 次派人出使宋朝。

第一次发生在三川口之战后，宋仁宗康定元年（1040 年）正月，元昊遣蕃骨被等 4 人向泾原路都监桑怿提出归顺，当时泾原路的统帅韩琦认为其中有诈，没有接受。李元昊又派被俘的宋臣高延德去见陕西经略安抚副使兼知延州范仲淹，表示愿休兵息民。范仲淹虽是主和派，但他觉得此事并不可靠，李元昊应该并非真心归宋，所以未将此事上报朝廷，而是亲自给李元昊写了一封信，规劝李元昊取消帝号、停战。但范仲淹的建议又被刚刚打完胜仗的李元昊拒绝。宋仁宗庆历二年（1042 年）六月，元昊再派遣西夏皇族李文贵前往东京接力议和。李元昊究竟是否真心议和，当时北宋朝廷意见不同。韩琦和范仲淹都不相信李元昊有此诚意。但延州知州、“经略安抚缘边招讨使”庞籍向朝廷反映一个情况，并表示“诸路皆传元昊为西蕃所败，野利族叛，黄鼠食稼，天旱，赐遗、互市久不通，饮无茶，衣帛贵，国内疲困，思纳款”，透露出西夏提出议和可能是出于真心。只可惜，因为李元昊不打算取消帝号，此事亦未谈成。

第二次发生在 1043 年，李元昊正式遣六宅使、伊州刺史贺从勖携书出使宋朝。贺从勖的议和主张非常委婉。他对庞籍说，我们现在“奉辽朝指示”前来与宋朝进行议和。议和就议和，怎么还会奉辽朝的“指示”呢？庞籍觉得西夏使者诚意不足，于是这个议和的由头他起初不敢如实上奏朝廷，但是谨慎起见，庞籍最后还是将此事上报给宋仁宗，让贺从勖入京朝见。与此同时，庞籍又派人到西夏申谕，让其称臣。最后，宋朝认为宋夏和议的时机还不成熟，因为既不清楚元昊是否真心求和，又有辽的干涉导致双方关系复杂化，为了不丧失解决问题的主动权，宋朝选择不答应求和，但承诺给予若干待遇以换取李元昊去帝号等举动。贺从勖未作表态返回西夏，此番议和最终无疾而终。

第三次发生在1043年6月，李元昊派大臣如定聿舍、张延寿偕同宋使邵良佐到汴京，向宋朝提出了请岁赐、割地、不称臣、弛盐禁、至京市易、自立年号、更兀卒为吾祖，凡十一事。但这次西夏提出的动议却因为其中的一些措辞招致宋朝的拒绝。宋朝谏官余靖认为元昊称"吾祖"是对宋朝的侮辱，同为谏官的欧阳修、蔡襄也觉得接受这样的议和很不妥。但这次议和取得一个重要成果，那就是宋夏双方达成了一致：元昊取消"吾祖"名号，宋给西夏岁赐20万，同时，西夏每年向宋出售10万石青盐（这一条件后来没有得到落实）。但这期间西夏还就岁赐以及向宋出售青盐等问题发动了战争，企图使用武力迫使宋朝作出让步，因此双方未能正式就达成的共识签约。

第四次发生在1043年十二月，李元昊再派使臣张延寿等出使宋朝，在青盐问题上进行谈判，在遭到宋朝的拒绝后，西夏又提出增加岁赐5万的要求。宋朝官员认为宋朝对待夏、辽的请求不能够一味地妥协退让、造成更大的隐患，因此坚决反对增加西夏的岁赐。正当宋夏谈判陷入僵局时，夏辽关系又急剧恶化，夏辽爆发"河曲之战"。李元昊处于腹背受敌的情况下，更加急于向宋求和。

第五次发生在1044年五月，李元昊派尹与则和杨守素入宋上表，表示西夏愿取消帝号，名义上向宋称臣。但宋对西夏是否真心和议还是持怀疑态度，所以将西夏遣使暂时扣押，后放还。七月，辽遣使将夏辽战事告于宋，表示李元昊迫切希望议和。但宋朝陷入了两难境地，因为宋朝担心一旦册封了李元昊则可能引起辽的不满，那么辽宋之间可能生出新的矛盾。结果，宋仁宗暂时搁置了李元昊的请求。但如此一来，李元昊的议和之心反而更

迫切了。于是他第六次派人出使宋朝。

第六次派遣的使臣是杨守素等人。这次议和期间，宋朝使者余靖同时也出使辽并了解到辽夏之间的战争胶着态势，于是建议宋仁宗："唯有速行封册，使元昊得以专力东向，与契丹争锋……此最中国之利……"余靖还认为，在辽夏战争结束前接受李元昊的议和并予以册封，这会对李元昊有恩，而辽朝也不能提出什么刁难；并且还能促使李元昊专心对付契丹人，这对宋朝也是一大利好。宋仁宗于是不再犹豫，下诏接受了与西夏议和，此前双方达成的议和条件由此正式生效。1044 年 11 月，夏辽河曲之战也宣告结束。宋仁宗便立刻着手对西夏进行封册，完成了与西夏议和的全部手续。

综合宋夏议和之间达成的共识，双方协议主要有以下几项：1. 李元昊取消帝号，宋册封其为夏国主，赐金涂银印，方二寸一分，文曰"夏国主印"，许自置官属，名义上向宋称臣，奉正朔；2. 宋夏战争中双方所掳掠的将校、士兵、民户不再归还对方；3. 从此以后，如双方边境之民逃往对方领土，都不能派兵追击，双方互相归还逃人；4. 宋夏战争中西夏所占领的宋朝领上栲栳、镰刀、南安、承平等地和其他边境蕃汉居住区全部从中间划界；5. 双方在本国领土上可以自由建立城堡；6. 宋朝每年赐给西夏银 5 万两（旧制，下同），绢 13 万匹，茶 2 万斤；7. 每年还在各种节日赐给西夏银 22000 两，绢 23000 匹，茶 1 万斤。

这个和议因为达成于宋仁宗庆历年间，因此被称"庆历和议"。1045 年，宋朝又应李元昊请求，在边境设置贸易市场，恢复了贸易往来。以后几十年间，双方在边境地区经行贸易，经济文化交流十分密切。这次和议换得了宋夏将近半个世纪的和平。

第二节　冗兵冗费贫弱生

庆历和议是宋朝又一次通过“岁币”换和平，是以少量经济代价换取两个民族政权之间和睦相处的又一次翻版，这看上去与澶渊之盟非常相似，缔约双方地位也很平等。而其实则不然。

我们不妨对比澶渊之盟剖析一下庆历和议，看看宋朝从庆历和议中收获的和付出的，哪个更大。

（一）庆历和议中北宋所付出的代价

和议中，大概最能使宋朝津津乐道的就是“李元昊对宋称臣”这一条了。看上去，李元昊的确低了头、臣服并屈服于宋的统治，对宋保持隶属关系、接受宋朝的册封。但实际上，这对北宋而言只是毫无意义的空洞名号而已。

因为李元昊对宋只是“名义上”称臣而已，他从未打算真正臣服，也不准备认真履行“对宋称臣”这项条款。庆历和议签订后，李元昊仍然可以“自置官属”“帝其国中”，我行我素；遇到自然灾害、西夏人出现粮食困难，照样会袭扰宋朝的边境。按理，既然是对宋朝“称臣”，就应该对宋朝使者行臣子之礼。但每次北宋派往西夏的使者都被拒绝进入西夏都城兴庆（今宁夏银川），而是改为安顿在靠近边境的“招待所”性质的馆舍。李元昊拒绝宋朝使者进入兴庆的原因是，要维持他在西夏国内的崇高地位和威望。如果在宋朝使者面前行大臣之礼，这有损他在西夏百姓心

中“皇帝”的形象。所以,“称臣”对北宋而言形同虚设，名不副实、一文不值。

和议中的第四条“宋夏战争中西夏所占领的宋朝领上栲栳、镰刀、南安、承平等地和其他边境蕃汉居住区全部从中间划界”，对北宋来说干脆就是外交的失败。因为这意味着北宋被西夏侵占的这些土地再也没有收回的法理依据。这个条约一签署，等同北宋承认西夏占有这些土地这个既成事实，并且北宋自愿放弃这些被侵占的土地。虽是“从中间划界”，但实质就是“割地”。这个外交结果没法不具有屈辱色彩。钱可以通过贸易赚回来，但土地是无法“赚”回来的。

至于宋朝需要每年支付给西夏的岁币，这要是跟澶渊之盟比起来，就是更大的外交失败。澶渊之盟虽然宋朝答应每年给辽支付额度为 30 万绢钱的岁币，但这个额度在当时仅仅相当于北宋军费开支的百分之一二，微不足道。而此时答应给西夏的岁币，额度虽略少于澶渊之盟，但却格外加重北宋的经济负担。因为澶渊之盟签订时，北宋的大宗财政花费就是军费；给出去 30 万的岁币，换来大量军费开支的节省，经济上十分划算。但庆历和议签订时，北宋的大宗财政开支已不仅仅是军费，还有庞大官僚队伍的薪饷开支（澶渊之盟时官僚队伍远不及此时庞大）；因此在对辽岁币不减的情况下又新增了对西夏的岁币，宋朝的财政就要捉襟见肘了。

更糟糕的是，利用宋夏之争，辽朝趁火打劫，进一步加剧北宋财政的负担。事件发生在宋仁宗庆历二年（1042 年）。在宋军抵御李元昊军事进攻时，辽摆出一个姿态联合西夏，然后给宋朝递交国书，索要五代十国时期被后周夺占的关南十县。这部分领土压根就不是宋朝从辽的手中夺取的，所以，辽的要求颇不讲道理，纯属无理取闹、趁火打劫。但是宋夏正在激烈交兵，一个西夏已经应付不过来，要是辽与西夏联合局面岂不是会更加难以控制？所以，宋朝被迫做出妥协，愿意接受辽朝开出的部分条件，同时作为交换，要求辽朝对西夏施压，使西夏取消帝号、对宋称臣。最后，辽宋达成协议：宋朝在30万岁币旧额的基础上，每年新增20万，一半是代替关南十县的赋税，一半是“弹遏”西夏的报酬。这个协议达成后，辽朝不再提“关南十县”的领土诉求。这印证了辽朝的动机并不是真要关南十县，而实际只是想趁机浑水摸鱼捞一把。

但这一“把”还真让辽朝给捞到了，这笔账理应与庆历和议中需给西夏的岁币一道作为宋夏战争给宋朝带来的经济损失。

而再反观宋朝在宋夏战争中的失败，其实不仅仅有着军事方面的各种原因，还有着越来越严重的财政困境。在宋夏战争发生期间，宋朝只有表面上的“太平盛世”，实际上已经民力贫困、财政匮乏。此时的大宋已经是一个冗官、冗兵、冗费（合称“三冗”）的国家，并且日渐积贫积弱。败于西夏只是眼前的耻辱，经济上的困境才是大宋更遥远、更严峻的危机。

（二）“三冗”的形成

随着宋夏战争的落幕，财政困境的加剧，宋朝逐渐暴露出更多的社会问题，其中“冗官、冗兵、冗费”（被并称为“三冗”）问题最为突出，为史学界所公认。冗，是指“闲散、多余”的意思。“三冗”问题，是指北宋在官员数量、兵员数量、财政开支这三个方面太多、太滥。

1.“冗官”的由来

“三冗”之中，以“冗官”为最。“冗官”问题在中国历朝历代都有，但北宋尤为严重。“冗官”首先是统治者滥开仕途造成的，其次是机构重叠、臃肿的结果。

北宋官僚队伍的规模在太祖时期还算好，但从太宗时期就开始走向膨胀了，至真宗、仁宗几朝更是登峰造极。因为从太宗时期，北宋开始明确实行“重文轻武”政策，大量任用文官主政，于是必然会扩大科举考试中文士的录取规模。宋代科举录取的人数要大大超过唐代。隋唐科举取士尚受门第限制，北宋取消了门第限制，增设了经义、吏治、恩科、神童科等科目。唐代进士及第每次不过二三十人，北宋每次录取七八百人。据史载，宋太宗在位 22 年，通过科举得官者将近一万人。真宗以后，官员无限膨胀，科举取士，越来越多。如宋真宗咸平三年（1000 年），真宗亲试举人、进士、诸科（包括屡试不中者），一年之中就录取 1800 多人。宋仁宗在位 12 年，科举 13 次，由进士一科而得官者有 4517 人，诸科则有 5000 余人。

但这都还算是正常途径选官、入仕。在这一途径之外，宋朝统治者还滥开入仕途径，进一步助长了官僚队伍的膨胀，并最终形成了“冗官”问题。宋朝统治者滥开的入仕途径，主要是“恩荫”。

所谓“恩荫”，是指已得官者可荫其子孙亲属、熟人等入仕。这种制度古已有之，不过到北宋有了更大发展，是中高级臣僚及后妃、公主等奏请亲属补官的制度，被认为是世袭制度的变种或残余。宋代恩荫盛行，有许多理由和机会施行。比如皇帝郊祀的时候、官员致仕的时候或者官员去世，基本上只要是个理由就可以“恩荫”。对于皇族来讲，“恩荫”的门槛极低。原来规定皇族宗室七岁授官，仁宗时改为襁褓之中即有官位。宋仁宗庆历七年（1047 年），一年内单是皇族授官的就达 1000 多人。其他文武官员则以地位高低对其家属近亲授官，甚至职位低微的郎中、员外郎也可荫子孙一人得官，真是“恩逮于百官者，唯恐其不足”。如宋真宗天禧元年（1017 年）太尉王旦死后，皇帝就一次“录其子、弟侄、外孙、门客、故吏授官十数人”。宋仁宗庆历三年（1043），范仲淹就针对这种情况注意到：“假有任学士以上官经二十年者，则一家兄弟子孙出京官二十人，仍接次升朝，此滥进之极也。”

“恩荫”如此容易、如此普遍，冗官也就自然特别多。这种比科举考试入仕更快、更易的途径，导致因恩荫得官的人数在官吏中占了很大比例。

除了“恩荫”之外，还有输粮输钱授官、卖官鬻爵等“非正常”入仕方式，也是助长官僚队伍膨胀、“冗官”形成的原因。如遇灾荒，一般地主肯于开仓出粮或雇用民夫肯于出钱的，也可视其出钱多寡由朝廷授予官位。北宋统治者公开卖官鬻爵的证据见于当时的谚语：“三千索，直秘阁，五百贯，擢通判。”（朱弁《曲消旧闻》卷 10）于中可见，北宋时官位各有定价。这些途径与“恩荫”一样，都是科举考试之外的“非正常”入仕途径。所有这些非正常的入仕途径都是极具随意性，并完全可以在政策上杜绝和避免的。它们是宋代“冗官”形成的重要原因。

以上都是从“入仕”的角度看“冗官”的形成。但“冗官”的形成尚有一种制度性需要，那就是宋代官僚机构的臃肿和重叠。冗官可能导致政府需要增设一些官僚机构，以作安置；但宋代官僚结构本身也存在设置不合理、不科学的问题，由此徒增对大批官员的需求。机构臃肿、闲官过多，这是北宋统治机构的显著特点。主要体现在两方面：一是保留了大量可有可无的前代中央机构；二是地方官制层级太多、太过复杂且多有重叠。

北宋保留的可有可无的前代中央机构主要是唐朝和五代十国时期的，有台、省、寺、监、院、部、司等。这些机关及其官员在宋代并不管事、纯属虚衔，只依品级领受俸禄；还保存着阶、勋、爵等名誉官衔，也只是领俸禄而不负责具体事务。北宋实际管事的中央机构仅是“二府三司”。北宋虽仍设有三省六部二十四司等机构，但这些机构实际早已属于“虽有正官，非别救不治本司事”。最典型的莫过于门下、尚书两省，它们在唐代

是最核心的中央机关，但在宋代却完全沦为摆设。宋代的门下、尚书两省连办公地点都移到皇宫之外了，其长官就更不是宰相了。北宋的宰相称为“同中书门下平章事”，另设“参知政事”一人或数人为副相，原来的三省六部已经名存实亡，完全是多余的机构。

和中央相比，地方机构臃肿更为突出。地方行政区划，在唐代是道、州、县三级，宋代初为州、县二级制，后又改为路、州（府、军、监）、县三级。但更为烦琐的是，每一级都因分权的考虑而细分为多部门、多人主政。比如在各“路”设置四个“监司”，即安抚司、转运司、提刑司、提举常平司，又分别设安抚使管军事、设转运使管财政、设提点刑狱使管司法、设提举常平使管农田水利等事务。除了地方正官之外，还设置所谓通判官，即由中央直接派遣的地方副长官。小郡设通判官一人，大郡设二人。凡地方公事，“并须长吏、通判签议连书，方许行下”。另外，在北宋地方官吏中还设有节度使、防御使、团练使、刺史、观察使等名号。全套下来，地方机构既庞大又重叠，真有叠床架屋、“十羊九牧”之感。以至于北宋官员宋祁说，本朝“州县不广于前，而官五倍于旧”。

由于上述种种因素，造成北宋官吏逐年倍增。从宋真宗至仁宗40余年中，仅中央官员就增加一倍多。到宋仁宗嘉祐八年（1063年），北宋官员已“十倍于国初”。由于人多官职少，有的地方竟出现一官五、六人共做的现象。

2.“冗兵”的形成

宋代军队兵员数量，在当时被视为国家机密，仅为少数核心官员和朝臣所知晓。在传世文献中，又缺乏详细、系统的记载，今天我们对当时兵力的了解情况，完全是基于不完整数据以及间接推断。这些散见于各处的不完整记载经过学者研究，仍能获得有价值的发现。

根据学界研究统计（以下数据详见程明生:《宋代军队数量考》,《社会科学战线》，1009 年第 5 期，第 78—81 页），北宋自宋太祖开国时，军队人数便呈不断增加趋势，至宋仁宗庆历年间，军队人数达到峰值（全国军队人数达到惊人的 125.9 万人，其中禁军人数为 82.6 万）。其中，从宋太祖到宋太宗时期，总兵力达到 66.6 万人，增长了 76.2%（其中禁军增长了 85.5%，厢军增长了 66.5%）。从宋太宗到宋真宗时期，全国总兵力达到约 91.2 万人，增长了 36.9%(其中禁军增长了 20.7%，厢军增长了 55.8%）。从宋真宗天禧年间到宋仁宗庆历年间，全国总兵力增加到约 141 万人，增长了 38%（其中禁军增长了 91.2%，厢军减少了约 11% 达 4.7 万人）。其后，自宋英宗始，全国兵力才开始出现减少趋势（宋英宗时期全国总兵力稳定在 100 万余人，较之以前首次开始减少，尤其是禁军人数）。

北宋的军队为何膨胀如此迅速？原因主要有以下三个：

第一个原因，是紧张的民族关系带来了严峻的边防形势。宋朝建立后，从宋太宗开始，辽宋之间多次交战；宋夏之间也由和平走向冲突，至仁宗时期达到顶点。边防形势的严峻，使得统治者必须要扩充军力以维护国家的安全。由于朝廷对军队的控制过于严密、武将在“重文轻武”环境下受到压制，造成军队总体战斗力不强。面对虎视眈眈的辽、西夏，朝廷不得不一再往前线增兵——也就是寄希望以庞大的数量优势来弥补战斗力的劣势。越是打了败仗，朝廷越是需要更多的兵员来提高心理上的安全感。于是，军队的规模就这样膨胀起来了。这方面的原因是最直接、最直观的，也是最主要的。

第二个原因，是宋朝实行一种“养兵政策”。所谓“养兵政策”，就是指每当国内一个地方矛盾激化时，百姓难以生存的时候，政府就大量征兵，把社会上的流亡民众收揽为士卒。因为宋朝的逻辑是："每募一人，朝廷即多一兵，而山野则少一贼。"按此逻辑，军队多吸收一个社会上的流亡民众，国家就因此少一个不稳定的治安因素、少一个人造反。这个逻辑有一定的道理。因为宋朝实行的是募兵制，国家花钱招募军队，士兵参军后按时领取兵饷。饥荒之年，人们温饱无依、流离失所，要么揭竿而起、要么被饿死。与其这样，自然不如去当兵混口饭吃。这种政策在整个北宋推行了 100 余年。宋太祖时，由于政治比较安定，经济得到恢复，养兵的数量有限。但从中叶以来，随着阶级矛盾的加剧，北宋政府开始全面地推行这种"养兵政策"，大量招兵。这成为北宋军队膨胀的又一个重要原因。

第三个原因，在于北宋军队是自愿被招募的，服役的期限基本上是终身的。宋朝军制实行"减切法"，除伤病等丧失战斗力的情况之外，达到 60 岁的人一律从军队中"减切"下来，作为"剩员"；达到 65 岁的人一律"放停"，退役回家。有战功的士兵，达到放停的年龄，可以按照剩员对待、做些看管军营之类的事情，待遇减半但直至终老。所以，按照宋朝的退役年龄，士兵基本是终身服役。但士兵的作战能力主要集中在自己的青壮年时期，过了此时期士兵体格能力、战斗力下降了，国家还要继续养着哪怕充作"剩员"。如此下去，军队的规模长期只增不减，岂能不庞大？"冗兵"局面就是在这些制度、政策环境下产生的。

这些"冗兵"既然都是领取国家的钱粮，自然是一笔不小的财政开支。再加上"冗官"对财政的消耗。"冗费"的产生，也就不难理解了。

3."冗费"的产生

"冗官"要从国家手中领取薪俸，而"冗兵"又要耗费庞大的日常军费开支，这在财政上是沉重的负担，足以让北宋朝廷不得喘息。

据史载，北宋每年官俸开支之大是相当惊人的。北宋官僚的俸禄，名目繁多：有官俸（包括纸币和绫绢，宰相和枢密使每月钱 300，绢 30 匹，绫 20 匹，冬绵百两），有禄粟（宰相每月 100 石，节度使 150 石），有职钱（兼职的俸钱），有公用钱（最高额每年二万贯），有职田（最高额为 40 顷），有给券（文武官出差路费），有茶、酒、厨料之给（有些官每月给酒一升至五升，有些官每日供茶和厨料米六斗，面一石二斗），有薪、蒿、炭、盐诸物之给，还有傔人（即仆人）衣粮或餐钱（宰相 70 人，枢密使和节度使各 50 人）。

至于养兵之费，同样惊人。据查，仁宗时期养兵费用高达全部赋税收入的十分之七。曾任三司使的蔡襄，依据宋仁宗末和宋英宗初的财政状况，说道："今天下大患者在兵：禁军约七十万，厢军约五十万，积兵之多，仰天子衣食，五代而上，上至秦汉无有也。臣约一岁总计，天下之入不过缗钱六千余万，而养兵之费约及五千。是天下六分之物，五分养兵，一分给郊庙之奉、国家之费，国何得不穷？民何得不困？"针对北宋募兵制下士兵终身服役的情况，史学家钱穆先生在《国史大纲》中算过一笔账："募兵终身在营伍，自二十以上至衰老，其间四十余年，实际可用者至多不过二十年，廪之终身，实际即是一卒有二十年向公家无用而仰食。"这也是在说，一个士兵从 20 多岁服役至衰老退役，国家可能要养他 40 年左右；但他实际在战场上为国家效力的时间可能最多不过 20 年，国家则要白白养他剩下的那 20 年。这就是军队常规开支的负担情况。

如果官俸和养兵之费是北宋仅有的财政开支名目，倒也罢了。但坏就坏在，还有许多其他雪上加霜的名目，比如：崇佛、倡道的花费，皇室的庞大开支，官员的腐败……

其结果就是，北宋政府的财政情况每况愈下、不断恶化。太祖时设内库，"凡岁终用度之余，皆入之，以为军旅饥馑之备"，

谓之“封桩库”。这是说太祖时财政尚有大量积累。但自太宗伐辽以来，前代的积累便逐步消耗殆尽。到真宗、仁宗两代，宋夏冲突不断，财政消费巨大，不仅没有盈余，而且年亏月损，不断“支诸宿藏”，以致“百年之积，惟有空簿”。宋英宗治平二年（1065 年），北宋朝廷的财政税收达到 116138450 贯，而这年的财政支出为 120343174 贯，非常支出有 11521278 贯，收支相抵尚亏 1500 多万贯！

“冗费”，是对北宋庞大财政开支的总结，是林林总总各项开支名目铸就的局面。从财政有所结余到出现绝对赤字，这便是宋太祖至宋英宗这 100 余年时间里北宋政府财政面貌的发展趋势。

（三）积贫积弱

“三冗”现象的并存，导致宋朝逐渐成为“对外之积弱不振”“内部之积贫难疗”的国家，也就是人们常说的“积贫积弱”。这里的“积贫积弱”主要是指民贫、国弱。

北宋皇帝为了直接控制财权，把财权分而为二：一归计司，一归内库。计司掌管的是名义上的“全国”财政收支，但实际上不包括皇帝的私产——内库。“内库”实为皇帝个人的金库，其贮藏财物的具体数字到底是多少，并不为外人所知。宋代官员反映的财政状况，通常只是计司所掌握的财政数字，而根本不包括内库之贮藏。宋朝有个奇怪的财政现象：计司一有用度不足，则往往仰之于朝廷，依靠宫廷的贷支或补给，才能达到收支平衡。这说明，即便计司掌握的“国库”没钱，但皇帝的“内库”还是有钱的。但皇帝有钱不代表百姓有钱，如果皇帝有钱而百姓没钱，这样的国家还是应该被视为“贫穷”。史学家钱穆之所以认为宋代“积贫积弱”，原因正是宋朝长期存在普遍的“民贫”现象。

宋太宗时将乡村五等户中占田 20 亩以下的人户称为贫民，宋神宗时又进一步规定，乡村第五等户或产业在 50 贯以下的属于贫民。也就是说，宋代贫民的主体应是农村的五等户及无地户。那么按此标准，宋代当时的贫民有多少呢？仁宗时期担任过三司使、熟悉财政数据的官员张方平估计说，四等户以下的可“及十分之九”。这说明，至少在宋仁宗时期北宋已经是一个高度贫困的社会了。

宋代统治者本指望以富人立国，认为富人为国聚财、守财，是国家的根本，只要大土地所有者得到发展，国家财富就有了可靠的来源。由此出发，宋代长期实行富人立国的财政方针，不仅对官僚地主实行税收优惠政策，而且实行“不拟兼并”的土地政策，致使土地很快完全私有化，被官僚地主所占有。在这种土地政策下，一方面地主豪强占有大量的土地而不纳税，当时不交租的土地就达到了 70%；另一方面农民失去土地到处流亡或荫庇于富室豪门，失去了缴纳税收的基础。结果与宋代统治者的愿望完全相反，国家依靠的那些大土地所有者的财富不仅不能为国家所用，反而还通过兼并土地、税负转嫁等方式侵吞国家的税基，使国家财政陷于危机之中。

为了摆脱危机，国家不断加重农民的赋税。宋代广大农民负担着繁重的租税和徭役。从赋税来看，除了缴纳名正言顺的“两税”之外，还有各种名目繁多的苛捐杂税。如丁身税，从 20 岁到 60 岁的男子按人头缴纳，除此还有“杂变”“支移”“折变”等，数不胜数。徭役既多且重，其中最繁重的是“职役”和“夫役”。“职役”按户等派遣，到官府衙门供役，服职役的农户即使是自耕农也常常为此倾家荡产。“夫役”近者几百里，远者数千里，运送之苦难以承受，“民被差役，如遭寇虏”。在繁重的剥削和奴役下，百姓无以聊生，而“四民之中，维农最苦”。农民辛苦劳作，若遇灾情，则转死沟壑，幸有所获，则“公私之债，交争互夺，谷未离场，已非己有。农夫蚕妇所食者秕糠而不足，所衣者绨褐而不完”。农民由于没有生路，纷纷揭竿而起，从宋太祖开宝六年（973 年）开始，各地农民反抗斗争就连绵不断，至宋仁宗庆历七年（1047 年），计达 10 余次。这从侧面进一步证实了北宋“积贫”的史实。

而论及“积弱”，宋代给人留下的“积弱”印象首先始于宋夏战争。宋夏战争虽然以“庆历和议”、李元昊对北宋称臣而宣告结束，但这个看似比澶渊之盟还要光鲜的结局掩盖不了在战争期间宋军在战场上一败再败的耻辱。在经济实力、兵力等各方面都拥有“量”的优势这一前提下，宋军的屡战屡败是无法理解的。人们没法不将之视为“弱”。这个“弱”主要是体现在军队的战斗力上，而不是囊括经济实力在内的“综合国力”。宋军战斗力的“弱”，是北宋开国以来一系列加强中央集权、重文轻武政策的结果。在这些政策下，宋朝军队的军法非常松弛，将领之间互不服气、不和，上了战场互不支持，甚至互相倾轧；并且，由于宋朝实行的是募兵制，国家从流亡农民、逃犯、流寇中大量地募兵以防止他们造反闹事，这就导致兵源质量越来越差。兵源质量差，军队的战斗力自然上不去。再加上宋军实行将兵分离制度，平时无人严加管教和训练士兵，致使他们的战斗力大大下降。有些士兵连马背都跨不上去，射出的箭 20 步就落地。

此外，军事资源上的不足，也成就了北宋的“积弱”。史学家钱穆就注意到这一点。他说，古代中国对付塞外敌人，更非骑兵不可。而骑兵所需要的马匹，在古代中国只有两个地方出产。一个在东北，一个在西北。而这两个出产马匹的地方，在宋初开国的时候，正好一个被辽占有，一个被西夏占有，都不在北宋手中。与马相关联的还有“铁”这种资源。精良的铁矿，也都在东北塞外。这些重要的军事资源都不被北宋所掌握，是北宋“积弱”形成的原因之一。

在“三冗”的伴随下，北宋积贫积弱，其出路又在哪里呢？宋朝皇帝又是怎么做的呢？

第四章 / 改革时代

第一节 庆历新政除弊政

宋夏之战，宋军在战场上的一败再败，使北宋朝野上下深受刺激。仁宗庆历年间，土地兼并现象更加严重，农民大量逃亡，农民起义和兵变在各地相继爆发，正如欧阳修所说“一年多于一年，一伙强于一伙”。激烈的民族矛盾和阶级矛盾交织在一起，震动了宋廷。自我审视之后，不论是统治者本人还是文官集团，都很清楚一个残酷的现实——大宋，正处于深刻的内忧外患之中。内忧，是指“三冗”局面下的积贫积弱；外患，是指边防上辽、西夏的威胁。值此内外交困之际，一些有识之士纷纷建言改革。欧阳修上书要求改革吏治，尹洙在上书中指出“因循不改，弊坏日甚”。宋仁宗在改革呼声的推动下，“遂欲更天下弊事”。这意味着，宋王朝的最高统治者亦开始行动了。庆历三年（1043 年），宰相吕夷简病退，宋仁宗起用范仲淹等人，让他们主持朝政，“兴致太平”，史称“庆历新政”。

一、庆历新政初开篇

范仲淹，苏州吴县人，幼年丧父，宋真宗大中祥符八年（1015 年），苦读及第，“公少有大志，每以天下为己任”，是“文武兼备”“智谋过人”的人才。范仲淹初任兴化县令，后来，其才干和品德引起晏殊的注意，被邀请至应天书院执教兴学。宋仁宗

天圣六年（1028 年），范仲淹以初生牛犊不畏虎的架势向朝廷上书奏事，名曰《上执政书》。其内容是奏请改革吏治，裁汰冗员，安抚将帅。当时的宰相王曾看到后极为赞赏，在他和晏殊的极力推荐下，范仲淹随后被征召入京，任“秘阁校理”一职，负责皇家图书典籍的校勘和整理。

范仲淹能得到宋仁宗的信任与赏识，并委以重任施行改革，首先缘于范仲淹对宋仁宗适龄亲政的呐喊。

宋仁宗是著名民间故事“狸猫换太子”中的核心当事人——太子。此故事代代相传，被广泛改编成评剧、豫剧、黄梅戏、吕剧、湘剧、潮剧等各种剧种，竞相传唱，但事实上，此故事与史实出入甚大。宋仁宗是宋真宗的第六个儿子，其生母为宫女李氏。因宋真宗的刘皇后一直无子，所以在宋仁宗出生后便将其收养为自己的儿子，而且对外宣称是自己所生。仁宗即位后，太后垂帘听政，宋仁宗的身世仅为朝中少数大臣所知。后来仁宗的生母李氏病重，刘太后将其由宫女晋升为宸妃；李氏病故，刘太后接受宰相吕夷简的建议，以皇后之礼给予厚葬。这与“狸猫换太子”中所描述的大不一样。不过，因为刘太后垂帘听政、大权不放，使得宋仁宗迟迟不能亲政。天圣七年（1029 年），仁宗已经 19 岁，早已达到“成年”的年纪，但刘太后依然把持朝政。对此，范仲淹上书太后请求还政给仁宗，然而奏书如石沉大海、没有下文。

范仲淹的“呐喊”举动虽然被认为过于轻率，但却没有影响到他的仕途。天圣八年（1030 年），范仲淹请求离京为官，被任为河中府通判；次年，调任陈州通判。京官外调，成为地方官，但范仲淹依旧坚持“居庙堂之高则忧其民，处江湖之远则忧其君”的“本性”，多次上疏议政。他主张削减郡县、精简官吏，并多次上书陈述中央直接降敕授官的危害，认为这“不是太平治世的政策”；又建议朝廷不可罢免职田，认为“官吏衣食不足，廉者复浊，何以致化”等。这些上疏均未被朝廷采纳，但其一片忠心已经打动了宋仁宗。

宋仁宗明道二年（1033 年），太后驾崩，仁宗亲政，随即他便召范仲淹入京，拜为右司谏。出任谏官之后，范仲淹的许多建议都得到了采纳。比如，他建议朝廷掩饰太后过失，成全其美德；建议不要册封新的太后；建议宋仁宗派人视察灾情、赈济灾民等。

但是宋仁宗是个遇事犹豫不决、“无定志”的人，王夫之在《宋论》中评价：宋仁宗“进”的时候，也不坚持进；“退”的时候，也不退到底，时而又进；大臣们意见一致的时候，很容易贯彻执行；但遇到出现分歧、互相攻击时，他常常将双方同时罢免以息事宁人；使“吏无适守，民无适从”。结果，宰相、枢密两府的官员常常反复更换、屡进屡退。范仲淹就是其中的一个例子，在宋夏战争爆发前他被一再调进调出，时而为地方官，时而为京官。

范仲淹虽为一介文官，但却极有军事谋略，这在随后的宋夏冲突中得到证明，并成为宋仁宗在宋夏之战后对其委以重任施行改革的重要原因。

早在宋夏冲突全面爆发前，范仲淹就注意到宋夏之间存在爆发战争的风险，于是居安思危对国防建设提出了诸多建设性的建议。天圣三年（1025 年），他在《奏上时务书》中向宋仁宗提出“防之于未萌，治之于未乱”，并且担忧宋军战力衰弱，认为“今天下休兵二十余载，昔之战者，今已老矣，今之少者，未知战事。人不知战，国不虑危，岂圣人之意哉！而况守在四夷，不可不虑”。天圣五年（1027 年），范仲淹又在《上执政书》中再次指出宋朝承平既久、武备松懈，容易被西夏抓住机会。针对国家大量任用文官主政，国家承平日久、忘战去兵的现状，他指出一旦西夏生乱，朝廷恐怕没有武将可用。后来西夏攻宋的事实证明，范仲淹是有远见卓识的。

宋仁宗康定元年（1040年）正月，李元昊大军攻宋，对延州（今延安）进行围城打援。范仲淹临危受命，奔赴西北边疆，被召为天章阁待制，知永兴军，五月改为陕西都转运使，七月与韩琦并为陕西经略安抚招讨副使，兼知延州。范仲淹固寨修堡以解除西夏对延州的直接威胁，整顿军队以提高战斗力，通过更改军队旧制、分部训练、轮流御敌，终于守住了延州，免遭城破。

宋仁宗庆历元年（1041年）四月，范仲淹改知耀州，五月迁知庆州（今甘肃庆阳），迁左司郎中，为环庆路经略安抚、缘边招讨使。在敌强我弱的形势下，范仲淹正确地选择了以防守为主、清野固守，伺敌不攻自破。他一到任庆州，就立即着手对环、庆边务进行整顿。其措施具体有四点：

1. 择良将、练甲兵以治边军。范仲淹重视将才的培养和选拔。他推荐、培养的狄青、种世衡等名将屡建奇功，为抵御西夏做出了巨大的贡献。同时，他大胆改革军制，操练兵将，把州兵分隶六将，根据战时敌兵多少分兵抵御，改变了"兵不识将，将不识兵"的积弊，提高了边军的战斗力。范仲淹积极组织边兵的裁汰，上书精减年老病患的冗弱将士，并杜绝"小弱怯懦之人"发往边上，从而提高了军队的整体素质。他赏罚分明、纪律严明，"所得赐赉，皆以上意分赐诸将，使自为谢"。

2. 修筑城堡，巩固防御。初到庆州，范仲淹就发现当地的地形复杂、城寨不足，难以防御，于是着手组织军民在重要的关隘——庆州西北的马铺砦，修筑城寨以阻敌、御敌。城寨修好后，宋仁宗大加赞扬并特地赐名"大顺"。随后，范仲淹又组织军民在庆州、环州境内修筑了28座城寨以及44个烽火墩，并联络周边各民族共同御敌，形成"城、堡、寨、墩"相呼应的防御体系，成为拱卫环州、庆州的重要屏障。

3. 军民屯田，以实边郡。范仲淹借鉴历史经验，"欲于本处渐兴田利”，“据亩定课，兵获余羡，中粜于官定。人乐其勤，公收其利，则转输之患久可息矣”。即所谓“假士兵弓手之力，以置屯田为守之利也”。他和好友滕子京在庆州实行军屯，兴修水利，发展农业，真正达到了防边、省费和百姓安居乐业的目的，同时对庆州的边防也起到了极大的充实作用。经过几年经营，庆州已经成为粮草丰茂、兵强马壮的边防要镇。

4. 安抚诸羌，共御强敌。庆州是多民族杂居之地，有汉族，还有多个羌族部落。由于受西夏的威胁与诱惑以及汉官对他们的压榨和掠夺等原因，羌族部落皆委蛇于宋夏之间，有的甚至向西夏提供帮助。宋廷若举措不当，使诸羌族部落为西夏元昊所用则会使战局更加危急。范仲淹认为在御夏战争中要依靠和调动的不仅是汉人，同时也包括少数民族，于是首先对各羌族酋长予以安抚、犒赏慰问。同时，他还恩威并用，通过立法来维护当地治安秩序。他继承并完善了蕃官蕃兵制度，上奏朝廷选用有威信的蕃将，推荐羌族中享有威望的名将种世衡知环州，切实体现了他对诸羌族部落的诚意和信心，使羌汉两族人民结成了抵御西夏的“统一战线”。

经过几年的苦心经营，环州和庆州的防御力量大大增强。在随后与李元昊的交手中，范仲淹一再率领羌汉联军驰援友军，迫使李元昊的西夏军节节败退，并最终扭转宋夏战争中宋军的被动局面。李元昊虽然也取得一些胜利，但随着经济上的困弊不堪加上辽军乘机威胁，不得不选择向宋军议和。因此，从某种程度上说，范仲淹在庆州的有效防守御敌，是宋夏战局发生根本性转变的重要因素。

庆历三年（1043 年），元昊请求议和，西北边事稍宁，仁宗便召范仲淹回京，授枢密副使，又擢拔欧阳修、余靖、王素和蔡襄为谏官（俗称“四谏”），锐意进取。六月，谏官上言范仲淹有宰辅之才，仁宗欲拜为参知政事，范仲淹推辞不就；八月，仁宗

罢免副宰相王举正，再拜范仲淹为参知政事。一场致力于富国强兵的改革，就此布局开篇。

二、新政昙花一现

宋仁宗调整辅臣结构后，多次召见富弼、范仲淹等人，征询天下大事。二人每次进见，仁宗“必以太平责之，数令条奏当世务”，“既又开天章阁，召对赐座，给笔札使疏于前”。宋仁宗让范仲淹当着自己的面写出对国家兴革的意见，这是一种极大的信任，也是皇帝给予大臣的特殊荣誉。范仲淹虽感激皇恩，却认为事有先后，朝廷陈弊积久，非一朝一夕所能改变。

北宋至此已经 80 多年，在政治、经济、军事等诸多方面都出现了一些急待解决的弊端。针对这些，范仲淹写出了有名的《答手诏条陈十事》，列举了 10 项改革措施。不久又写了一份《再进前所陈十事》的奏书。他认为社会在前进，事务在发展，变革是不可避免的，即《易》所谓“穷则变，变则通，通则久”的道理。

范仲淹在《答手诏条陈十事》中提出的 10 项改革措施分别是：

1. 明黜陟。黜，降职或者罢免的意思；陟，晋升的意思。仁宗时，官员升迁采用“磨勘”制度，只讲资历年限，不问政绩，导致官吏因循苟且，无所作为。范仲淹对此提出新的考核政绩，破格提拔政绩卓著的官员，撤换有罪和不称职的官员；并规定京朝官及郡县官吏，有人保举在三年任期届满即与磨勘升迁，否则便要等到满五年之后，方行磨勘。

庆历三年（1043 年）十月，为整顿吏治，淘汰冗官，朝廷决定逐路选拔转运使，不称职者一律罢免（“路”一级行政单位，相当于现在的“省”）。范仲淹提出内外官吏过于冗滥，其中老朽、病患、贪污、无能的官员应当一律裁汰，并就此由宋仁宗下了好几道诏令颁行。在审核名单时，范仲淹将那些庸碌无能的转运使名字毫不留情地一笔勾掉，据说当时与范仲淹一同审核名单的富弼心有不忍，劝告道:“一笔勾之甚易，焉知一家哭矣！”范仲淹答曰:“一家哭，何如一路哭耶！”

2. 抑侥幸。改变贵族官僚子弟恩荫做官的旧法。对恩荫封赐的官员要严加控制，以减少冗官。范仲淹的做法是，限制中、上级官员的任子特权，防止权贵子弟亲属垄断官位。

3. 精贡举。改革专以辞赋和墨义取士的旧制，着重策论和经旨；先取履行，后取艺业，借以“正教化之本，育卿士之才”。

4. 择官长。严格选择各路转运使、提点刑狱和各州县的长官，使其能够更好地治理郡邑和统治黎民。废除“循例差除”制，改为逐级推荐制，用以“正纲纪，去疾苦，救生民”。

5. 均公田。地方官依照差遣等级给足“职田”，使之丰足，借以“责其廉节”，防止贪赃枉法。

6. 厚农桑。每年二月各地开河渠，修筑堤堰和破塘，“以救水旱，丰稼稿，强国力”。

7. 修武备。依照唐代府兵制，京师招募卫士五万人，使之“三时务农”，用以捍卫朝廷。以后逐渐推广到各地。

8. 减徭役。裁并州县建置，减少职役轮差人数，使部分农民回乡务农，做到“人自耕作，可期富庶”。

9. 覃恩信。朝廷赦书宣布的恩典，三司和各地官衙必须执行，前朝的欠负，一律免除。

10. 重命令。改变朝令夕改的旧习，慎重立法，执法必严。

范仲淹所提的这10项措施，除“厚农桑”属于发展农业生产的措施外，其他各项都是属于政治改革的措施：其中“明黜陟”和“抑侥幸”“精贡举”（培养选拔官员）涉及人事行政制度，“择官长”和“均公田”涉及澄清吏治；“修武备”涉及军事制度；“覃恩信”和“重命令”则是指要保证改革方案的贯彻。这足以说明，至少在范仲淹看来，政治上的弊病是最严重、最需要改的，“整顿吏治”应该是改革的核心所在。

有人认为，范仲淹的《答手诏条陈十事》提出得过于匆忙，因此改革稍嫌不成熟。但实际并非如此。范仲淹的10项改革措施无一不是针对当时“冗官、冗兵、冗费”之弊，无一不是针对“积贫积弱”之现状！庆历四年（1044年），范仲淹又上疏仁宗“再议兵屯、修京师外城、密定讨伐之谋”等七事，并奏请扩大相权，由辅臣兼管军事、官吏升迁等事宜，改革广度和深度进一步增加。但正因为改革切中了要害，于是触动了许多既得利益者，激起了他们的反弹。新政实施后，恩荫减少、磨勘严密，希图侥幸的人深感不便，于是毁谤新政的言论逐渐增多。新政前，范仲淹堪称是“众望所归”的改革领袖。但一旦真正涉及利益的重新分配时，支持者就越来越少了。因此，不肯让权让利的保守势力十分痛恨新政，以致迁怒于新政的主导者及支持者范仲淹、富弼、欧阳修等人，并试图将他们赶下台，逐出朝廷。

一个办法就是从经济问题入手，搜集贪污证据，制造弹劾的借口。新政开始不久，监察御史（监察官）梁坚就上书弹劾滕子京和张亢贪污挪用机要费。实际根本不值一提，因为当时守边的将帅依法享有一定额度的“公使钱”自主支配。所谓“公使钱”，是宋仁宗赐给边防将帅的一种特殊经费，将帅们是可以较为自由地支配、使用这笔钱的。但现在有人以此弹劾二人，此事反倒有些说不清了。滕子京和张亢这两个人一向为范仲淹器重，是范仲淹的好友，也是新政的坚决支持者。因此范仲淹极力为之辩护，甚至不惜辞官；结果保守一方有一个叫王拱辰的御史中丞，也以辞官相要挟，坚持要弹劾到底。宋仁宗对此颇不愉快，最终将滕子京、张亢二人贬官。这亦不能不算是对以范仲淹为首的改革派的一个打击。

然而此番亦未真正令保守派满意，因为对滕子京、张亢的贬官，还不至于打倒范仲淹。所以对付范仲淹，要另施计谋。于是，他们又指责诬陷范仲淹和欧阳修、尹洙、余靖等人结为“朋党”。

在构陷范仲淹结成“朋党”的阵营中，夏竦是一个活跃分子。他对范仲淹等人的攻击，既有反对新政的因素，也有私人恩怨在其中。这其中有着曲折的故事。

夏竦在元昊攻宋之后，被仁宗任命为节度使负责在甘陕一带御敌。但夏竦在战事上持防守政策，没有明确提出如何进攻破敌，而只是陈述了一些无关痛痒的改进措施。之后这激起了朝臣对他的弹劾，指责他怯战。夏竦因此被罢官。后来，宋军再次出兵攻打西夏，仁宗重新启用夏竦。以欧阳修、蔡襄为代表的台谏官员再次批评夏竦，说他“畏懦苟且，不肯尽力”。宋仁宗本想将夏竦调回担任枢密使，但在欧阳修、蔡襄、余靖等谏官的强烈反对下，只好撤回任命，改由杜衍（苏舜钦的岳父）出任枢密使。夏竦由是恼羞成怒，对欧阳修等台谏官员怀恨在心。

不过夏竦在庆历新政开始前还不能拿他们怎么样。因为宋代政治制度的特色是，台谏官员的地位虽然低，但风闻奏事的影响力很大，凡是被弹劾的官员都要辞官等待调查清楚，所以连宰相、枢密使对他们都很敬畏。不想，夏竦隐忍之际，又不小心被一个叫作石介的“国子监直讲”作诗暗讽、羞辱（“国子监直讲”，官名，是辅助博士讲授经学的官员）。石介还差一点被推荐做了谏官，但因范仲淹一针见血指出其个性缺点而作罢。范仲淹评价石介这个人——他虽然刚正不阿，但是个性“好奇异”，如果做了谏官，一定会“以难行之事责人君以必行”；稍稍违背其意愿，可能就会干出极端的事来，用极端的方式让人顺从他的意愿，这样的人怎能担任谏官呢？

石介的诗题名为《庆历圣德颂》，本来纯属逢迎宋仁宗之作，但诗中“大奸之去，如距斯脱”的措辞，分明就是影射夏竦在谏

官的弹劾下被弃用。当时范仲淹和韩琦都还在陕西，待还朝之后，听闻此诗，“仲淹抚股谓琦曰‘为此怪儿坏于事’”。韩琦也感叹道：“天下事不可如此，如此必坏。”

与石介同为“国子监直讲”的孙复，在看到石介的《庆历圣德颂》这首诗的时候，第一反应亦是“子祸始于此矣”。

转而再讲夏竦构陷范仲淹和欧阳修、尹洙、余靖等人结为“朋党”一事。“朋党”，用我们的通俗解释，就是“帮派”、搞“拉帮结派”，但这在宋代是一个极敏感的话题。一般而言，在宋朝是任你如何清白，只要被戴上“朋党”的帽子，就百口莫辩、万事休矣。在中国古代官场，士大夫结党本来是常事，发生朋党之争也是常事。宋代以前的朋党案例，有东汉的党锢之祸、唐代的牛李党争。若按历史经验，朋党之争往往是非难分，敌对双方难免意气用事，容易置国家社会利益于不顾，使政局变得日益混乱，政治变得愈发腐败。所以，宋代立国之初就严令禁止官僚互结“朋党”，且作为“祖宗家法”要求继承者遵守。

在范仲淹主持庆历新政前，宋仁宗于宝元元年（1038年）就曾告诫百官勿结朋党；庆历新政期间，宋仁宗又再次借他人案例，告诫百官不要结朋党。但被指责为朋党的欧阳修和范仲淹自恃心底坦荡无私，不仅公然默认朋党的存在，甚至分别写文章《朋党论》、上奏言为自己辩解。欧阳修文笔非凡，他的《朋党论》脍炙人口、意味深长。但是，不管你的朋党是君子之党，还是小人之党，在宋仁宗眼中总归是朋党。对此，他不可能无动于衷。

夏竦在大作“朋党”之文章时，首要攻击的对象不是范仲淹、欧阳修等人，而是石介。原因不言自明。为了报复石介在《庆历圣德颂》这首诗中对自己的羞辱，夏竦处心积虑，使出了极其阴险的手法。他偷偷安排婢女长期临摹石介的书法、笔迹，而且做到了以假乱真。某日，石介给富弼写了封书信，内容是希望富弼能行“伊周之事”，即像伊尹和周公一样忠诚地辅佐当今天子。不料，此书信为夏竦所截获。夏竦便让临摹石介笔迹的婢女另外伪造了一封书信，信中不仅将“伊周”改成了“伊霍”，而且建议富弼像西汉权臣霍光一样起草诏书废掉当今圣上。伪造的书信与石介的原意完全相反，可想而知的是，此信若被仁宗知晓，石介只怕全家人的性命都难以保全。按照史书《续资治通鉴长编》的记载，这封伪造的书信后来还真的就传到了仁宗手中，但是“赖仁宗圣明，弼得免祸”——富弼平安无事。石介也未见受到牵连。

但范仲淹和富弼却感到恐惧了，不敢自安于朝廷，纷纷请求外调离京。起初宋仁宗没有批准，后来经过范仲淹的坚持，又适逢有边事，于是诏命范仲淹为陕西、河东宣抚使，仍任参知政事。紧接着，富弼也获准外调，被安排以枢密使身份宣抚河北。范仲淹的此次离朝，没有像以往那样得到其他文官的谏言挽留，因为他们纷纷站到了夏竦这一边。这就是“朋党”的灾害性。

范仲淹、富弼离京外调之后，保守派乘胜追击，谏官王拱辰又制造了“进奏院案”，意图将以范、富为首的改革派一网打尽。

此案发生于庆历四年（1044 年）十一月，并在当时轰动朝野。当时京师按惯例举办赛神会，负责主持赛神会的，是监进奏院的苏舜钦。进奏院，是各州镇官员到京师朝见皇帝或办理其他事务时的寓所，也是本镇进京官员的联络地。这次的赛神会，与会者以及苏舜钦这位主持者，大多都是范仲淹举荐的俊才。在酒酣耳热之际，一个叫王益柔的官员当场赋诗一首，叫《傲歌》。诗中一句话闯了大祸：“醉卧北极遣帝扶，周公孔子驱为奴。”诗文内容极其嚣张和轻佻。先前弹劾滕子京、张亢的保守派谏官王拱辰立刻抓住这首诗大做文章，弹劾苏舜钦、王益柔等人“诽谤周孔，犯有大逆不道之罪”。仁宗闻之震怒，立即下旨派人拿下这些馆阁学士到开封府治罪。最后，这些馆阁学士逐一被贬、外放。很快，宋仁宗就公

开下诏，表示对“朋党”的不满、对范仲淹等人的批评。诏书道：

朕闻至治之世，元、凯共朝，不为朋党，君明臣哲，垂荣无极，何其德之盛也。朕昃食厉志，庶几古治，而承平之弊，浇竞相蒙，人务交游，家为激讦，更相附离，以沽声誉，至或阴招贿赂，阳托荐贤。又按察将命者，恣为苛刻，构织罪端，奏鞫纵横，以重多辟。至於属文之人，类亡体要，诋斥前圣，放肆异言，以讪上为能，以行怪为美。自今委中书、门下、御史台采察以闻。

诏书一下，范仲淹立即上表，自请罢免参知政事。庆历五年（1045 年）正月二十八日，仁宗准奏，范仲淹罢参知政事，知邠州，兼陕西四路缘边安抚使；富弼罢枢密副使，知郓州；二十九日，杜衍罢相知兖州；三月五日，韩琦罢枢密副使知扬州；八月，欧阳修被罢官知滁州。至此，新政官员全部被贬出京，庆历新政至此彻底宣告失败。

石介作为这一系列事件的导火线，也未得善终，至死都未被夏竦放过。范仲淹、富弼被罢官之后，石介因为也在“朋党”之列，成为众矢之的，后自求出通判濮州。结果还没到任，就于庆历五年（1045 年）七月病死于家中。夏竦没有放过最后的、羞辱石介的机会。在新政官员被逐出朝廷后，夏竦的官位逐渐高升，官至宰相、枢密使。在这期间，他两次进谗言道石介“诈死”，并一再鼓动宋仁宗对石介剖棺验尸以证虚实。当时，石介之死，人人皆知为实，但为避免引火烧身，无人愿意出面为之辩护。后来还是在杜衍及石介的亲族、门生共同担保之下，石介才得以幸免斫棺。欧阳修听闻此事，悲从中来，写下了感人肺腑的长诗《重读徂徕集》，以抒发悲愤之情。

就这样，宋仁宗寄予高期望值的“庆历新政”落下了帷幕。

罢免范仲淹、富弼等改革派官员，本意是反对“朋党”，但随着保守派官员的逐一占位，宋仁宗实际上却成全了新的“朋党”。从庆历三年（1043 年）八月范仲淹任参知政事，到庆历五年（1045 年）正月二十八日范仲淹被罢相，新政仅仅持续了一年零五个月而已，堪称昙花一现。

这些新政官员虽被外放，但他们毕竟都是有能力、有才干之人，除范仲淹之外，又大多重回京师在朝中出任要职。

富弼在河朔地区因赈济灾民而受到仁宗嘉奖，后于仁宗至和二年（1055 年）再度拜相，至宋英宗即位后又被诏为枢密使；宋神宗元丰六年（1083 年），富弼去世，享年 80 岁。

韩琦，作为庆历新政的积极参与者，在地方官任上，治军有方，理民得法，于宋仁宗嘉祐年间先后拜枢密使、宰相。至宋神宗熙宁六年（1073 年），韩琦被调回家乡相州任职，实现了“仕宦至将相，富贵归故乡”的愿望；两年后，韩琦在家乡去世，享年 68 岁，神宗御撰墓碑：“两朝顾命定策元勋”。

蔡襄，于宋仁宗皇祐三年（1051 年），回朝修《起居注》、参与政事，但多在地方任职。其中，以两度知泉州而知名。在泉州，他兴修水利、改善交通、发展茶业，颇得民心。不过，蔡襄最为世人所称道者，是他的书法。蔡襄的书法，与当时另外三位书法家苏轼、黄庭坚、米芾一起，被并称为“宋四家”。

欧阳修被贬滁州之后，在那里写下了千古名篇《醉翁亭记》，并因领导古文运动而确立了自己在文坛上“唐宋八大家”之一的地位。在仕途上，欧阳修又数度进出京师。宋仁宗至和元年（1054 年）八月，已经在京师做了高官的欧阳修，又遭受诬陷被贬；等欧阳修上朝辞行的时候，“无定志”的仁宗皇帝又后悔了，他亲口挽留欧阳修留下来修《唐书》。于是，欧阳修做了翰林学士，开始修撰史书，与宋祁同修《新唐书》，并独力编修《新五代史》，

在史学上卓有建树。宋仁宗嘉祐五年（1060年），欧阳修拜枢密副使，次年任参知政事，达到了仕途上的顶点。宋神宗熙宁五年（1072年）闰七月，欧阳修在家中逝世，享年66岁。

也许是看透了仁宗“无定志”的性格而对政治改革不再怀抱希望，范仲淹被外放之后，专心于地方任职，不求出将入相。

56岁的范仲淹被罢相、知邠州之后，很快因病上表辞去了“陕西四路缘边安抚使”这一荣誉职衔，并提出调动知邓州，因为邓州的气候比邠州要暖和，有利于改善自己的健康状况。仁宗批准了范仲淹的请求。从此，范仲淹仅仅是一介州官。在邓州，他大显身手，重教化、轻刑罚、废苛税、倡农桑，有声有色。他还重修览秀亭、构筑春风阁、营造百花洲，并设立花洲书院，闲暇之余到书院讲学。在花洲书院这个地方，范仲淹应好友滕子京的邀请，写了千古名篇《岳阳楼记》，既用于记载重修岳阳楼这一史事，又表明自己“不以物喜，不以己悲”的心迹。这篇文章超越了“庆历新政”这场政治改革，成为他留给后世最大、最宝贵的精神遗产，影响了一代又一代人。文中“先天下之忧而忧，后天下之乐而乐”，这是范仲淹一生为官的写照，也是他对“文人”的人生价值的高度总结。

正是在这种“忧乐观”的启发下，他的学生张载提出了著名的“横渠四句”：为天地立心，为生民立命，为往圣继绝学，为万世开太平。“横渠四句”将范仲淹的“忧乐观”发扬光大，成为后世文人的人身准则；张载也因此随后成为中国儒学史上的一代宗师。范仲淹虽然不属于“唐宋八大家”之一，但其文学才华，绝不在唐宋八大家之下。其诗、词、散文无一不散发着巨大的文学魅力。由于范仲淹着意践行“居庙堂之高则忧其民”，“处江湖之远则忧其君”的行为准则，所以在朝与在野，对他其实都一样。只要怀抱“不以物喜，不以己悲”的心态、先忧后乐的人生观，不管在哪里他都能实现自己的人生价值。

宋仁宗皇祐四年（1052 年），范仲淹被调任颍州。范仲淹扶疾上任，行至徐州，与世长辞，享年 64 岁。宋仁宗亲书“褒贤之碑”，赠兵部尚书，谥号文正。“文正”是一个被司马光称为“谥之极美，无以复加”的谥号，许多文人终其一生的努力，就是希望死后能得到这个谥号。整个宋朝只有 9 个人得到过这个谥号，而范仲淹被认为是最名副其实的。获赐这个谥号，代表着那个时代对他一生才干、品行的高度肯定。他去世后，世人给予了极高的评价。

同为新政参与者的欧阳修说：“公少有大志，每以天下为己任。”后来继任的改革者王安石评价范仲淹，说他“一世之师，由初起终，名节无疵”。南宋学者朱熹更是高度评价，说范仲淹是“有史以来天地间第一流人物”。《宋史》主编、元朝政治家脱脱评价说：“自古一代帝王之兴，必有一代名世之臣。宋有仲淹诸贤，无愧乎此……豪杰自知之审，类如是乎！”

今天，他倡导的“先忧后乐”思想和仁人志士节操，已是中华文明史上闪烁异彩的精神财富。千载至今，各地有关范仲淹的遗迹始终受到人们的保护和纪念。这不啻为历史对他最好的评价。

三、新政余音袅袅

一般认为，范仲淹主持的庆历新政是以失败而告终的。范仲淹离开相位之后，保守派将其政策措施逐一废除。但也有史学家经过认真的考证与分析，注意到范仲淹的改革虽然短暂、大部分措施虽然均遭废除，但其影响依然深远，而且有些改革措施一经施行便无法推翻。

范仲淹的 10 条改革措施中，从一开始就没有实施的，只有第七条“修武备”：依照唐代府兵制，京师招募卫士五万人，使之“三时务农”，用以捍卫朝廷。

范仲淹能有如此设想，足以说明他认真比较过本朝军制与唐代之优劣。唐代的府兵制，是在“均田制”保证人人都有田亩的前提下，将农户按资产状况分为上、中、下三等，只让家境殷实的中等、上等农户参军打仗，并且免除他们的农业税，但包括马匹在内的武器装配需要参军者自备。范仲淹显然懂得府兵制的优点在于节省了国家在武器装备方面的庞大开支，而且参军者一定会尽力为自己购置极好的武器装备，如此又能保障军队的装备精良。但是这一政策，从一开始就遭到反对，认为不可操作。原因是宋朝已经满足不了“均田制”下家家都有田亩这个条件了，宋朝对土地实行“不抑兼并”的政策，土地早已集中到少数富有的大地主手中，国家手中无地可分给农民。让农民自己买武器装备、参军打仗，这也有刮取民脂民膏的嫌疑。

所以，“修武备”从一开始就没被批准施行，这一点为史学界所公认。但是，其他 9 项的遭遇不完全一样，范仲淹等改革派虽然被罢官外调，但各项措施并没有被全部立即废除。这一点往往被人们忽略。

最受贵族官僚痛恨的“抑侥幸”一项，本来包括好几方面的内容，被废罢时也是逐个方面陆续进行的。废罢这一“条制”的诏令颁布后，很快就有大臣明确表示反对，比如包拯。他向仁宗提出，自从限制恩荫入官后（因为只剩下“读书—考试—做官”这唯一途径），“天下士大夫之子弟莫不靡然向风，笃于为学”；近来臣僚上言要求撤销这个限制，这是“未之熟思尔”；或许“条制”还有不够尽善尽美的地方，希望稍加完善、继续施行。另外，一度反对过范仲淹的权御史中丞张方平，也反对废除“抑侥幸”这一条制。结果是，范仲淹的“抑侥幸”措施并没有完全被推翻，旧的恩荫制度也没有完全恢复，宋仁宗进行了折中处理。

受到贵族官僚激烈反对的另一项改革措施“明黜陟”，在被废罢的过程中，也出现过一些波折。庆历八年（1048年）二月，翰林学士张方平上奏，重提旧有的官员磨勘叙迁制度存在弊病。他要求仁宗“稍革此制”，其中理应磨勘叙迁的官员，一定要有劳绩值得褒扬，或者朝廷特敕择官荐举的官员，才准予迁转；如果没有劳绩，又不因荐举的官员，则应再延长年考。这与范仲淹的初衷，如出一辙。这个建议是否得到仁宗的采纳，不得而知，文献中没有明确记载。

“精贡举”一项，内容包括“改革贡举考试制度”和“兴办学校”两个方面。庆历五年（1045年），仁宗采纳保守派的建议，恢复了旧制。这等于改革措施被废除。但是庆历八年（1048年）二月，御史中丞鱼周询重拾范仲淹的改革方案，向宋仁宗倡议：“愿陛下特诏进士先取策、论，诸科兼通经义，中第释褐，无令过多。”他试图恢复“精贡举”中改革贡举考试的措施，减少冗员。至于兴学养士方面，自从重建太学以后，即使保守派官员，也没有提出过撤销太学的建议，尽管太学一度处于极不景气的境地。至于各地州县纷纷创办学校，已蔚然成风。

“厚农桑”一项，自从实行以后，从来没有人提出过异议，只是强调在开修水利前要充分调查研究，保证有“经久利济”，避免盲目动工。此后，我们也没有看到宋朝统治者宣布废罢这一措施的任何诏令。

“择官长”一项，在被废罢过程中，也有一些波折。庆历五年（1045年）二月，曾有官员上疏，攻击“择官长”措施是“不唯上侵宰执之权，又下长奔竞之路”，“遂令端士并起驰骛”，请求仁宗“特罢此诏，一切令依旧”。欧阳修立即上奏，指出这名官员所说“悉涉虚妄”，对这名官员的这些谬论逐条加以反驳。他请求仁宗让这名官员说出“驰骛”者的姓名，如果说不出姓名，“则其欺妄可知也”。他还请求仁宗“审察爱憎之私，辨其虚实之说，凡于政令，更慎改张”。庆历八年（1048 年）二月，御史中丞鱼周询在回答仁宗手诏所问时，也重新提出荐举州军长官问题，认为“改弦易辙，正在此时”。

随着范仲淹、富弼等人的离朝，庆历新政虽然从总体上说是失败了，他们提出的一些改革措施大部分被废罢了，但有一些措施或者一些措施的某些方面并没有完全被废除，而是有的还在继续执行，有的还被进一步完善。即使那些被彻底废除的措施，多年后也得到不少有识之士的辩护、呼吁，甚至这些声音有些还来自于当初反对范仲淹的人。这足以说明，范仲淹的改革是有生命力的、是有助于改善北宋“积贫积弱”现状的；不论改革措施是否彻底，它都是正确的改革。只不过，要想从根本上改变“三冗”问题所带来的“积贫积弱”，是不太可能的。

庆历新政结束后，此后近 20 年时间，宋仁宗没有再推行新的改革。宋仁宗嘉祐八年（1063 年）三月二十九日，仁宗驾崩，享年 54 岁。宋仁宗在位 42 年，是整个宋朝（包括南宋在内）在位时间最长的皇帝。仁宗在位期间，23 岁以前是太后垂帘听政，23 岁之后直至驾崩累计亲政 30 余年。这 30 余年时间，最核心的中央机构——两府（宰相、枢密使），却更换了 40 余人，平均每年撤换不止一人。人事更替如此之频繁，可知政策之难以连贯、延续。

世人对仁宗的评价褒贬不一。宋人自会维护君主，不足采信，唯明清以来学者见解较为客观。明末清初的学者王夫之在《宋论》中肯定了他的德政和仁政：仁宗之称盛治，至于今而闻者羡之。帝躬慈俭之德，而宰执台谏侍从之臣，皆所谓君子人也，宜其治之盛也。清人王士祯在《池北偶谈》中评价说：仁宗皇帝百事不会，只会做官家。近代学者蔡东藩在《宋史演义》则道：仁宗以仁称，吾谓乃妇人之仁，非明主之仁。

不过，笔者个人更同意现代学者虞云国在《细说宋朝》中给予的评价：尽管有种种外患内政上的问题，但仁宗一朝无论如何还是宋朝的治世，除却军事，政治、经济和文化上都颇有些盛世气象……治世的出现，与仁宗“恭俭仁恕”的个人秉性与治国方针有关，他不是一个奋发有为的英主，甚至在历朝守成之君中也不是声誉卓著的明君。他的性格有柔弱游移等毛病，耳朵根子软，对后宫女色也有相当的兴趣。但他最大的优点就是宽容仁厚，能容忍各种激烈的批评意见，哪怕是对他私生活妄加非议，听了也从不挟愤报复。

宋仁宗的庆历新政，在很大程度上带有“临时抱佛脚”的色彩，并非是他志存高远、深谋远虑的结果。所以，改革仅仅只持续了一年零五个月的时间，这不足为怪。然而改革的车轮一经启动，便不易停止，一些从改革中获益的士大夫以及进步之士仍会努力推动，将改革进行到底。但历史的重任注定要落在即位的新君身上，改革也需要新的马车夫来策马扬鞭。

第二节　熙丰变法挽狂澜

一、神宗即位

宋仁宗去世后，他的养子赵曙即位，也就是宋英宗。从历史的角度来看，宋英宗完全是一个过渡性的角色，在位时间仅有五年，且并无多大作为。

他被宋仁宗收养，主要是因为宋仁宗的儿子早夭，有“后继无人”的风险。仁宗收养了他之后，皇后虽然一再生育，但要么生的是女儿，要么生的儿子又夭折了，所以只好最终将其正式立为皇子。结果，次年，仁宗就驾崩，31 岁的赵曙即位。

31 岁，春秋鼎盛，对帝王而言是一个极佳的年龄。既不存在幼稚、不懂事、被人摆布，也不存在年老体衰、有心无力的问题。但遗憾的是，宋英宗偏偏身体很差，即位后，屡屡因病弃政。

起初，英宗生病，都是由曹太后垂帘听政。久而久之，英宗与皇太后的矛盾日渐增多，出现信任危机。宰相韩琦和参知政事欧阳修只好不断从中调和。治平元年（1064 年）五月，宋英宗恢复健康，在韩琦的操作下，曹太后撤帘还政于英宗。但此后两年时间，英宗基本上一直在跟朝臣讨论如何给自己的生父濮王（当时已故）定称谓。朝臣意见不统一，英宗中意的方案曹太后也一再表示不满意。最后，还是在两位相国韩琦、欧阳修的劝说下，曹太后做出妥协，议定英宗称呼自己的生父为“皇考”。

但治平三年（1066 年）十一月，英宗又生病了。这一次，宰相韩琦有不祥之感，于是建议考虑立储之事。他向英宗劝道：“陛下久不视朝，中外忧惶，宜早立皇太子，以安众心。”英宗同意，立颍王赵顼为皇太子。事实证明，韩琦的担忧是对的。因为治平四年（1067 年）五月，英宗病逝，太子赵顼继位，是为宋神宗。

由于英宗在位期间只有短短五年，且头两年主要精力用于守丧和养病，此后一两年忙于给自己的亲生父亲定尊称，最后一年又病倒了，所以，英宗的治国能力、作为实在无从谈起。后人仅仅能从他的用人选择上判断出，他应该是倾向于继续改革、有奋发向上之志。因为他所倚重的两位宰相韩琦和欧阳修，其实都是庆历新政中的改革派；对其他贤能人士的提拔和任用，也多尊重这两位贤相的意见。

宋神宗赵顼，为英宗长子，即位时 19 岁。史书上说他非常聪明，性格谦抑，却又志向远大。他出生于庆历八年（1048 年），也就是庆历新政失败后。但巧合的是，这一年西夏开国皇帝元昊去世。

元昊生性暴戾、多猜疑、好杀虐，晚年沉湎酒色，甚至强夺亲子之妻，众叛亲离；他连与太子定亲的女子都抢，结果招致杀身之祸。1048 年元宵节，因夺妻之恨，元昊之子宁令哥挥刀，痛杀元昊。

元昊去世，困扰北宋多年的西夏雄主就此陨落。此后西夏由于政局动荡，国势衰落，宋夏之间的关系似乎开始向对宋朝有利的方向倾斜。这对于刚刚即位的、少年有志的宋神宗来说，是否是冥冥中的某种安排呢？

二、力排众议起用王安石

宋英宗治平四年（1067 年）五月，神宗即位后，北宋的统

治面临一系列危机，军费开支庞大，官僚机构臃肿而政费繁多，加上每年赠送辽和西夏的大量岁币，使北宋财政年年亏空。据《宋史·食货志》记载，治平二年（1065年）宋朝财政亏空已达1750余万。广大农民由于豪强兼并、高利贷盘剥和赋税徭役的加重，屡屡暴动反抗。

值此内外忧患之际，神宗皇帝对宋太祖、宋太宗皇帝所制定的“祖宗之法”产生了怀疑。年轻的宋神宗有理想，勇于打破传统，他深信变法是缓解危机的唯一办法。为了实现富国强兵，缓和阶级矛盾，挽救封建统治的危机，他不治宫室，不事游幸，颇有明君风范。现在的唯一困惑就是，范仲淹之后，谁可以接力前行，将改革进行到底、力挽狂澜？

宋神宗其实已经有了中意的人选，但是为了测试舆论、减少用人的阻力，他还是礼贤下士地向身边的一众大臣做了咨询和讨教。而这个令神宗中意的人选，就是王安石。

王安石之所以会进入神宗的视野，是因为他曾写过两篇著名的变法奏疏给宋仁宗。只可惜庆历新政后仁宗皇帝对“朋党”多有厌恶，故对改革一事兴致阑珊，因此对王安石本人及其奏疏都未加重视。仁宗死后，英宗、神宗父子都先后主动地多次请王安石进京，但遭到了王安石的拒绝。因为王安石的母亲去世，他在家守丧、丁忧。而且，仁宗时，王安石在论立英宗为皇子的问题上与韩琦不合、有分歧；现在英宗的儿子即位，韩琦又出任宰相，王安石多有顾虑。所以，尽管神宗多次召见，但王安石始终未应。

不过，宋神宗依然没有放弃，并且始终将其视为助力大宋改革、一扫积贫积弱的不二人选。

王安石究竟是何方神圣，有何能耐，能得神宗如此青睐？

王安石，字介甫，江西临川（今江西抚州）人，出身于官宦家庭，自幼聪颖，酷爱读书，过目不忘，下笔成文。年轻时，跟随父亲宦游各地，接触现实，体验民间疾苦。王安石文章极好，立论高深奇丽，常常旁征博引。在成长过程中，他目睹大宋在宋夏战争中“镇戎三败”，越来越意识到改革变法的必要性。

庆历二年（1042 年），王安石进士及第。之后任地方官多年，且颇有政绩。

那么王安石在地方任职期间，最突出的政绩是什么呢？是财政。

北宋中期，国家上上下下最困难的就是财政。因为“三冗”问题的存在，对国家财政消耗巨大，加之每年都需要给辽和西夏高达 80 余万银钱的“岁币”，另外还有宫廷的庞大开支、消耗，从中央到地方财政都十分艰难。刚开始每年收支相抵还略有结余，但至英宗时，已经入不敷出、出现财政赤字了。此时，若再有外患出现，陡增军费开支，宋朝的处境就会十分危险。所以，王安石在地方上的财政方法颇有政绩，是非常容易引人注目的。

不过，朝廷多次委任他赴京担任馆阁之职，都被他辞绝了。朝廷仍然没有放弃，第二年，仁宗皇帝又任命他与人同修《起居注》，他推辞了好多次，实在推辞不掉，才只好接受了这份差事。不过，因为个性原因，他也没少得罪人。嘉祐八年（1063 年），王安石母亲病逝，他遂辞官回江宁守丧。

王安石曾写过下一首脍炙人口的词作——《桂枝香·金陵怀古》:

登临送目，正故国晚秋，天气初肃。千里澄江似练，翠峰如簇。归帆去棹残阳里，背西风，酒旗斜矗。彩舟云淡，星河鹭起，画图难足。

念往昔，繁华竞逐，叹门外楼头，悲恨相续。千古凭高对此，谩嗟荣辱。六朝旧事随流水，但寒烟衰草凝绿。至今商女，时时犹唱，后庭遗曲。

这首词借景抒情，以古喻今，感叹朝代更替的同时，也给北宋统治者敲响了警钟。这首词，成为“桂枝香”这个词牌下最经典、最优秀的作品，得到苏轼等同时代其他文豪的高度认可。字里行间，我们依稀能够看到范仲淹当年提出的“先忧后乐”的文士情怀。

对于北宋“积贫积弱”的现状王安石亦深有感触，他一眼看出“财政”是朝廷安危的命门所在，并且身体力行做了许多实践和努力，来检验自己的想法。比如说救荒赈灾。

灾荒发生后，朝廷的通常做法就是施粥舍饭以成“仁政”，所以地方官凡是愿意开仓放粮给老百姓熬粥煮饭的，就能获得“爱民如子”的美誉，就会被认为是个好官。但是王安石却能发现其中的问题。

王安石指出，很多这样做的地方官不过是“有惠人之名而无救患之实”。王安石的理由是，很多官员不过是打着赈灾舍饭的招牌，而把一些腐烂发霉的糟糠之食让灾民们吃，还乘机中饱私囊。这就是王安石的眼光犀利之处。

此外，王安石还非常不屑地指出，就算没有贪污腐败，但“以有限之食，给无数之民，某原其所活者百未有一，而死者白骨已被野矣”。确实，拿那么点粮食一顿饭一顿饭地发放下去，那么多灾民，哪里够？最后活下来的也不过是极少数，饿死的人早已是白骨遍地。

那么王安石是如何应对的呢？王安石主张，一次将够吃半年的粮食放足、一次性发放给灾民。他的理由是，这样饥民们不至于天天无所事事，只等朝廷救济。一次性得到够吃半年的粮食，他们就会自己去寻找生计、想办法生存，后面无须朝廷继续救济了。

这种想法超出常规思维，非常有深度，是从“根治”的角度，通过培养饥民的“造血”功能，来达到赈灾的效果和目的，的确高人一筹。这个案例足以显示王安石在发展经济、为国理财问题上的远见卓识。对于深受“三冗”之弊而积贫积弱的朝廷来讲，不正需要这样的人才么?

所以，宋神宗一即位，就心意已决，要重用王安石推行改革，实现富国强兵。他先是调王安石任江宁知府，旋即诏为翰林学士兼侍讲，接着准备让他担任宰相或者副宰相。但是当宋神宗就此征询各方意见时，得到的回答却让他大失所望。

宋英宗治平四年（1067 年），神宗即位后，拥立神宗有功的宰相韩琦马上被人弹劾。弹劾者指责他自嘉祐以来，专执国柄，君弱臣强，且“不赴文德殿押班”（指上朝的时候要履行带领文武百官山呼万岁这样的仪式），专权跋扈。这完全是无关痛痒的指责，也根本没有“专权跋扈”的证据。但宋代的规矩就是这样的，官员一旦被人弹劾，就需避嫌、接受调查。于是，韩琦坚持辞官，相位就空出来了。于是宋神宗就询问韩琦，他走了之后谁可以接替这个位置，并问王安石行不行？韩琦的最后回答是：不可。

韩琦反对王安石为相，这源于一个误会。早年王安石在扬州任地方官的时候，他的长官就是韩琦。王安石非常勤勉，读书常常通宵达旦，早晨顾不得梳洗就直接去应卯。韩琦一看他头发凌乱、没睡好的样子，就怀疑他是从风月场所寻花问柳之后直接来的，颇有不满，甚至还委婉劝诫他不要自毁前程。但王安石也从不为自己做任何辩解说明，依然我行我素。由此韩琦对王安石建立了不良印象。

熙宁二年（1069 年），宰相富弼看出宋神宗着意重用王安石，自己又与王安石有颇多不合，于是多次声称有病告退，数十次上章。当宋神宗问富弼，“你告退，谁能够代替你？”时。富弼推荐文彦博。而当宋神宗问及让王安石来接替如何时，富弼则沉默不语。由此，富弼对王安石“能不能当宰相”的看法不言而喻。

其他反对王安石出任宰相的，还有参知政事吴奎。他认为王安石临事“迂阔”，死不认错，所以万一重用恐怕会紊乱纲纪。御史中丞吕诲也反对。他认为，王安石虽有些名气，但是“好执偏见”，能说会道，做个“侍从”还行，若是做了宰辅，天下必受其祸。总之，反对者基本上都承认王安石有某些能力，但出任宰相绝对不够格、绝对危险。不过，在与王安石几次对话之后，宋神宗越发坚定了重用王安石的念头。

其中一次对话，发生在熙宁元年（1068 年）四月，王安石刚入京不久。他进宫答对神宗询问时，神宗问治理国家首先应当做什么事？王安石认为“首先要选择推行政策的方法”。神宗又问王安石，“唐太宗怎么样？”他的回答是“陛下应当效法尧、舜，何必要效法唐太宗呢？尧、舜之道，极其简明而不繁杂，扼要而不迂阔，容易而不繁难。但是后世学者不能晓，才以为高不可及”。神宗则以：“你这可说是以难为之事要求我了，我自顾微末之身，恐怕无法与你的这番好意相称。你可以尽心尽意地辅助我，希望共同成就这一目标”应王安石。

王安石建议神宗皇帝效法尧、舜，虽然被神宗觉得难以实现，但亦可以看得出，他也颇想有一番作为，重振祖宗留下的这个国家。

熙宁二年（1069 年），宋神宗下定决心、力排众议，正式任命王安石为参知政事。同时，为了扫清改革的障碍，那些反对王安石出任宰相的宰辅大臣被一一罢官，或者同意其告老还乡。只有台谏保留了一些对改革持不同立场的官员，以作制衡。经过神宗的一再传召，王安石，终于接受任命，不再推辞。这意味着，自庆历新政之后，大宋重新按下了“改革”的按钮！

三、饱受争议的改革

神宗此时所面对的朝廷财政虚空相对于仁宗时期来说早已不

可同日而语。仁宗时期的财政困难勉强还可以应付，但神宗时期基本上已达到崩溃的边缘。与外患相比，此时经济上的“内忧”更令人恐慌。这已是朝野共识。翰林学士吴奎指出“今民力困极，国用窘乏”；另一官员韩绛则道“百年之积，惟存空簿”；王安石的好友韩维认为国家财力空竭已成为“当世之急弊”。这种内政的困局已经容不得神宗有所迟疑，改革财政已是火烧眉毛的头等大事！

熙宁二年（1069 年），宋神宗任命王安石为参知政事，开始全面推行改革，被称为“熙宁变法”或者“王安石变法”。这是继庆历新政之后，北宋又一场著名的改革。由于庆历新政所面对的环境是“三冗”，而王安石面对的环境是财政虚空；所以前者改革的重点是整顿吏治，后者改革的重点是财政，这也是宋神宗急于改善的对象。

王安石的变法蓝本，是早在宋仁宗嘉祐三年（1058 年）自己为度支判官时向宋仁宗所作的长达万言的《上仁宗皇帝言事书》。在该万言书中，王安石总结了自己多年的地方官经历，指出国家积弱积贫的现实和解决之途：经济困窘、社会风气败坏、国防安全堪忧，认为症结的根源在于为政者不懂得法度，解决的根本途径在于效法古圣先贤之道、改革制度，进而提出了自己的人才政策和方案的基本设想，建议朝廷改革取士、重视人才。由于当时仁宗皇帝并未采纳，故没有发挥效用，但其中的一些主张却是王安石始终坚持的。所以，当神宗皇帝授权他推行改革时，先前的很多想法，才得以付诸实践。

王安石的变法在当时有着极佳的制度环境。与范仲淹时代相比，变法的最高支持者宋神宗意志更坚决、态度更明确，不似仁宗皇帝“无定志”。王安石的变法重在进行制度改革，所以在熙宁二年（1069 年）二月，他专程设置了一个领导变法的统筹机构，叫“制置三司条例司”。看得出，他极不愿意“改革”在他身后沦落到庆历新政那般“无疾而终”的下场。他也绝不打算只是做些小修小补的举措。制置三司条例司，由王安石和陈升之共同掌管，由吕惠卿承担条例司的日常事务，派遣提举官 40 多人，尔后颁行新法。

按照变法的意图，王安石的改革措施主要分为三类：富国之法、强兵之法、取士之法。“富国之法”包括青苗法、募役法、方田均税法、农田水利法、均输法、市易法。“强兵之法”包括：保甲法、裁兵法、将兵法、保马法、军器监法。“取士之法”包括：太学三舍法、贡举法、唯才用人。这些措施一经颁行，便招致各方反对，而且反对声音不绝于耳。

这些改革措施从颁行到废罢，前后持续近 15 年，远超过只有“一年零五个月”的庆历新政。后人在比较这两次改革的时候，注意到了二者之间的许多不同。

首先是在“目的”上显著不同。庆历新政力图用政治改革扭转朝廷积贫积弱的现状，而王安石则用经济改革企图重振财政、富国强兵。其次是重心不同。前者重心在于整顿吏治，后者重心始终在于理财。第三是统治者支持的程度不同。前者宋仁宗“无定志”，对改革的支持力度很弱，致使改革仅能持续一年零五个月；后者则有神宗皇帝“力排众议”的支持，而且能持续长达数十年之久。第四是改革的推行者对改革的执着和坚持不同。范仲淹和王安石都做自己认为正确的事情，但是个性上王安石比范仲淹更“执拗”、更不顾忌。第六就是王安石的变法，较之范仲淹的改革，要更大胆、更激进。王安石对北宋的政治军事制度做了极深刻、极大胆的改革，以至于反对者认为违背了“祖宗之法”。还有一个不同，就是王安石的改革更“超前”，以至于当时的人们即使学识地位再高也很少能理解和赞成他的改革，但后世却对他的改革评价颇高。

当然，王安石的改革在时间上距离庆历新政并不遥远，而且许多改革主张早已在仁宗皇帝时期体现于王安石的《上仁宗皇帝言事书》中，所以两场改革有无法割舍的连续性和继承性。王安石的改革难免有对范仲淹庆历新政的继承和发挥。因为王安石曾经称颂范仲淹为“一世之师”。最典型的就是经济措施上，范仲淹的改革和王安石变法都注重发展农业，前者“厚农桑”，后者则实行“方田均税法”“青苗法”“农田水利法”等诸法。不过，王安石不如范仲淹幸运的是，改革从一开始受到的阻力就远远大于范仲淹的，王安石颁布的几乎每一条变法措施，都能招致强大的、持续不断的反对，改革越多、支持者越少，最后连一开始的支持者都纷纷变成了反对派。这些反对王安石的人，主要是基于对改革措施的分歧，而不是基于私人恩怨或者是道德品质的败坏。这是非常有趣的现象。

在所有反对者中，以司马光最为典型。对于王安石的变法措施，司马光几乎是条条都反对。但若是让司马光提出一个改革方案，司马光除了表示要遵循祖宗之法外，再也说不出新东西。这就是当时反对派或者保守派自身存在的问题。人们反对改革、认为王安石的变法有这样或者那样的问题，但却常常拿不出更好的方案。人们承认王安石的变法取得了一定的成效、有一定的作用，但又总觉得太有风险，于是宁愿保守也不愿冒险前进。

面对这些反对的意见和阻力，宋神宗拿出了超常的定力对王安石予以支持，而王安石则发扬了自己一贯“执拗”的精神，坚持不作任何妥协。

王安石刚刚上任时，御史中丞吕诲就对他进行弹劾，认为王安石固执己见、不通人情，喜欢听小人吹捧，所以做不得宰相。结果，年轻、锐意进去的神宗皇帝没有采纳他的建议，反而将他罢免。两年后，吕诲在心有不甘中病逝。临终前还嘱托司马光一

定要继续弹劾王安石。因为反对王安石而相继被贬、被免的还有富弼、韩琦、曾公亮、文彦博等人。此外，御史刘述、刘琦、钱顗、孙昌龄、王子韶、程颢、张戬、陈襄、陈荐、谢景温、杨绘、刘挚，谏官范纯仁、李常、孙觉、胡宗愈都因为与王安石意见不合，相继离开朝廷。这么强大的反对声，神宗皇帝都没有轻易放弃对王安石的支持，可见其对王安石的信任之深。以至于后世学者张其凡说，北宋只有太祖与赵普，神宗与王安石两对君臣达到了相互信任、配合无间。神宗在变法开始时，以师事安石。就是所谓的，上与安石如一人。

面对各种攻击和非难，王安石寸步不让。有人批评他，他反唇相讥，说对方书读得太少。反对者若是联合起来批评他，王安石就用当年保守派对付范仲淹的那一招，以“朋党”之事相责（当然，保守派也用这招攻击他）。

王安石的固执劲儿，高度体现在他说的“三不足”中，即：天变不足畏，人言不足恤，祖宗不足法。也就是说，他认为自然界的灾异不必畏惧，对流言蜚语无须顾虑，前人制定的法规制度不要盲目效法、继承。换个角度看，这也可以说是王安石的优点。纵观王安石在改革中与反对派交锋的事实，不得不承认，王安石正是按照这个“准则”去变法改革的。

在宋神宗的支持下，王安石一时成为近百年来少有的“权相”。唯一对他不利的，是台谏势力。范仲淹改革的时候，台谏官员都是改革派，但王安石改革的时候却没有这样的优势，此时的台谏势力基本上自始至终都在他的对立面。这大概是神宗皇帝的一种制衡手段。

那么在这种势同水火的改革环境中，王安石的改革到底有没有成绩呢？富国强兵的目标完成得怎么样呢？这得用史实说话。

《宋史》记载，王安石变法期间，“中外府库，无不充衍”。

《续资治通鉴长编》补充说，当时府库中积聚的“常平、坊场、免役积剩钱共五千余万贯”，所存“谷、帛复有二千八百余万石、匹”。《宋会要》中道：农田水利法推行六七年，全国兴修水利工程一万七百九十三处，受益的民田达三十六万多顷，官田近二千顷。北宋学者陆佃道：“迨元丰年间（1078—1085年），年谷屡登，积粟塞上，盖数千万石；而四方常平之钱，不可胜计。”变法期间，宋神宗效法宋太祖也设立了金帛财库，且多达50多库，并亲自作诗命名。王夫之认为：“太祖设封椿库……抑使神宗君臣效之以箕敛天下。”

这些数据说明，熙宁变法使得宋王朝又重新恢复了生机与活力。新法的实行，大大增加了国家的财政收入，社会生产力有了巨大发展，垦田面积大幅度增加，全国高达7亿亩耕地，单位面积产量普遍提高，农业获得了空前发展。

总之，一个不争的事实是：经过一系列理财新法的实行，国家增加了“青苗钱”“免役宽剩钱”“市易息钱”等新的财政收入项目，在发展生产、均平赋税的基础上，财政收入有了明显的增加，国库充裕，宋神宗年间国库积蓄可供朝廷20年财政支出，财政收入的迅速增加，彻底改变了北宋“积贫”的局面。现代学者漆侠也承认，“王安石的变法……财政税源的扩大，大大改变了北宋积贫积弱的局面”。

至于王安石在军事上所取得的成就，就更值得大书特书了。

这里需要首先说明的是，“财政”虽然是王安石变法的核心，是当务之急，但是“强兵”也是宋神宗的远大雄心之一，这一点与前面的真宗、仁宗、英宗皇帝不同。宋神宗是一位很有抱负的年轻皇帝。据史书载，神宗刚即位不久，就有一天披着金甲到慈寿宫，见到太皇太后便问：“娘娘，臣著此好否？”宋代崇尚文治，重文轻武，像神宗这样喜欢舞刀弄枪的人本不多见，而作为一国

之君则更罕见。史书解释，这是因为神宗从小便“知祖宗志吞幽、蓟、灵武，而数败兵。帝奋然将雪数世之耻”。要开边则必须强兵。为此，神宗一方面进行振兴财政，另一方面积极寻求“强兵”之道。王安石的“强兵之法”因之得以顺利推行。当初，神宗即位的时候，曾经向德高望重的老宰相富弼问政，结果富弼给出的建议是：“愿陛下二十年口不言兵”，让神宗皇帝大失所望。等到王安石变法，军队有了起色之后，神宗开始效仿太祖、太宗，不断兴兵西夏，以武安邦。

王安石的改革使宋军发生巨大变化。这个变化主要体现在以下四个方面：

其一，是军队的素质、战斗力。经过实施系列强兵之法，宋军裁汰了大量冗兵，禁军较前精锐；将士作战奋勇争先，能吃苦、不怕死；加强了军事训练，做到了武艺精熟；克服了将兵分离的弱点，实行了将兵相知；武器精良，战马的供给比较充足；赏罚分明，军声大振；军粮的供应相当可观，财物的积蓄十分雄厚；既有一支精锐的正规军，又有强大的后备军和辅助军；战略正确，战术也很讲究。这与变法前相比，可谓发生了天翻地覆的变化。军事改革，使宋军的战斗力获得了空前的提高。

其二，使后世对西夏的用兵取得胜利。在整个变法期间，北宋政府为了制服西夏，解除西北边患，进行了一系列战争，取得了威震四方的决定性胜利。元丰四、五年，神宗两次兴兵与西夏交战。期间，唯有在灵州、永乐的两次战役因为用人不当而遭遇重大伤亡；但总体上胜利要大于失败，而且此时从失败中积累的经验为后来哲宗时期取得的决定性胜利奠定了基础。元丰年间用兵西夏，宋军取得了米脂、浮图、葭芦、安疆四寨，并收复了兰州。这些城寨，特别是兰州，在军事上的地位十分重要，是保卫关中的咽喉与屏障。宋军夺取兰州，为后世打开了制服西夏的大门。

连文彦博都承认：神宗讨伐西夏，“师行以来，捷音屡上，虽未能覆其巢穴，系其君长，而所遇辄克，战功之多，近世未有”。

其三，是对辽的制约加强。自澶渊之盟以来，表面上一直是辽比宋要强大，宋长期处于被动局面。但随着王安石变法，一系列军事改革措施的推行。辽朝逐渐开始感到紧张和压力。早在熙宁五年（1072 年）七月，辽已对宋有所恐惧。《长编》载：“契丹修城、蓄谷，为守备之计，乃是恐中国陵蔑之故也。”熙宁七年（1074 年），辽朝提出重划三州地界的要求，想试探一下北宋的实力，企图伺机南下，遏制北宋的崛起。但谈判期间，主动权一直掌握在宋朝手中。宋朝代表不断争辩，对辽的无理要求毫不屈服，以便拖延时间；辽毫无办法，既不能半途而废，又不能大举南下，只能抱着侥幸心理竭力取回一点利益。结果辽一再遣使，宋三次换使，双方三议六会，往返逾年，谈判时间长达 20 个月，比景德年间澶渊之盟的谈判交涉时间多出 19 倍。当辽使反对宋军攻打西夏，要求宋军“抽退兵马，还复疆土”时，宋使则坚持“夏人入寇，讨伐有理；据险为城，自卫必需”的立场，强硬拒绝了辽方的上述要求。宋朝的这种强硬表现，实属近百年以来所罕见的。虽然历史上留下一种说法，认为此间王安石在划界交涉中割地七百里，但经过学者研究查无实据；所述之“割地”，划界之后仍在宋军手中。因此“割地”一说更像是反对派对王安石夸大其词的捏造。

其四，是对南部边疆的安定。从宋真宗大中祥符七年（1014 年）起，交趾经常侵入宋朝境内，劫掠人口牲畜，蚕食中国边疆。那时候，宋朝政治腐败，积贫积弱，无力反击，南方的边患越来越严重。宋神宗即位以后，交趾看到王安石变法使宋朝日益富强，对其蚕食活动极为不利，于是在熙宁八年（1075 年）派阮常杰等领兵 10 万，向中国内地大举进攻，企图先发制人，占领廉、钦、邕三州。消息传入东京，朝廷震动，王安石坚决主张反击自卫，宋神宗采纳了这一建议，在熙宁九年(1076年)，任命郭逵为统帅、赵卨为副帅，要他们率领精兵10万速往岭南驱逐侵略者。郭军到达前方后势如破竹，节节胜利，首先收复了邕州等所有失地。接着，为了彻底制止交趾的侵扰，又部署了具有决战性质的富良江战役。战斗中，交趾“以精兵乘舡逆战”，宋军“奋击大破之”，斩其大将洪真,“其余驱拥入江，溺死不知其数”。交趾王“乾德惧，奉表诣军门乞降”。从此以后，交趾不敢再犯中国，“交人自熙宁以来全不生事”，达到了保卫南方领土、安定南部边疆的目的。

四、改革的转折

由于在经济和军事上不断取得成绩，神宗皇帝对王安石的支持基本上是不遗余力的。为了富国强兵，神宗皇帝似乎也拿出了“祖宗不足法”的巨大勇气，允许了改革中兵将之间结成更加紧密和牢固的联系，以提振禁军的战斗力。即使遭遇巨大阻力，神宗皇帝也数年如一日地给予王安石巨大的施展空间。王安石的地位之高，在宰相中大概是大宋开国以来第一人。在皇权面前，相权第一次如此自信、受敬重。

但是熙宁七年（1074年）春天，发生在全国的一场旱灾，却导致神宗皇帝与王安石之间的关系出现裂痕。

自古以来，中国历代帝王不相信天命，素以灾异作为上天对自己的警示。宋朝皇帝自幼受文官儒学教育，努力塑造自己“爱民如子”的形象，对此更是视为“兹事体大”。面对饥民流离失所，神宗皇帝一度忧容满面，上朝时亦感叹不已。一些文官也按照传统试图将灾异的发生与国家的政策过失建立某种内在联系。王安石变法便成为一个极好的借口。一贯反对王安石变法的保守派更是抓住这个机会向神宗皇帝进言，表示灾异的发生全系王安石变法所致。神宗皇帝于是就灾异的发生与王安石进行探讨。

但王安石对此却轻描淡写，他认为“水旱灾害是常会发生的事，尧、舜时代也不能避免，这事不足以使陛下忧虑，不过应当治理好人为之事来应付天灾”。

而神宗对于王安石的看法自然是不认同的。此外，在君臣二人之后关于灾异的对话中，王安石依然是寸步不让，不在乎一切反对的声音。王安石对灾异的看法有没有问题呢？在今天来看，他的观点亦是无可厚非。不过，王安石对灾异的冷漠态度，多少使得神宗皇帝不高兴，在灾异问题上他们没有产生共同语言。

恰在此时，曾在地方任职“司法参军”的郑侠上疏，向神宗奏疏论新法的过失，历数王安石变法之种种弊端。比较讽刺的是，郑侠少年时因读书非常刻苦，还受到过王安石的器重，其任“司法参军”就是因为王安石提拔的结果。而今又上疏反对王安石的各种变法，而且还自绘《流民图》，请求朝廷罢黜新法。郑侠的奏疏送到阁门，不被接纳，只好假称秘密紧急边报，直送银台司，呈给神宗皇帝。郑侠还在上疏中称：“但经眼目，已可涕泣，而况有甚于此者乎？如陛下行臣之言，十日不雨，即乞斩臣宣德门外，以正欺君之罪。”这年四月，慈圣和宣仁两位太后再向神宗哭诉“王安石乱天下”。

郑侠假借军情上奏，受到了神宗皇帝的处分，他被放逐到岭南任职。但其所献之图却被神宗保存，而且时常拿出来看。当下的神宗或许亦在思索变法如果导致百姓都是这种生活状态，那变法还有什么意义？神宗终于对变法产生了动摇，他下令开封府发放免行钱，三司使查察市易法，司农发放常平仓粮，三卫上报熙河用兵之事，诸路上报人民流散原因，青苗、免役法暂停追索，方田、保甲法一起罢黜，共采取了18条措施，据说“民间欢呼相贺”。神宗皇帝又下诏自责。恰巧，三日后真的下了大雨。这进一步加重了神宗皇帝对变法的疑虑，旋即将王安石罢相，改任观文殿大学士、知江宁府，从礼部侍郎超九转而为吏部尚书。一场轰轰烈烈的改革，就这样随着王安石的罢相而发生重大转折。

王安石此前也因受到弹劾而按例自请罢相、停职待查，只是未被神宗皇帝批准。此次罢相，说明神宗皇帝对王安石已经出现了严重的信任危机，他终于还是未能完全抵挡住反对派的一再请求。听到王安石被罢相的消息，朝廷上下，群臣骚动。

王安石被罢相后，他奏请皇帝让吕惠卿任参知政事，又要求召韩绛代替自己，在王安石看来，此二人都是坚持既定变法的。但吕惠卿掌握大权后，担心王安石回朝，于是借办理郑侠案件的机会陷害王安石的弟弟王安国，又兴起李士宁案件来倾覆王安石。韩绛觉察到吕惠卿的用意，便秘密上奏请召回王安石。

熙宁八年（1075年）二月，王安石复拜相。同年，王安石《三经义》写成，加封为尚书左仆射兼门下侍郎，吕惠卿则被外调为陈州知州。但是王安石复相后亦未得到更多的支持，加上变法派内部分裂严重，新法很难继续推行下去。熙宁九年（1076年），王安石多次托病请求离相。同年，长子王雱病故，王安石极度悲痛，再于十月请辞。神宗批准，王安石被外调镇南军节度使、同平章事，判江宁府。至此，“王安石变法”宣告谢幕。

那么，“变法”的命运又是如何呢？随着王安石的二次罢相，此次变法一切都回到原点、犹如仁宗皇帝对待范仲淹的改革吗？答案是：非也。

王安石被二次罢相，彻底告别政治中心。但改革并未因此告罄，而是由神宗皇帝独自操刀，持续完善和发展。神宗皇帝将改革一直持续到自己去世。尤其是元丰年间，宋神宗的改革力度巨大，几乎重置了宋初以来的中央官制，给北宋带来了新气象，也埋伏了新风险。

五、改革的持续

王安石变法之所以得以推行，本质上是神宗皇帝大力支持的结果。宋神宗才是变法的幕后主宰，没有他的支持，谁都不能变法，有他的支持谁都可以变法。所以，这种体制下，改革是否再出发，全由最高统治者掌握。

熙宁七年（1074 年）王安石第一次罢相时，关键时刻，宋神宗下诏："士大夫其务奉承之，以称朕意。无或狃于故常，以戾吾法。敢有弗率，必罚而不赦"，明确地表示自己将继续推行新法的决心。熙宁九年（1076 年），王安石第二次罢相时，宋神宗果断下诏"司农寺，改更常平、免役、坊场等事，有干大法者，不得即下相变，并先奏取旨"，这是再一次重申各部分不得自作主张、擅自停止变法措施。实际上，通观整个熙丰时期，除均输法无声无息地停止之外，其他如青苗、免役、市易、农田水利、方田均税、科举和官制等大法都持续实施。

王安石变法后，宋神宗对于"变法"的继承，主要体现在两方面：

一是，对王安石变法予以完善、发展。元丰年间，神宗另置"义仓"，作为青苗法的修正和补充。凡设义仓之处，民户两税"率以二硕而输一斗"，仅开封府界九县，就"岁增几万"。如神宗还曾下令整顿淮南、两浙等路冗占役人的问题，"减冗占千三百余人，裁省钱二十八万四千九百余缗"，并令各路仿照，以确保免役法的施行。再如市易法自元丰二年（1079 年）以后，改变了以前只结保就可贷款的规定，要求必须以金帛、田宅等作抵押，以保障市易贷款的收回。并且多次下令减免市易贷款。"自元丰二年正月七日以前，本息之外所负罚钱悉蠲之，凡数十万缗。负本息者，

延期半年”。和王安石的政策相比，贷款的风险下降，收益更有保障，借贷者有更多的自主和弹性、压力减轻。

二是，开启官制改革，即“元丰改制”。王安石第二次罢相后的第二年，神宗皇帝改年号为“元丰”，从幕后走到前台，亲自主持变法。然而，变法依旧伴随着反对的声音。失去了王安石，并且又要独自面临巨大的压力，神宗决定实行更为强硬的手段来推行新法，严惩反对变法的官员。经过神宗的不断努力，宋朝基本建立起了更有利于君主专制的中央集权制，其基本制度一直实行到宋朝末年未再进行大的变动。

而神宗之所以要在坚持变法的基础上又进行元丰改制，其主要原因是北宋中期冗官成灾，不但官僚机构十分庞大，官员急增，而且造成官职不符，大批官僚无所事事却身居要职；办事效率低下，得过且过之风盛行。这种官僚体制，当然既无益于朝政，更不能适应改革的需要。因此，宋神宗经过深思熟虑，下决心对官僚体制进行改革。

元丰三年（1080 年）八月，神宗正式启动官制改革，他首先从积弊最深的差遣制度入手，诏令撤销只领空名的官职，原作为虚职的省、部、寺、监各官皆实际任事。并采用旧文散官的名称编成官阶，作为官员俸禄及升降的品阶标准。

元丰五年（1082 年），又以《唐六典》为蓝本，颁行三省、枢密、六部新官制。新官制设立中书、门下、尚书三省，统管中央行政。中书省主管宣布皇帝命令，批复臣僚奏议，决定重要官员的任免，下设吏房等八房办事机构。门下省主管审议中书省所定事宜。尚书省是执行机关，设宰相，分六部，行使实际权力。但兵部只管保甲、民兵等事，实际兵权仍为皇帝和枢密院掌管。这样，宋初以来中央机构虚职多而实职少的弊端，得以扭转，原来“三省长官不预朝政，六曹不厘本务”的怪现象消除了。

和王安石的变法侧重于经济领域、侧重于理财不同，神宗皇帝独自主持的“元丰改制”侧重点在政治领域、在官制改革。这场改革虽然局限性很大、行政效率并没有提高，但表现了神宗维持新政，继续改革的意向，亦在一定程度上改变了宋初以来混乱的官僚体制，奠定了北宋后期和南宋中央官制的基本架构。

第三节　哲宗亲政护新法

一、高太后垂帘听政

元丰八年（1085年），神宗去世，享年38岁，在位19年。神宗去世后，宋哲宗即位，改年号为“元祐”。因宋哲宗只有9岁，故太皇太后高氏垂帘听政。高太后在神宗时就强烈反对变法，她的垂帘听政更使得新法前途叵测。

虽然高太后一再表示她性本好静，垂帘听政是出于无奈，但实际上却丝毫不放松手中的权力。在高太后垂帘时期，军国大事都由她与几位大臣处理，年少的哲宗皇帝对朝政几乎没有发言权。大臣们也以哲宗赵煦年幼，凡事都取决于高太后。高太后垂帘听政后立刻起用反对变法的司马光、吕公著为相，悉数废除新法、恢复旧法，史称“元祐更化”。以司马光为首的反对新法者，后来被称为“元祐党人”（或者“旧党”）。

当时有人劝司马光说，神宗刚刚驾崩，不宜立即废除新法。但司马光却坚持道，这是高太后的命令，“以母改子，有何不可？”许多反对王安石的人并非对新法一概反对，他们纷纷与司马光理论、反对司马光对新法不加选择地一概废除。例如范纯仁就不主张废除“青苗法”，苏轼不主张废除“免役钱法”（即募役法）。苏轼甚至说，当年我们反对王安石、指责他听不进不同意见，现在你做了宰相怎么也不允许有不同意见呢？但司马光一概不听，执意将新法全部废除。

此时王安石已经抱病在身，尚在为神宗的去世感到悲恸。对于新法一条条被罢废，他亦无能为力。元祐元年（1086 年）四月，王安石郁然病逝，享年 66 岁，追赠太傅，葬于江宁半山园；后被封为舒国公、荆国公，故后世常称之为“王荆公”。

这个北宋一朝最具有远见卓识的改革家，在遗憾中走完了人生中最后的路程，留给了世人无休止的争论。

同年九月，为高太后尽心竭力废除新法的司马光也因病逝世，享年 68 岁，获赠太师、温国公，谥号“文正”，高太后以宋哲宗的名义赐碑名为“忠清粹德”。这是另一个在后世饱受争议的人物。

司马光一辈子都是粗茶淡饭、清廉朴素，至死也是如此。在学术上的最大成就是编修了《资治通鉴》这部史学名著。但司马光的政治生涯并不突出，他被认为是中国古代士大夫保守思想的典型代表，尽管他认为“王安石等所立新法，果能胜于旧者存之”，但实际却因不满王安石而不择优劣尽罢新法。对西夏，司马光继承了熙宁以前的妥协政策，把神宗时期宋军用生命夺取的安疆、葭芦、浮图、米脂四寨割让给西夏，以偷安一时，激起社会上广泛的不满。

有人曾劝司马光，要为年幼的宋哲宗设身处地着想，异日若有人教以“父子义”，唆使哲宗反对今天的“以母改子”，后果不堪设想。司马光却不以为然，认为不会发生这种事情。司马光去世后，其后继者依然无视宋哲宗。但实际上这一切都被哲宗记在心里。

宋哲宗 17 岁时，高太后本应该还政，但她却仍然积极地听政。而此时，众大臣依然有事先奏高太后，有宣谕必听高太后之言，也不劝奏高太后撤帘归政。高太后和大臣们的这种态度进一步惹恼了宋哲宗，成为日后被哲宗一一报复的原因。更让哲宗皇帝不满的是高太后对哲宗皇帝的生母朱德妃的态度。

朱德妃出身寒微，幼时遭遇极其坎坷，其生父早逝，她随母亲改嫁后，却为继父不喜，只得在亲戚家长大。朱德妃入宫后，初为神宗侍女，后来生了哲宗、蔡王赵似和徐国长公主，直到元丰七年（1084 年）才被封为德妃。朱德妃温柔恭顺，对高太后和神宗向皇后一向都毕恭毕敬。

或许是高太后有着某种隐忧，担心哲宗母子联合起来，威胁到自己的地位。元丰八年（1085 年）十一月，朱德妃护送神宗的灵柩前往永裕陵，途经永安。当时，大臣韩绛任河南知府，亲自往永安迎接灵柩。朱德妃走在后面，韩绛也去迎接。高太后知道了此事，竟勃然大怒，吓得朱德妃流着眼泪谢罪。哲宗即位后，向皇后能被尊为皇太后，但自己的生母朱德妃却不能母以子贵，只被尊为太妃，完全没有受到应有的待遇。

在如何对待朱太妃问题上，朝廷中曾有不少意见，主要分两派。一派是想趁机逢迎高太后，欲降低皇帝生母的等级，以凸显垂帘的太皇太后。而另一派则想着将来终究是哲宗掌权，主张尊崇朱太妃，以显示天子的孝道。但高太后却另有打算，想压制一下朱太妃，直到元祐三年（1088 年）秋天，才允许朱太妃的舆盖、仪卫、服冠可与皇后相同。

面对高太后及其守旧大臣所做的这一切，哲宗亦用自己的方式表达了不满。每次大臣向哲宗和高太后奏报时，哲宗都沉默不语。当高太后问及原因时，哲宗则以自己无非是一个摆设相暗讽。哲宗还常常使用一个旧桌子，高太后命人换掉，但哲宗又派人搬了回来。高太后问为何时，哲宗则以其是父皇(神宗)用过的相回。高太后由此，哲宗与高太后不和亦可见一斑。

元祐八年（1093年）八月，高太后病逝，终年62岁。临终之际她告诫范纯仁和吕大防等人："老身殁后，必多有调戏官家(哲宗）者，宜勿听之，公等宜早求退，令官家别用一番人。"实际上是已经预感到哲宗准备起用一批新人，要他们提前准备，尽早退出朝廷，以保全身家性命。

二、哲宗亲政

果不其然，这些凡是高太后垂帘时弹劾新党和罢免新法的官员几乎无一人幸免于报复。哲宗皇帝一亲政，便大力打击元祐大臣。此时司马光已死去多年，但哲宗下诏追贬司马光，削除司马光的赠谥，毁坏亲政前给他的赐碑；并贬谪苏轼、苏辙等旧党党人于岭南（今广西、广东、海南)。高太后也未能幸免，险些被废除死后的称号及待遇。哲宗皇帝以"绍述"（"继承"的意思）神宗成法为名，于次年改年号为"绍圣"。

绍圣初，逢郊祀大礼，朝廷要颁布大赦诏令，通常连死囚都免去死刑。有大臣请示宋哲宗，可否赦免贬谪的旧党官员，哲宗皇帝的态度十分坚决——绝对不可以！绍圣四年（1097年），宋哲宗再贬司马光为清海军节度副使，又贬司马光为朱崖军司户参军。当时有人建议让谪居岭南的刘挚等人"稍徙善地"，以"感召和气"，但宋哲宗却不以为然，最后，连在岭南附近做些调动也不被允许。

逐一贬抑元祐年间的守旧大臣之后，宋哲宗重新起用改革派如章惇、曾布等，恢复王安石变法中的保甲法、募役法、青苗法等。虽然在执行过程中，有些法令被歪曲，变得对大地主豪强有利，显然有悖于王安石的初衷；但至少在延续“王安石变法”这条道路上，哲宗显示了自己的决心、并打算有所作为。在对西夏的交往政策上，哲宗一反过去的妥协让步，转而态度强硬。他停止与西夏谈判，并多次主动出兵讨伐西夏，而且确实取得了决定性的胜利。

三、用兵西夏

从元祐八年（1093 年）到绍圣二年（1095 年），宋廷重新调动陕西前沿的人事任命。新党强硬派吕惠卿当上鄜延路经略使，而孙路则取代反对用兵的王安礼（王安石的弟弟）任河东路经略使一职。开封方面，朝廷罢免韩忠彦及其余旧党支持者，战时政府和战区指挥体系重新建立。

绍圣三年（1096 年），鄜延路经略使吕惠卿在上任的 50 日内，组织了 14 次小规模的出击行动，激起西夏全力反扑。绍圣四年（1097 年），宋军在建筑石门城和好水河的 22 天工程中，能进一步控制附近有利地带。竣工后，这两座城名为平夏城和灵平寨，隐含消灭西夏王朝之意。

平夏城的竣工标志着一连串主动攻击的开始。由于西夏军的败退，陕西五路收复自 1085 年后失去的堡寨，并在西夏境内构筑一系列防御工事。随后，西夏军把反击矛头对准最要害的平夏城。确定西夏的目标是平夏城后，开封催促环庆和秦凤两路给予更多支援。一支由副都部署王恩统领的诸路联军在泾原路登场，向平夏城进发。由于双方都全面动员，一场决定性战役已无可避免。

宋军攻守得当，互相配合，通过诱敌深入，对西夏军予以重击，“俘虏三千余人，获牛羊不啻十万”，战果辉煌。宋军的胜利沉重地打击了西夏统治者，而且还带来连锁反应，西夏三度请求辽朝派军介入。不久，辽国使者抵达开封，促请即时停战。随着形势转变，辽朝干预宋夏战争的潜在动机表面化起来，因为宋朝灭掉西夏并不符合辽人的战略利益。

经过哲宗与章惇、曾布及其余高级官员的广泛讨论，朝廷发出国书摆明立场：夏国罪恶深重，虽遣使谢罪，未当开纳。以北朝遣使劝和之故，令边臣与之商量，若至诚服罪听命，相度许以自新。国书还认为，辽和西夏是父与子婿的关系，宋和西夏则是统治者与子民的关系；所以宋朝惩罚子民并不意味着与辽国对立。而且，国书还宣称所有西夏土地都是由宋太宗和宋真宗授予李继迁的中国领土；所以，如果西夏不打算投降，中国仍保留收回统治权的最终权力。

辽使坚决要求宋廷在回复的国书中写明“增休兵马、还复疆土”等语，遭到宋廷的拒绝。在逗留开封 35 天之后，辽国使者接受国书而回。

宋哲宗元符二年（1099 年）秋，西夏遣使谢罪，其谢表用词谦卑，宋朝才决定与西夏恢复和平局面。1099 年底，宋夏新的疆界确立。

对此，《宋史》著者评说：“夏自平夏之败，不复能军，屡请命乞和。哲宗亦为之寝兵。”平夏城的胜利，奠定了宋军对西夏军的战略优势，使宋夏之间的攻守形势彻底扭转，宋军从此转守为攻。此后 20 多年中，宋朝筑环庆路定边城，筑暖泉、乌龙寨、威羌城、鄜延路金汤城、西安州及天都等砦，步步为营，逐步蚕食西夏国土，使得“自天都至秦州甘谷城，南北一直五百里，幅员殆千余里”。

元符三年（1100 年）正月十二日，宋哲宗病逝于汴京（今河南开封），年仅 24 岁，在位仅 16 年，其中亲政的时间仅有 8 年。

哲宗皇帝虽然统治时期短暂，但却不似英宗时期无所作为，而是重新恢复了熙宁、元丰年间的变法措施，并且在军事上重创了西夏、掌握对西夏的主动权，将北宋综合国力发展到了一个新的高度。种种迹象显示，此时的大宋不仅没有衰亡的迹象，反而蒸蒸日上。因此，后世对他的评价除了“聪明睿智”之词外，无不表示惋惜。

第五章 帝国末途

第一节 轻佻君王临天下

一、艺术家兼青楼天子

元符三年（1100年）正月，哲宗去世后，皇位的继承问题成为摆在宫廷和大臣面前的难题。因为哲宗无子，新的皇帝人选只能从其兄弟之中寻找。神宗皇帝一共生了14个儿子，但有8个早夭，加上刚刚去世的哲宗，等于还剩下5个后备人选。这5个后备人选都是庶出，因为向太后（神宗皇后）没有生育子女。

在议立新君的过程中，宰相章惇主张依礼、律，当立哲宗同母弟简王赵似，否则当立长弟申王赵佖。但申王赵佖有眼疾，向太后认为其不适合做天子。而简王赵似与哲宗是一母所生，向太后担心一旦赵似即位，恐怕对自己的地位会更加不利。所以向太后主张立端王赵佶为帝，并称“先帝尝言：端王有福寿，且仁孝，当立”。章惇立刻表示反对。按《宋史》说法，章惇反对的理由是：“端王轻佻，不可君天下”。但是他的反对并不奏效，向太后并没有做退让的打算。枢密使曾布则厉声要求章惇“听太后处分”。章惇无话可说。于是18岁的端王赵佶即位，为宋徽宗。这些拥立宋徽宗的人大概永远也不会想到，他们的这个决策会给北宋带来怎样的灾难和耻辱。

徽宗即位后，次年向太后去世。徽宗改元“建中靖国”，开

始了他对北宋长达25年的统治。

根据学者考证，所谓“端王轻佻，不可君天下”的说法，主要来自元代史学家脱脱。除了他在《宋史》中这么表述过之外，其他文献中未见章惇作同样表述。所以章惇当时很可能并没有明确使用“轻佻”这个措辞，但章惇反对立端王赵佶继位，却是各家文献都承认的。章惇反对赵佶当皇帝，原因可能有两点：一是端王是搞艺术的料，不是当皇帝的料；二是赵佶风流好色，浪荡轻佻，不能给天下人起表率作用。

赵佶与艺术结缘，从一出生就开始了。根据文献说法，赵佶出生的时候，就颇具传奇色彩。他降生之前，其父神宗皇帝曾到秘书省观看收藏的南唐后主李煜的画像，“见其人物俨雅，再三叹讶”，结果随后赵佶就出生了。于是人们就传说这是南唐后主李煜投胎转世。这种李煜托生的传说固然不足为信，但在赵佶身上，的确有李煜的影子，以至于后人评价说“生时梦李主来谒，所以文采风流，过李主百倍”。

徽宗自幼爱好笔墨、丹青、骑马、射箭、蹴鞠，对奇花异石、飞禽走兽有着浓厚的兴趣，尤其在书法、绘画方面，更是表现出非凡的天赋。

在书法上，赵佶起初学的是黄庭坚，后又学褚遂良和薛稷、薛曜兄弟，并杂糅各家，取众人所长又独出己意，最终创造出别具一格的“瘦金体”，既有“天骨遒美，逸趣霭然”之感，又有强烈的个性色彩，如“屈铁断金”。特点是笔画瘦细而有弹性，尾钩锐利，运笔迅疾。字一般呈长形，张弛有度，有一种秀美雅致、舒畅洒脱的感觉，而且通篇法度严谨，一丝不苟。这种瘦挺爽利、侧锋如兰竹的书体，需要极高的书法功力、涵养以及神闲气定的心境来完成。此后尽管学习这种字体的人很多，但能得到其神韵的却寥若晨星，这足以证明赵佶的书法功力。

赵佶酷爱艺术，在位时将画家的地位提到在中国历史上最高的位置，成立翰林书画院，即当时的宫廷画院。以画作为科举升官的一种考试方法，每年以诗词做题目曾刺激出许多新的创意佳话。赵佶本人则于花鸟画方面造诣颇高。历来关于赵佶艺术成就的论述，都以他的花鸟画为最高。

赵佶的艺术主张，强调形神并举，提倡诗、书、画、印相结合。他是工笔画的创始人，花鸟、山水、人物、楼阁，无所不画。他用笔挺秀灵活，舒展自如，充满祥和的气氛。他注重写生，体物入微，以精细逼真著称，相传他曾用生漆点画眼睛，更加生动、栩栩如生，令人惊叹。赵佶的画取材于自然写实的物象，他构思巧妙，着重表现超时空的理想世界。他还强调形神并举的绘画意念。赵佶提倡诗、书、画、印结合则主要体现在他创作时，常以诗题、款识、签押、印章巧妙地组合成画面的一部分。这成为元、明以后绘画派传统特征。对中国美术史颇有研究的西方现代艺术家劳伦斯·西克曼在《中国的艺术和中国的建筑》一书中曾说，赵佶的画写实技巧以“魔术般的写实主义”给人以非凡的诱惑力。

总之，赵佶在书法、绘画艺术方面俱佳，其水平和创造力绝对堪称一代宗师。这样的人才，放在今天很可能就是一个杰出的书画艺术家。可惜这些才艺不是出任帝王所必须具备的，在当时得不到老成持重的文官的青睐。至于他的另一才艺——蹴鞠，就更不会被文臣所欣赏。毕竟,“玩物丧志”历来是文人的人生信条。

俗话说“物以类聚，人以群分”，与赵佶为伍的一些人，如驸马都尉王诜也是一个书画高手。有记载称，某日王诜遣府中小吏高俅给端王赵佶送篦子。高俅到赵佶王府时，正逢赵佶在蹴鞠，他就在旁边观看等候。赵佶善踢蹴鞠，而高俅早年便是街头踢蹴鞠的行家，精于此技。后来高俅的大声喝彩引起了赵佶的注意，两人便开始对踢。高俅的精湛技艺让赵佶非常欣赏，于是索性就

此将高俅留在王府以便差遣。高俅后来就是因为这种便利而不断高升，官至太尉的。

不过上述艺术、爱好都无伤大雅，赵佶最不能得到大臣欣赏的，应该是他的“好色”。

宋皇好色，本不新鲜，而且历代君王很少例外。根据时人记载，赵佶的兄长宋哲宗的去世，就是因为好色所致。他宠幸女子太多，导致身体被过度消耗，因此英年早逝。赵佶对女色的贪恋，跟哲宗相比，只能说有过之而无不及。哲宗皇帝的好色主要是在宫廷内，蓄养大批绝色佳人；但赵佶即位后更是远不满足于此，他四处猎艳、寻花问柳，甚至经常出入青楼，以致被后世称为“青楼天子”。

宋徽宗即位后，不惜九五之尊，照样频繁出入青楼。与他交好的青楼女子中，最为著名的，当属汴京名妓李师师。根据南宋无名氏所作的《李师师外传》的说法，说李师师是个气质绝佳的美人，在当时名冠汴京，自然地就进入了宋徽宗的视野。按一些文学作品的描述，宋徽宗为了来往方便，甚至专门修了条“潜道”直通青楼。为了寻欢作乐，徽宗还设立行幸局专门负责相关出行事宜。荒唐的是，行幸局的官员还帮助徽宗撒谎，如当日不上朝，就说徽宗有排档（宫中宴饮）；次日未归，就传旨称有疮痍（染病）。虽然宋徽宗总是小心翼翼，生怕被他人发现；但其实多数朝臣对此都心知肚明，只是不敢过问而已。后来秘书省正字（官职名）曹辅实在看不下去了，上疏规谏徽宗应爱惜龙体，以免贻笑后人。徽宗听后，勃然大怒，竟然将曹辅发配到郴州。

这样的浪荡公子，大臣怎能不反对他当皇帝？

他如果不做帝王，那该多好！那样他会被世人称作风流倜傥、绝世无双，会被认为是一个热爱生活、真性情的人；然而他偏偏生在帝王家，偏偏被阴错阳差地扶上了龙椅，这实在是历史的错位！

二、短暂的励精图治

俗话说，一朝天子一朝臣。

自王安石变法以来，文官集团已逐渐分化成两大派别：支持新法的（新党）和反对新法的（旧党）。两党势力随着最高统治权力的态度取向而互有强弱。每当最高统治者发生更替，便是两党竞相倾轧的大好时机。大宋最忌讳“朋党”，而今因变法立场的互不妥协，新、旧两党之间的争斗反而愈演愈烈，这是宋仁宗以来多位皇帝都没有想到的。宋徽宗的即位，成为一个新的两党矛盾激化的契机。

大宋自仁宗时期的“庆历新政”开始，改革、变法便已成为国家发展的主旋律，此后历代君王无不坚持改革、变法，而且一脉相承。宋徽宗即位之初，也想振兴宋室江山，这使得他必然倾向于支持新法。于是，即位之初，他便大刀阔斧，除旧布新。不管是用人，还是纳谏，他都应对得宜，而且颇有主见。

在用人方面，他起用了已经年届七旬的范纯仁。范纯仁是哲宗时期的宰相，也是著名改革家范仲淹的儿子，此时他已双目失明。范纯仁公忠体国，为人正直，但实在无法为朝廷效力。宋徽宗却明确宣谕“今虚相位以待”，并赐茶药，催他早日觐见。范纯仁一方面感激涕零，另一方面又颇有负担，唯恐耽误国事。范纯仁事后虽然入朝，但鉴于身体状况如此，遂多次请求归阳林泉。宋徽宗几番挽留之后，范纯仁也只好无奈答应。之后，在韩忠彦的倡议下，宋徽宗又恢复了文彦博、王珪、司马光、吕公著等30余人的原有官职（或封号），又给哲宗时期无故被废的孟皇后恢复名誉、尊为元祐皇后。这些具有“仁君”风范的做法，受到朝野上下一致的称赞。

在纳谏方面，宋徽宗的表现也可圈可点。虽然有时躲躲闪闪，但合理谏议一般都会得到采纳。宋徽宗因为爱好广泛、玩心颇重，所以时常被言官的提醒和批评。例如，宋徽宗有次在皇宫里放风筝，风筝落入百姓家，百姓因此惊恐不已。枢密使曾布向宋徽宗奏明此事的时候，宋徽宗当场否认说，不会有这等事，可能是民间妄传，容朕查明再说。曾布则从容论道：您现在还年轻，罢朝之后的闲暇时光偶尔为之，倒不会严重；但若非要有人追查这个事，使人受冤，到时候恐怕有损您的圣德。徽宗于是理亏，赶紧表示马上改正。对于朝政大事，即位之初的宋徽宗也能从善如流。右司谏黄葆光上疏指出“三省官员太滥，迁补、升转及赏罚不尽合理”，宋徽宗“即命厘正之”，一时士论翕然。

由于宋徽宗从谏如流，导致上书言事者越来越多，而且主要集中在用人方面。这些奏疏大体分三种立场：其一，维护神宗时期王安石变法以来的新法，主张逐除“元祐党人”（变法的保守派，主要是哲宗亲政前的当权者）；其二，维护“祖宗之法”、反对新法，主张大量启用元祐旧臣、贬逐新党人士；其三，不偏向于任何一方，唯才是用。

宋徽宗选择接受第三种意见。不论支持哪一党，都会激化两党之间的对立。对于新法，大臣之间认识不同，并非尽是奸邪徇私之辈；倒是一些不得志的人，反而愿意挑起党争作为进身之阶。所以，公平用人、不偏不倚才是正途。于是，他下诏明示自己的用人观：“无偏无党，正直是与”。接着，宋徽宗改元“建中靖国”。中，就是不偏不倚，既不盲从元祐、也不附和绍圣。

种种迹象显示，这位年轻的天子会是一代明君。因为他能够虚心纳谏，能够知错就改，能够公平用人，能够平息党争。这一时期的政治得到史学家王夫之的称赞，他说：“徽宗之初政，粲然可观。”

然而，这一良好开局实在好景不长。谁也没想到，一年后宋徽宗的政治路线竟然发生巨大转变，朝政急转直下。

三、迫害元祐党人：与民争利、穷兵黩武

宋徽宗改元“建中靖国”之后，向太后于这年正月去世。这给新党创造了机会，因为向太后倾向于旧党，所以她的去世对旧党无疑是一大打击。宋徽宗改元“建中靖国”的目的，既是不愿意盲从新旧两党，同时也是希望能调和两党矛盾、使其形成合力，共振朝纲。

然而，接二连三的上疏让宋徽宗不胜其扰，党争再起。旧党继续将新党称之为“小人”或者“奸邪”，并以君子自居，认为“人才固不分党与，然自古未有君子小人杂然并进可以至治者”。这种不妥协的战斗姿态也势必会激起新党的对抗。宋徽宗对此非常反感。因为他已经公开宣示过自己的用人政策是“无偏无党，正直是与”，且以极大的诚意平息党政、调和新旧两党的矛盾。他同时任用韩忠彦和曾布分别为左、右丞相，这就是诚意的体现。

韩忠彦，是韩琦的儿子，属于旧党。曾布，新党代表人之一。韩忠彦性格柔懦，本不适合做宰相，但宋徽宗仍让他做左丞相，地位略高于右丞相曾布。这既是一种对旧党的照顾，也是一种平衡。朝廷政事实际上多有曾布做主。但是旧党人士率先肇事之后，曾布也抓住机会推波助澜。他注意到宋徽宗对旧党的反感，并且皇帝本人实际倾向于“绍述”父兄之意；于是授意言官公然鼓励宋徽宗“绍述”神宗之法，排挤旧党。曾布本人也不失时机地劝谏宋徽宗“尽复绍圣、元符之政”。

为了排斥异己，曾布建议徽宗启用一个叫蔡京的官员为相，意图贬逐韩忠彦。而韩忠彦此时已与曾布交恶，也打算推荐蔡京入朝。蔡京就在这种情况下意外成为炙手可热的人物，虽然人们

对他早有争议。

蔡京，福建兴化仙游人，宋神宗熙宁三年（1070年）进士，为人奸猾，擅于权谋。他先为地方官，后任中书舍人，改龙图阁待制、知开封府。之所以能得到新旧两党的同时信任与推荐，源于蔡京的两面三刀。当年司马光出任宰相尽废王安石新法的时候，他率先响应并完成任务，后来哲宗亲政后，宰相章惇考虑恢复王安石变法中的“募役法”，蔡京竟然又积极赞成。这种做法既让人不齿，也让两党分别看到了可以被拉拢的希望。曾布打算推荐蔡京的时候，他的弟弟就提醒他此人一旦得势，万一立场转移，恐怕新党也要遭到打击。但是曾布不为所动，仍然冒险推荐。

蔡京此时早就觊觎朝中官位。他一心巴结、讨好宋徽宗身边的人。宋徽宗爱好书法、绘画，常遣宦官童贯以供奉官的身份到三吴访求名家书画、各种奇巧之物。恰巧蔡京正在杭州任职，而且他本来就是书画高手，冠绝群雄。听到有皇帝身边的人来本地搜集书画，蔡京于是主动巴结童贯。童贯便把蔡京画的屏幛、扇带等物送到宫中，并乘机为蔡京美言。宋徽宗终于决定起用蔡京。

既然新旧两党都推荐蔡京，蔡京在书画方面又有过人之才，宋徽宗于是顺水推舟把他调回朝廷担任翰林学士。蔡京就这样几乎是“众望所归”地入朝为官了。他的入朝是新旧两党党争的结果。不论此后他对朝廷是灾难或福音，都是拜党争所赐。

建中靖国元年（1101年）十一月，宋徽宗已坚定“绍述”父兄之意，遂下诏次年改元“崇宁”。“崇宁”，就是崇尚“熙宁”（神宗年号）的意思。所以，崇宁元年，也就是宋徽宗回归新法的元年。

蔡京非常擅于揣摩徽宗圣意，知其有意修熙宁、元丰年间政事，于是推波助澜，上疏攻击元祐（哲宗亲政前的年号）之政，主张绍述熙丰政事。结果，第一个受打击的自然是旧党。韩忠彦不久被罢免。但是新党的代表人曾布也没因此得到便宜。以前与韩忠彦共事时，韩忠彦比较柔懦，政事主要由曾布做主；现在蔡京取代了韩忠彦之后，可不似韩忠彦那般柔懦无主见，二人互相争权，最后曾布落败被罢相、贬逐。蔡京史无前例地同时出任左丞相、右丞相，权倾朝野，极尽荣宠。

本朝制度设计，是无论如何都不希望出现“权相”的。不仅如此，当年太祖、太宗还处心积虑削弱相权，具体办法就是：同时任用多人为相、另设参知政事为副相，再让枢密院割走军权、让“三司”割走财权，还用台谏来监督弹劾。如此严密的制度设计，为何还是出现了“独相”（唯一宰相）蔡京呢？这需要略费笔墨加以梳理说明。

蔡京得徽宗宠爱，能独享相权、权倾朝野，这首先还是制度上的原因。按照太祖、太宗皇帝的制度，是绝不可能出现蔡京这样的“权相”的。因为始终是多人为相，算上参知政事，再少也不可能少于三人。但是宋神宗在元丰年间的改革从根本上转变了宋初的制度设计。这场改革也被人们叫作“元丰改制”（前面已有过介绍）。元丰改制的最大变化，就是因为效法唐朝三省六部制度，并略施改革，仅以尚书省正、副长官为宰相。所以元丰改制后，宰相的人数变成了“最多二人”。并且随着军国事物的需要，相权又逐渐重新囊括了财权和部分军权。（王安石变法时，三司之财权已逐渐被部分纳入相权；后司马光为相后，更是极力主张财权全部归宰相）。所以，是元丰改制从制度上扩张了相权。理论上，宰相仍可实现二人制衡，但宋徽宗罢黜韩忠彦、曾布后，不愿意设置两位宰相，而是让蔡京兼职正、副宰相。所以蔡京这个“权相”的出现，是既有制度做基础、又有宋徽宗在人事上的促成。

王安石也曾被人视为“权相”，但跟蔡京相比，完全不可同日而语。王安石当年有权，那是神宗皇帝的临时性支持，不过是

"显得"很有权而已。但蔡京的权力，是有制度的保障，是实实在在的"有权"，再加上徽宗皇帝的厚爱，他的"权"绝对不是临时性的。蔡京这个"权相"，此时仅有的制衡力量只剩下两方面：台谏部门和皇帝本人。元丰改制，虽然增强了相权，但台谏部门的职能不受影响。只要台谏部门愿意弹劾，蔡京就会应声落马。但是站在蔡京这个位置，他一定会利用自己的宰相职权以及宋徽宗的厚爱，反过来影响台谏部门的运作。因为既然只有台谏部门和宋徽宗能制衡蔡京，宋徽宗又十分信任、厚爱他，那么对蔡京来说只需要处理好台谏部门就畅行无阻了。蔡京当然懂得，并且一定会这么做。

蔡京出任独相之后，徽宗也接连下诏，陈述自己需要绍述父兄之意，需要让改革再出发，于是旧党臣僚接连被贬逐。蔡京借这股东风，托"绍述"之名，顺便也不断打击政敌、借机揽权。因为蔡京是独相，所以朝中政策概由他出，一些正直之士总能因为各种理由被排挤出去。死去多年的司马光再次受到徽宗的处罚，他下诏："司马光等二十一人子弟毋得官京师。"这一大规模排斥旧党的做法，让旧党措手不及。然而这还只是开始。

崇宁元年（1102 年）九月，宋徽宗再次下诏，把元符年间上疏的官员 582 人，分为正邪七等，分别是：正上、正中、正下，邪上尤甚、邪上、邪中、邪下。最后，属于"邪"字等级的有 534 人，占比 92%。一朝文官有 92% 的人属于奸邪？真不敢相信。那这到底是皇帝的过错呢，还是"奸邪"的过错？也许蔡京可以回答，因为谁定为奸邪、谁定为正直，这都是蔡京一手操办的。所有这些被定为"奸邪"者，相继获罪，不管他们是否已经去世，其中包括不少素有名望的大臣：文彦博、吕公著、司马光、范纯仁、王珪、韩维、苏轼、苏辙、范纯礼、刘安世、司马康（司马光的儿子）、黄庭坚等。而且，这些人的名字还由徽宗御笔书写，刻在端礼门的石碑上，以昭告天下。后来甚至让人抄写碑石上的姓名，传送全国。宋徽宗如此罗织罪臣、并用如此方式示人，自宋代立国以来，从未有过。

京剧里边将这段故事编成戏剧，名为《党人碑》。此碑后来因为星变而被毁。但这些党人子孙更以先祖名列此碑为荣，重行摹刻。现在只能找到当年的碑刻拓本。现存唯一的一块党人碑，来自元祐党人之一梁焘的曾孙梁律根据家藏碑刻拓本重新刻制的。

在这过程中，蔡京把所有与自己有恩怨、有权力竞争的人一律定为“奸邪”，并且不断株连。其中被定为“奸邪尤甚”这个等级的，受迫害最多、被株连最广。徽宗有诏：被降官安置及编管、羁管的人，不得迁徙。也就是说，他们应该老死在被禁锢之地。公忠体国的范纯仁，虽然去世已经一年，但被提出不该获得“忠宣”这个谥号，当年参与议定这个谥号的官员逐一获罪受罚。先前宋徽宗下诏广开言路、从谏如流，现在却行情急转直下。即使布衣百姓中，上书言事者，也逐一划分成分，视情况而定罪。

对旧党打击殆尽之后，终于轮到台谏官员了。所以，蔡京终于没有漏掉这道对他制衡的墙壁。首先遭到清算的，是当年上书弹劾蔡京的旧任官僚，主要是谏官陈瓘、任伯雨、御史龚夬等人，他们被罚革职除名、永不录用。

除了罢官免职、贬逐外放、撤销各种封号或者谥号之外，这些旧党的著作（例如元祐党人的著作）也在蔡京的要求下禁毁。苏轼、黄庭坚、司马光等人无一幸免。尤其是司马光的《资治通鉴》，也在禁毁之列。幸亏太学博士陈莹中设法保全，不然此书已经亡佚。陈莹中在出题的时候故意援引了宋神宗为《资治通鉴》作的序言，后来被确定为神宗所撰之后，蔡京于是放弃了禁毁该书。苏轼，唐宋八大家之一，在诗、词、散文方面无一不佳，那时虽然亡故已久，但其著作也被要求禁毁。但是朝廷越禁止，他的作品价码越高，私下传播越盛。据说当时已到了“士大夫不能诵坡诗，便自觉气索，而人或谓之不韵”。而且苏轼的书法也作为墨宝被视若拱璧，疯狂崇拜、收藏。

直到崇宁四年（1105 年），由于对元祐党人的打击太过分、引起强大的舆论责难，蔡京才不得不有所收敛。在他与宋徽宗的商议下，解除了对元祐党人父兄子弟的株连，随后又允许受到编管的进士可以迁徙、与家人团聚。

崇宁五年（1106 年），彗星出现，宋徽宗采纳言官建议，夜半派人拆毁元祐党人碑、恢复这些人的仕籍；并且下封口令，不许言官再弹劾此事。人们借星变之机向宋徽宗控诉蔡京的种种劣迹，述说人民间怨言。宋徽宗也考虑到此，为息事宁人，于是将蔡京罢相。

两年后，宋徽宗眼见风声已过，又重新开始追究一部分元祐党人的罪责，仅对一些担任过宰辅之臣的著名大臣有所宽宥，适当改善其待遇。从崇宁元年（1102 年）到大观二年（1108 年），宋徽宗对元祐党人反复迫害、折腾，持续达七年之久。

四、奢侈腐化、醉生梦死

明清小说《水浒传》中讲到一个故事，叫“吴用智取生辰纲”。这个故事就是以宋徽宗时期蔡京把持朝政为背景，反映当时宋徽宗和蔡京当时朝政的腐化。“生辰纲”是指成批运送的生日礼物。除了生辰纲之外，蔡京还给宋徽宗进献“花石纲”。“花石纲”，就是运送花石的船队，一队叫作一纲。因为宋徽宗颇有艺术爱好，喜欢搞园林建设，蔡京便投其所好，在全国搜罗奇花异石。当时工程之浩大，让人叹为观止。耗资之巨，令人瞠目结舌。“一花费数千缗，一石费数万缗”有些体型巨大、运输不便的贡物，竟然不惜毁掉桥梁、凿穿城郭来运输。有些大的花石需要走海运，遇到风暴船翻人殁，枉死的无法计算。而且运花石的人恃势横暴，连州县官都惧怕三分，老百姓更是敢怒不敢言。

从崇宁元年（1102 年）起，宋徽宗就不断大兴土木，蔡京不遗余力地逢迎、配合，与宋徽宗一起粉饰太平。蔡京出任独相之后，不到两年，就修景灵宫、元符殿等 11 个殿。崇宁三年（1104 年）又开始铸造九鼎，用时一年多才完工。政和四年（1114 年），蔡京又召宦官童贯等人扩建延福宫，童贯等五人则建议异地重建，蔡京批准了。新的宫殿规模宏大、楼台亭榭相望，充斥着无数从全国搜刮来的奇花异石。此后，又修了华阳宫、万岁山。为了驯服贡入禁苑的珍禽，童贯让人用大盘贮肉糜饭食，仿禽叫声以招引其类，另置人加以训练。

宋徽宗相信各种迷信，并且崇奉道教，尤其以政和、宣和年间为盛，几乎达到疯狂的地步。政和、宣和年间，宋徽宗统治的宋朝已经出现深刻的社会危机，内忧外患不断，于是在蔡京的密谋下宣扬道教、神话徽宗的统治。在蔡京的安排下，宋徽宗提拔和重用了一批道士，并且还培养道学人才、定品级，还举行考试择优录取。至于大修道观，那更是不在话下。结果，不少道士后来为非作歹，被揭发出诸多丑闻。比如道士张怀素，后来被发现与人密谋起事，且在他的道观居室中搜出美妇十余人。因为案件牵连甚广，蔡京恐牵累于已，于是让人把搜到的自己与张怀素的来往书信悉数烧毁。

还有个女道士虞仙姑，年过八旬仍然容貌姣好如少女，受到宋徽宗的高度礼遇。有一天蔡京设宴款待虞仙姑，席间见一大猫，仙姑指着问蔡京："认识此猫吗？它就是章惇。"章惇是蔡京的引荐者，虞仙姑颇有指桑骂槐之意，蔡京颇不高兴。宋徽宗问虞仙姑何时才能成就太平盛世？虞仙姑说这需要任用贤人。徽宗又问：贤人是谁？虞仙姑回答说是范仲淹之子范纯粹。蔡京得知后，便告诉徽宗说，这肯定是受元祐党人的指使才说这些话的。宋徽宗于是将虞仙姑逐出朝廷。此事被朝臣得知后，人们不无讽刺地说：虞仙姑也入元祐党籍了。

品评北宋开国以来历代皇帝，恐怕未有像宋徽宗这么昏庸的。此前历代皇帝虽然也生活奢侈，也颇迷信，但至少能听得进劝、能装装节俭的样子；而宋徽宗基本上连样子都懒得装，与蔡京伙同狐狗，愚蠢荒唐的事都干得出来，实在很不像话。

五、六贼当道

自秦始皇建立中央集权制度以来，历代王朝的帝王都倾心加强皇权和中央集权。北宋立国之后，经太祖、太宗皇帝的制度设计，皇权堪称达到历史之最高。中央集权的制度设计，理论上能直接与皇权相竞争的，就应该是相权。所以但凡巩固皇权的帝王，无不以牺牲相权、削弱相权为代价。北宋立国以来，相权本来是弱势的，但经过元丰改制之后，相权重新巩固和提高了。蔡京出任的这个“宰相”，就是元丰改制之后、权力已经提高了的宰相。

不过，虽然蔡京这个宰相的权力比前面担任宰相的权力都要大，但皇帝自始至终都是可以控制局面的，制度上绝不至于出现相权能高于皇权。不管宰相如何专权、如何弄权，也始终不可能让皇帝屈居于宰相的支配之下。也就是说制衡的机制实际上始终是可以发挥作用的。

但是很可惜，宋徽宗因为与蔡京有书画艺术方面的共同兴趣爱好，对蔡京过于信任。再加上宋徽宗本人也不善于治理朝政、不懂得治国理政，而蔡京又是一个非常贪恋权力、道德败坏、善于揣摩上意的人。所以，徽宗一朝，蔡京为相 10 余年，超过了北宋此前任何一个宰相在位的时间。蔡京这 10 余年的宰相生涯，一度还是“独相”，权倾朝野，干了不少为非作歹之事，弄得天怒人怨。蔡京之外，徽宗朝还有五个与之相似的奸邪之辈，被民间合称为“北宋六贼”。

这六个人分别是：蔡京、王黼、童贯、梁师成、朱勔、李邦彦，基本都是宋徽宗时期重要的大臣，而且都受到宋徽宗的宠信。这六个人贪赃枉法、横行霸道，弄得民不聊生，是导致当时江南方腊起义和后来金国入侵中原的罪魁祸首。“六贼”之名最早出于太学生陈东在宣和七年（1125 年）的上书，陈东道：“今日之事，蔡京坏乱於前，梁师成阴谋於后，李彦结怨於西北，朱勔结怨於东南，王黼、童贯又结怨於辽、金，创开边衅。宜诛六贼，传首四方，以谢天下。”这六个人有着怎样的劣迹呢？

蔡京无须赘述了，他迫害元祐党人，帮助宋徽宗到处搜刮民脂民膏，排斥忠良等事迹，此处不展开详述。蔡京首先是一个权力欲望极强的人，以至于他跟自己的弟弟、儿子之间，都存在权力之争。他首次拜相的六年时间里，大肆发展裙带关系，提拔自己的子孙，使自己的六个儿子和四个孙子同时当上了执政、侍从。蔡京还极力掌握部分兵权，建澶州、郑州、操州、拱州为四辅，各屯兵两万。至于生活上，他更是少不了贪污腐败、奢侈腐化。他拥有土地多达 50 万亩，花园宅地多处；还常常动用公款、公差作为私用。据说他喜欢吃鹌鹑，一次便烹食数百只，还说没有下筷子的地方。一生之中，究竟搜刮了多少民脂民膏，谁也算不清。但就是这样一个独夫民贼，宋徽宗竟然还信任有加，待遇优渥、赏赐丰厚，并于政和二年（1112 年）加“太师”衔。

王黼（1079—1126 年），原名王甫，字将明，开封祥符（今属河南开封）人，崇宁年间进士。王黼才学浅薄，善于巧言献媚。他初因何执中推荐而任校书郎，迁左司谏，后来又升至御史中丞。就在何执中盛赞王黼的时候，王黼却写何执中的 20 条罪状呈送给蔡京。王黼品质恶劣，公然霸占他人妻妾，并将人家贬逐岭南。

宣和元年（1119年），任特进、少宰（右宰相），他由通议大夫超升八阶，被任命为宰相，是大宋开国以来前所未有的。在后来金辽冲突发生后，他极力主张联金灭辽。由于不断搜刮民脂民膏，激起河北、山东等地的农民揭竿而起，义军坚持战斗多年，至北宋灭亡后还与金军发生过战斗。

童贯（1054—1126年），字道夫（一作道辅），开封人，北宋权宦，“六贼”之一，性巧媚。初任供奉官，在杭州为徽宗搜括书画奇巧，助蔡京为相，京荐其为西北监军，领枢密院事，掌兵权20年，权倾内外；时称蔡京为“公相”，称他为“媪相”；宣和四年（1122年），攻辽失败，乞金兵代取燕京，以百万贯赎燕京等空城而回，侈言恢复之功。

梁师成，宋徽宗的宦官，籍贯不详。他自幼猾黠，善于逢迎。政和间为徽宗（赵佶）所宠信，官至检校太殿。凡御书号令皆出其手，并找人仿照帝字笔迹伪造圣旨，因之权势日盛，贪污受贿，卖官鬻职等无恶不作，甚至连蔡京父子也谄附，故时人称之为“隐相”。

朱勔（1075—1126年），苏州（今属江苏）人。北宋大臣，为“六贼”之一。因父亲朱冲谄事蔡京、童贯，父子都任有官职。当时宋徽宗垂意于奇花异石，朱勔奉迎上意，搜求浙中珍奇花石进献，并逐年增加。政和年间，在苏州设应奉局，靡费官钱，百计求索，勒取花石，用船从淮河、汴河运入京城，号称“花石纲”。此役连年不绝，百姓备遭涂炭，中产之家全都破产，甚至卖子鬻女以供索取。方腊起义时，即以诛杀朱勔为号召。朱勔在奉迎皇帝的同时，又千方百计，巧取豪夺，广蓄私产，生活糜烂。

李邦彦（ 1130年），北宋怀州（今河南沁阳）人，字士美，太学上舍生出身。此人怙恶不悛，好结交内侍，靠巴结梁师成、蔡京的儿子蔡攸得以于宣和七年当上太宰。他善歌唱，尤爱蹴鞠，破技高超，曾以“踢尽天下毬”自诩，从小喜欢间阎间卑鄙琐事，自号“李浪子”，人称“浪子宰相”。北宋末年“靖康之难”投降派奸臣之首，直接造成北宋灭亡。陈东领导太学生，反对投降，曾上书言其罪。宣和五年（1123 年）官至尚书左丞，钦宗时，金兵迫东京开封府，力上割地议和。

这六个人后来的下场都不好。因为他们在徽宗一朝，对社会矛盾的尖锐、国家的衰败和灭亡有直接责任。但是考虑到本朝制度上，皇权是至高无上的，奸臣无论如何不能高居皇权之上，所以“奸臣当道”这个现象，责任只能由宋徽宗来承担。如无宋徽宗的任用与信任，这些人不可能占据高位、排斥贤良；如果宋徽宗有明辨是非之能力，就不会被权臣所蒙蔽，更不会出现 20 余年的奸臣当道。简而言之，宋徽宗一朝的所有弊病、社会问题，应负首要责任的是宋徽宗本人。因为制度上，他始终是有较大施展空间的，是可以除弊布新的，但是他没有做到（或者根本就没有去做）。结果，代价就是，从宋徽宗统治后期开始，北宋迅速走向衰败、灭亡。宋徽宗一朝，已不自觉地是帝国进入“黄昏”阶段。在这个阶段，随着北方政局的变化、动荡，宋朝出现了新的边疆危机。

第二节　助金灭辽酿大错

一、女真崛起

就在北宋处于宋徽宗的昏庸统治之时，辽也在同步迅速腐朽着，并酿成巨大的社会危机。比较具有戏剧性的是，宋徽宗即位时辽朝也在同步进行最高权力的新旧交接。宋徽宗是于宋哲宗元符三年（1100 年）即位，次年辽朝天祚帝耶律延禧即位，这二人在位时间大致相同，都是各自朝代的“掘墓人”。

这一时期的辽朝政治纷争最为激烈、最为频繁。其不仅统治阶级政争不断，且阶级矛盾、民族矛盾交织发展。统治阶级的日益腐朽，体现在过度崇佛和沉溺于游猎。统治集团之间的政争体现为辽道宗、天祚帝时期贵族统治集团内部矛盾的激化，由于不同的利益冲突，他们形成不同的斗争集团，争夺统治权空前白热化。至于阶级矛盾，主要见于经济的停滞不前和民众生活的艰难。当时统治阶层不断向人民索取，并最终导致各民族反抗。天祚帝统治时期，与宋徽宗有诸多相似之处，他沉湎于个人享乐、穷奢极侈，信用谗谄。不过，最终直接导致辽走向崩溃和覆灭的，是民族矛盾——尤其是统治民族与其境内女真族的矛盾。

女真族是我国东北少数民族的一个分支。他们长期生活在今黑龙江、松花江流域和长白山麓地区，与中原保持着联系。隋唐时期，女真族被称为靺鞨，分为粟末靺鞨和黑水靺鞨两部。五代十国时期，已经出现了“完颜”部等部落，臣属于渤海国。公元926年，辽朝攻灭渤海国，收编女真族。辽朝时期女真族为了避辽兴宗耶律宗真的讳，多称为“女直”。

女真族从属于辽后，辽朝统治者为了削弱和控制女真族，对其采取分化瓦解政策，“使其南者籍契丹，号熟女真”。其他大部分女真人则仍旧留居在东北，生活在“粟末江之北，宁江州之东”的白山黑水之间，地方千余里，户口十余万。这部分人与契丹人接触机会较少，经济和文化发展较慢，未编入辽政府户籍。“州人低其直，且拘辱之，谓之‘打女真’。”也就是辽人对这部分女真人实行侮辱、压迫政策。辽朝也在边境设置榷场与“生女真”进行贸易，但实际上却借机利用统治特权对女真人进行低价强购、横加勒索、巧取豪夺。辽朝统治者每年都要强迫女真人进贡东珠、海东青、人参、生金、名马等物，违者就要受罚。此外，还有各种五花八门的摊派，也需要女真人完成。

这些物产中，东珠和海东青最难得到。前者需要在九、十月份，凿冰入海搜求，捕捞者常常因此致病。至于海东青，它是一种属于隼类的猛禽，多在驯化后用于捕猎。这种鸟颜色不一，以纯白色、天蓝色、灿金色、纯黑色以及玉爪为上品，辽朝统治者非常喜欢，所以每年都要让女真人去抓捕。可女真人地区根本就不产这种鸟，于是被迫历经千辛万苦，到更遥远的五国（地名）去猎捕。女真人为此不胜其扰。他们从东海向辽朝进攻海东青的路线，称为“鹰路”。辽朝贵族还令女真人必须严加保护这条路，以便鹰路畅通无阻，否则也会受罚。

此外，辽朝每年还派“银牌天使”（因携带辽朝皇帝颁发的银牌而得名）到女真所在之地百般索求，稍不奉命就会招致杖打甚至诛杀。银牌天使巧取豪夺，作恶多端，致使百姓不堪重负；

他们搜寻美女，不论是否已经婚嫁，均强行带走。这种对女真横征暴敛和肆意侮辱的种种做法，激起女真人极大的愤怒。女真诸部暗中团结在完颜部首领阿骨打的周围，建立了部落联盟。

辽朝天祚帝即位后，契丹贵族对女真族的压榨和勒索变本加厉，而女真人的反抗也日渐激烈。辽朝天庆二年（1112 年）二月，天祚帝到春捺钵的松花江渔猎，女真族完颜部首领阿骨打与各部酋长按惯例来进贡方物，正好碰到“鱼头宴”，酒酣之际，天祚帝命令各部酋长依次起舞助兴，唯有阿骨打推辞。而天祚帝又再三要求，阿骨打都坚持不跳。最后大家不欢而散，天祚帝的威严扫地，顿生杀意。天祚帝本打算委派阿骨打守边，以便借机杀掉他。枢密使萧奉先说“麄人不知礼义，无大过而杀之，恐伤向化之心。假有异志，又何能为？”天祚帝才不再追问，事情不了了之。

阿骨打的不肯妥协是有原因的，他实际已经在做积极的反抗准备。众多部落共同拥戴他为首领，完颜部的力量得到大大增强。他开始组织民众，发展农业，囤积粮草，操练兵马。经过一年的准备，起兵抗辽的时机成熟了。

辽天庆四年（1114 年）九月，阿骨打召集诸路军马 2500 人于涞流水河畔（今拉林河），并在此誓师反辽，拉开了为期 10 年的伐辽战争。他历数辽朝罪过，要求大家同心尽力，不得违誓。女真人在阿骨打的率领下所向披靡、势如破竹，不断攻城略地。天祚帝听闻阿骨打起兵造反，起初并不在意。等发现阿骨打的起兵气势如虹之后，连忙召集大臣商议和应对。但为时已晚，阿骨打的军队不断大破辽军，在枢密使萧奉先的建议下，天祚帝对溃军赦罪不究。结果辽军士气更是下降，每遇女真军则望风而逃。阿骨打连战连捷，同时获得更多部落的拥戴，成为反辽战线的领导者。

由于辽朝内部民族矛盾、阶级矛盾积蓄已久，辽军的动员能力和战斗力都不高，征兵不足、装备不齐。战场上，辽军节节败退。在取得宁江大捷和出河店之战的胜利之后，辽朝天庆五年（1115 年）正月，完颜阿骨打称帝、建国，都兴庆。随后，阿骨打以辽五京为目标兵分两路展开灭辽之战。并且相继于 1116 年五月，金军占领东京辽阳府；1120 年西路军攻陷上京临潢府，辽的五个都城还剩下三个，而且辽朝已经失去了一半的土地。

就在辽朝江河日下的时候，宋朝也在宋徽宗的统治下迅速走向腐朽、没落。宋徽宗本人生活奢侈腐化，挥霍无度；他重用的以蔡京为首的“北宋六贼”，也都是敛财高手，公开卖官求利，对百姓进行残酷的剥削。比如，他们把四川地区原为 300 的税额，提高到 23000，增加了将近 8 倍。这种情况下，宋朝的阶级矛盾、民族矛盾也逐步激化，大规模的起义不断。宋徽宗为转移国内矛盾、斗争焦点，借辽金交战之际收复幽云十六州。因为彼时金朝已经派出使者表达了联合宋朝共同抗辽的意愿。唯一的障碍是，自宋真宗时期辽宋之间订立“澶渊之盟”以来，辽宋双方大体上都遵守了盟誓，保持了 100 多年的和平；如果贸然背弃盟誓，将要背负巨大的道德压力。

那么，宋徽宗有没有走出这一步呢？

二、宋金海上之盟

随着辽朝国势下滑，行将没落，宋徽宗与大臣蔡京、童贯看到了机会。宋徽宗君臣认为，宋金联手攻辽不但可向金示好，而且还可以顺便收复幽云十六州，完成太祖、太宗以来 100 多年都没有完成的目标。

对于这个想法，朝中部分大臣强烈反对。太宰郑居中奏请恪守辽宋盟誓（澶渊之盟），罢遣女真使者，并责备蔡京身为国家元老不守两国盟约、制造事端。郑居中指出，宋辽自澶渊之盟后息兵百余年，边境宴然；即使庆历年间辽趁宋夏战争之际索要关

南之地，仁宗也没有毁约；今若毁约背盟，自当仔细计议，何况不见得能保证打赢；即便打赢了，府库乏于犒赏、编户困于供役，也是害国害民；倘若失败了，后果更是不堪设想。知枢密院事邓洵武更是近乎警告地上奏，国朝初年，以太宗之神武、赵普只谋略，曹彬潘美之为将，百战百胜，征讨四方，而独于燕云乃尔。言外之意，太宗时期尚且不可，更何况今乎？

这些反对意见使宋徽宗产生犹豫，联金抗辽之事被暂时搁置下来。这时高丽国王也托人秘密捎来口信："闻朝廷将用兵伐辽，辽兄弟之国，寸之足为边扞。女真虎狼耳，不可交也。"眼看宋徽宗不采纳自己的意见，童贯马上给宋徽宗上了一道《平燕策》，极力强调燕云的重要价值，建议以重兵夺取云中。宋徽宗又动摇了，于是决定派人与金国接触，试探金朝的反应。

北宋重和元年（1118 年），宋徽宗派武义大夫马政自山东登州（今山东蓬莱）乘船渡海，以买马为幌子，与金谈判攻辽。此后宋金使者频繁接触。宣和二年（1120 年），宋金双方签订了共同灭辽复燕（今北京）的军事合作盟约。由于当时宋金双方在地理上受辽国阻隔无法在陆上接触，而需要海上经渤海往来，此盟约因故得名"海上之盟"。盟约内容——即宋金双方约定如下：

宋金各自进军攻辽，其中金军攻取辽上京（今内蒙古自治区巴林左旗林东镇南）与中京大定府（今辽宁昭乌达盟宁城县天义镇大明乡），宋军攻取辽的西京大同府（今山西大同）和南京析津府（今北京）。宋答应灭辽后，将原来于澶渊之盟输给辽的岁币转输给金。金则答应"燕云诸州归宋"。

这个盟约的签订，标志着维系了宋辽之间百年和平的"澶渊之盟"彻底告终。宋朝正式背弃了宋真宗时期与辽朝签订的"澶渊之盟”。

而宋金之间的这个结盟谈判实际也非常艰苦，是不断讨价还价的结果。宋朝派出缔约的使者是赵良嗣。赵良嗣出使金朝是宋朝这次外交的一个重大失败。他奉宋徽宗御笔，与金朝商议战后归还给宋朝燕京之地。宋徽宗御笔中只提燕京，而未涉及云州等地，故赵良嗣也不明就里没有提到云州等地。赵良嗣回国后，朝廷哗然。决定单方面将盟约的国书内容中明确为“燕云十六州”。但遭到金朝的拒绝。而且金朝认为宋朝的胃口越来越大，便强硬坚持只许以燕京之地，且平州、滦州、营州不属于燕京，甚至原来答应许给宋朝的“西京”也不承认了。金朝还表示，倘若宋方要求过奢，则唯有解除盟约一途。

恰在此时，方腊起义爆发，童贯受蔡京所遣前去镇压，宋方又无心力继续讨价还价，和议内容最后只好草草收场。但在争地上的矛盾已在宋金之间埋下了，并成为未来两国关系的隐患。

三、宋军北伐失败、处处不顺

宋金海上之盟议定之后，双方分别攻辽。从结盟的过程来看，“相约攻辽”很明显是宋朝主动提出的；至于承诺给金朝岁币，这也是宋朝主动提出。这足见宋朝的战略弱势和信心不足。金朝的态度则大多不置可否，对结盟之事实谈不上有多热心，且请盟之时，辽国面对金人已回天乏术，宋人之盟对金人的成功可有可无，所谓的夹攻并不关键，错失时机已远矣。

从战略平衡的角度来讲，宋朝请求联金灭辽，显然是极具冒险性的行为。且不说背弃澶渊之盟在道义上如何不对，也不说“海上之盟”得到的值不值，想想辽被灭掉之后宋朝的处境就应该知道这是非常危险的决策。辽固然很弱，但是灭掉了一个虚弱的邻居，代之以有虎狼之心的强大邻居，到底哪个邻居对自己更安全呢？假使辽朝尚在，不管如何虚弱，辽宋与金尚可形成三足鼎立格局，或可形成长期对峙；一旦辽被灭掉，不存在所谓的“三足”，无以鼎立、何谈制衡，北宋需要多大的能耐才能抵抗得住金朝呢？

所以，从战略上说，“海上之盟”从一开始就是错的。这是北宋走向崩溃的开始！实际上，即使有了这个盟约、即使金朝兑现盟约中的承诺，北宋在随后的灭辽过程中也是处处不顺、一塌糊涂。

宣和四年（1122 年）初，宋金攻辽，金军首先攻占中京。在金人追击下，辽天祚帝逃入夹山，耶律淳被拥立为天锡皇帝，史称北辽，支撑着残局。宋军在种师道的指挥下，于五月下旬在白沟被辽军打败。这完全是宋徽宗始料未及的。谁能想到覆亡在即的辽朝，还能打败有金军相互策应的宋军？不能不说宋徽宗在结盟之前，对宋军的实力是严重了解不足。

特别糟糕的是，这一仗使熙丰变法以来积蓄的军用储备丧失殆尽，这次失败使得宋朝彻底转入战略劣势，所积累的物资全数用尽，完全无力再战，甚至取燕也要依赖金人的能力。如果没有这次失败，之后的宋金战争宋朝或许亦不会失败得如此之快，至少有自保之力，因此这一仗是战争中的重大转折。至此，宋军伐辽宣告失败，而覆亡在即的辽朝居然大获全胜，金朝亦由此看清了宋朝在军事上的实力。这是宋朝海上之盟悲剧的开始。

很快，完颜阿骨打又攻下辽中京与西京（今山西大同），岁末，再亲率大军攻克了燕京。他见宋军一再失利，对宋朝使者赵良嗣的态度十分倨傲和强硬。因为宋朝是否如约已经越来越不重要了。几经讨价还价，金人最后表示：金朝只将燕京六州二十四县交割给宋朝；宋朝每年除了向金朝移交原来给辽朝的 50 万岁币，还须补交 100 万贯作为燕京的代税钱；倘半月内不予答复，金朝将采取强硬行动。

金人的借口是金人打下了燕京自然可以享有燕地的税钱，而宋人认为十分荒唐，赵良嗣等人认为，地税分离乃自古未闻之事，怎么可以实行呢？而金人则表示自己攻燕之功，所以应当获得当地的税钱。金人甚至扬言，只要100万贯已是退了一步。然而宋朝国力衰退，实际已经拿不出这些钱来。

但赵良嗣向宋徽宗复命的时候，宋徽宗却全都答应了，但让他再次使金，要求归还西京。金朝乘机再向宋朝讹取了20万两的犒军费，宋朝也一口应承。可是金人最后照单收了银两，仍拒绝交出西京，只同意交割燕京。

宣和五年（1123年）四月，宋金双方即将交割燕京。金军入城近半年，知道城池将归宋朝，便大肆剽掠洗劫，居民逃匿，十室九空，整座城池几如废墟。金军临走时，又将富民、金帛、子女捆载而去。结果，童贯、蔡攸接收的只是一座残破不堪的燕京空城和蓟州、景州、檀州、顺州、涿州、易州一共六州，其中涿、易二州还是主动降宋的。金人的计策是：即便宋朝得到燕京故地，非但不能把它转化为战略优势、利用它获得财赋，反倒还会被它严重拖累，成为沉重的战略包袱。

交割手续结束后，宋朝廷竟然真的如邓洵武所说那样“无财力犒赏”常胜军之士兵，只好允许他们侵占燕京无人之田地，以为自利。后来燕人从金国南逃回来、回到宋朝的统治之下，发现自己的田地被军士所占，结果又闹出许多事端。

难以想象的是，面对这样一个结果，徽宗君臣还能自我陶醉，王黼、童贯、蔡攸、赵良嗣等都作为功臣一一加官晋爵；徽宗甚至还命人撰写《复燕云碑》来歌功颂德，似乎太祖、太宗未竟的伟业，真的由他来完成了。

宣和五年（1123年）八月，金太祖病死，金太宗即位，下令将辽朝降臣和燕京居民远徙东北。燕民不愿背井离乡，过平州时私下鼓动辽的降将张觉叛金投宋。张觉找宋朝翰林学士李石商议，表示愿意以平、营、滦三州降宋。李石将此事报给朝廷，徽宗觉得能够借机收回平州等地，这是好事一桩，便欣然应允。张觉降宋后，刚刚出城迎接宋徽宗的诏书、诰命，便遭遇到金帅完颜宗望率军来讨。张觉逃走，但其弟见老母被捕，转而降金，交出了宋徽宗赐给其兄的御笔金花笺手诏。宋徽宗只好密诏派人把张觉父子杀死，把人头送给金人。与此同时，同样身为辽军降将的郭药师为此深有狐兔之悲，愤然说："若金人索要我郭药师，难道也交出去吗？"郭药师是辽朝劲旅"常胜军"的统帅，战斗力很强。但"张觉"事件之后，常胜军从此战斗力不再。

另外，得到了张觉的人头，还有宋徽宗赐给他的御笔金花笺手诏，金朝获得了宋朝背弃宋金盟约的证据，宋金关系遂迅速走向失和。

宣和六年（1124 年）三月，金朝派人对谭稹索要 20 万石军粮，说是上一年赵良嗣答应给的。谭稹以为口说无凭，断然拒绝，金军恼羞成怒，又怨恨宋朝收留张觉，八月间攻下宋军控制的蔚州。宋金结盟自此不复存在。失去辽朝作为屏障、作为制衡，面对迅速强大的金朝，北宋已然不自觉地走上了亡国之途。

后世学者王夫之在评价宋朝在收复燕云旧地的一系列失败时，毫不客气地认为，宋人之所以失败，在于"君不似乎人之君，相不似乎人之相，垂老之童心，冶游之浪子，拥离散之人心以当大变，无一而非必亡之势"。

第三节　靖康之变耻千秋

一、靖康之变

1125年辽天祚帝被俘，辽朝亡。灭辽之后，金太宗以宋收留平州之变中的辽将张觉违反了宋金双方前议为由，发动金灭宋之战。

金太宗天会三年（1125年），金太宗诏左副元帅完颜宗翰、右副元帅完颜宗望兵分两路伐宋。金太宗分兵两路还有一个原因，就是在与宋朝打交道中他们已知宋军能战者只有陕西军和郭药师的常胜军；所以兵分两路，西路军负责攻占洛阳、阻止陕西军东下，截断宋徽宗的入蜀之路；东路军则在夺取燕山府后，乘胜南下。两路军都以占领汴京、俘获宋徽宗为最终目标。

金军的动向引起宋方警觉。情报从边境报到燕山府，燕山府又飞报朝廷。然而，执政的大臣正忙着筹备郊祀（祭天之礼），于是没有上奏给宋徽宗，只是简单地命令宣抚使蔡靖随机处理。攸关国家生死存亡的情报，就被这样对待了。这年九月，童贯也得到情报，说完颜宗翰正在集结军队、伺机南下，然而童贯也不做受理。十月，金军的兵马、粮草已经在大规模调运了，已是山雨欲来的架势，童贯才采取行动。童贯派人前去谈判，未果。童贯这才意识到金军意在亡宋，大惊："金人初立国，遽敢作如此事？"

然而即便如此，童贯仍拒不接受亡羊补牢的建议，只顾自己逃回京师。童贯当时已是宋朝派往北方边陲的最高统帅，他都率先逃跑，还有谁肯认真抵抗呢？金军于是接连破檀州，占蓟州，兵临燕京城下。宣抚使蔡靖命令郭药师、张令徽、刘舜仁率军45000人抵抗。结果郭药师稍作抵抗，张、刘二人不战而逃，宋军大败而归。郭药师随后挟持蔡靖投降金军。对于北宋而言最后的战斗力——常胜军，就这样在郭药师的投降下投奔了金朝。

蔡靖原本向宋徽宗密奏170余章，希望朝廷密切注意郭药师的动向，不可过于听信，但蔡京之子蔡攸和童贯都认为郭药师可以信赖，遂不做任何防备。后来都有人告发，说截获了郭药师与金人交往的书信，但蔡京却仍然对他深信不疑。等徽宗终于意识到他可疑时，金军已经南下，为时已晚。

郭药师的叛降对宋朝来说是巨大的损失。他本是辽朝劲旅“常胜军”的统帅，原本可以为宋朝抵御金军入侵。但是现在不仅没有这样一支抗金力量，而且他还给金军带去了极有价值的情报。郭药师向完颜宗翰献计：宋朝精兵均由童贯率领驻于河东，今受牵制，无力他顾，河朔之地必然空虚，若举兵南下，一定能够马到成功。完颜宗翰听罢，依计而行。

与此同时，驻扎在河东的宋军有一支叫作“义胜军”，约有10万人，是宋朝在燕云之地招募的一批山后汉儿，作战比较勇敢。但是这支军队粮草不继，士兵颇有抱怨。但驻扎在河东的正规官军粮食也是陈腐不堪，没法入口，他们便以为是义胜军夺走了他们的口粮，扬言要攻杀义胜军。义胜军感到恐惧，便开始心怀二志。当金军来到朔州、武州的时候，守将在前方奋勇拒敌，城内的义胜军却开门迎降，武州陷落。金军至代州，代州守将又被义胜军擒获献给了金军。金军至太原门户石岭关，石岭关守将耿守忠不发一矢，将石岭关拱手送给金人。其后，金军进入太原，如入无人之境……

此时北宋朝中大臣还在忙着争权夺利。宰相王黼因为与太子有隙，阴谋废太子而立郓王赵楷，被御史中丞上书弹劾15条罪状。王黼不愿按惯例辞官，尚书左丞李邦彦联合蔡攸、梁师成在徽宗面前历数其罪，王黼只好辞任。徽宗再度起用蔡京为相，这时的蔡京已经年近八旬了，早已双目昏花，不能主事了，于是他便把各项事务都委托给自己的儿子蔡絛。蔡絛的专横又引起李邦彦等人的不满，于是引起他们的弹劾，蔡絛被夺职。但蔡京也不愿意辞官去职。徽宗只好让童贯去暗示，让他主动交出权柄。蔡京这才辞任。童贯随后被封为郡王，蔡攸加太保。

当陕西、河北的坏消息接踵而至，宋徽宗一时间竟手足无措，遂生禅位之意。宣和七年（1125年）十二月，宋徽宗下罪己诏，承认自己20多年来的过失导致天怒人怨。顺便，他也提到了权臣的乱政，并重新广开言路。宋徽宗急时抱佛脚，想起广开言路，被人戏称"城门闭，言路开；城门开，言路闭"。随后，他还归还了侵占百姓的田地，裁减了自己的用度，罢黜了许多搜刮民脂民膏的局、所。宋徽宗还派人携带重金向金朝求和，表示要禅位给自己的儿子。

宋徽宗其实早有逃跑之意。他曾下旨准备幸淮、浙，由尚书李棁出守金陵。然而遭到给事中吴敏的质问，并表示"死不奉诏"。宋徽宗于是作罢。之后太子被任命为开封府尹，宋徽宗又想逃跑。结果又被吴敏所劝止。吴敏推荐重用掌管礼乐、郊庙的李纲。宋徽宗从其计议。

同年十二月二十三日，宋徽宗收到金军的《讨宋朝檄文》。该檄文在童贯还没离开太原的时候就已经递交了，但是童贯一直不敢上奏，所以至此才收到。宋徽宗读到檄文中对自己的数落之辞，涕泪俱下。决定召集文武大臣，于当晚下诏禅位。结果，在众臣面前，徽宗中风晕倒，半身不遂。最后由吴敏代为完成起草诏书。随后太子赵桓被叫到他的病榻前，据载父子二人进行了一

番经典的对话。

宋徽宗嘴不能言，用左手写出他想说的话：“汝不受则不孝矣。”

太子回答说：“臣若受之，则不孝矣。”

徽宗见太子不服从，便让人把皇后叫来说服太子。太子依然推辞不就。徽宗又让人强行把他簇拥到福宁殿即位，太子还是不肯行。于是内侍强行簇拥太子，太子竭力挣扎、跌倒在地，昏过去了。等苏醒之后，又被强行簇拥去即位。到了福宁殿，太子还是不肯即位，甚至宰相对群臣宣告了新君已经即位，太子也不即位。最后反复经人劝说，才抵抗不住压力，答应即位。这真是宋代开国以来，皇室的最大怪事。

宣和七年（1125 年）十二月二十四日，太子赵桓正式即位，为宋钦宗。几天后，尊其父为太上皇，并下诏次年改元为“靖康”。宋徽宗交出权柄时，才 43 岁，正值盛年。四天后，太学生陈东即上奏请求诛杀蔡京、王黼、童贯、梁师成、李邦彦、朱勔六贼。宋钦宗未准。

宋钦宗靖康元年（1126 年）正月初二，禁军攻陷相州，守将梁方平纵火而逃，宋军在河南者竟无一人御敌。金军再次如入无人之境并嘲笑宋人说：“南朝（宋朝）可谓无人，若以一二千人守河，群殴岂得渡哉！”黄河天险就这样没有任何代价地失去了，攻破汴京就是早晚的事了。

已为太上皇的宋徽宗此时只知道去亳州烧香，其实是借机避敌。宋徽宗在渡河的时候，还不断地嫌船太慢，于是弃船改乘肩舆；也还是嫌慢，又找了艘搬运砖瓦的船搭乘，一路上饥肠辘辘，只好讨得炊饼一枚，与皇后等人分食。曾经九五之尊的皇帝，如今竟然落得这般田地。在避难之际，宋徽宗忘却已为太上皇，不该干政，一再行“下诏”之事。这不免妨碍宋钦宗的施政，父子之间还因此产生龃龉。

宋钦宗虽然即位，但对于金军的不断逼近，也束手无策，同样打算南逃，目标是襄阳、邓州等地。结果，又被李纲所劝止。钦宗次日又借口要去陕西起兵以卫都城，李纲又劝止。正月初七，完颜宗望已经团团包围了京师，大将何灌随后战死，金人要求宋方派亲王、宰相议和。宋钦宗于是派李棁为使者。完颜宗望提出退兵条件："金五百万两，银五千万两，绢缎各一万件，牛马各一万匹，尊金主为伯父，归还燕云之人，割太原、中山、河间地归金，以亲王、宰相为质。"

钦宗只好照办。但钱不够，于是下诏没收所有倡优的家财。名妓李师师的家财也未能幸免。接着，又下诏割地，派康王赵构、大臣张邦昌出使做人质。李纲扣留割地的诏书不发，静待各地的勤王之师。靖康元年（1126 年）正月十五，各地勤王之师陆续赶到京师，合计有 20 余万人。李纲请求由他指挥，钦宗不许，仅准其统率亲征行营司的左右中三军。李纲献计，扼守黄河渡口、断绝金军粮道，再以重兵围之。钦宗同意。但守将姚平仲却于二月一日夜里，率军一万人劫金兵营寨，打算生擒完颜宗望，救回康王赵构。姚平仲大败，幸得李纲死守，大败了进犯京城的金军。但这种军事冒险的失败，宋钦宗却归咎于李纲，李纲被夺权。宋钦宗再派秦桧、宇文虚中为使臣，赴金营谢罪，并完成割地事宜。

同年二月五日，京城局势失控。太学生数百人上书要求恢复李纲职务、罢免李邦彦。群众打死平日作恶多端的宦官十余人。钦宗无奈答应恢复李纲的职务。宦官朱拱之宣召李纲的时候稍有迟缓，结果被群众斩杀。李纲复职后，重整军备，打退金军。金军提出换人质，钦宗于是以肃王赵枢、驸马贾成换回赵构、张邦昌。金军得到人质、割地、钱帛之后，引兵北去。北宋暂时躲过危机。

经此大难，为了重振朝纲，宋钦宗决议诛杀六贼。时六贼已随太上皇宋徽宗南逃。宋钦宗依李纲献计，下诏将朱勔放归田里，王黼贬谪，李邦彦赐死。王黼途中被开封府尹聂昌派人刺杀，对外声称是被强盗所杀。梁师成被贬后，途中被下诏赐死。太学士陈东又上书暗示健在的蔡京、朱勔、童贯不宜随同宋徽宗南幸。宋钦宗于是下诏贬谪蔡京、童贯、蔡攸。随后，蔡京死于潭州，其子蔡攸、蔡絛，以及童贯、朱勔等先后伏诛。祸害朝野的这帮奸臣贼子终于得到了应有的惩罚。这也是北宋自太祖皇帝定下"不杀士大夫"这一祖训以来少有的破例。

靖康元年（1126 年）三月十七日，李纲迎回太上皇宋徽宗，并说服徽宗不再干预朝政，徽宗同意。但时间一久，宋徽宗又时不时给宋钦宗下手札，让钦宗办事。宋钦宗终于感到厌烦。于是将其侍从驱除得一干二净，又命令不得接受、存放宋徽宗的赏赐。此后徽宗的各种要求，宋钦宗也不予受理。宋徽宗逐渐成为名副其实的孤家寡人。然而，大宋的危机并未就此彻底解除。

金军退出了京师，但不代表亡宋之战就此熄灭。此次大军南下不仅让金军收获极丰，而且验证了宋军的不堪一击以及宋廷的懦弱无能，所以进一步刺激了金军的亡宋之念。

二、亡国丧邦

于是，靖康元年（1126 年）八月，金太宗再次兴兵伐宋，金太宗仍以完颜宗翰、完颜宗望为左右元帅，并仍然兵分两路合力击宋。宋境山西太原、平遥、灵石、孝义、介休等县大多不战而降，河北的真定（正定）守将李邈被杀。十月，金军攻陷河东重镇（临汾），很快与宋军在黄河对峙。十一月，完颜宗翰大败宋军，兵临开封城下，京师再度告急。

宋钦宗再次暴露自己的软弱、愚蠢。就在金军南下之际，前番东京保卫战的得力大臣李纲却被迫于是年九月辞官，原因是受到弹劾并被扣上"专主战议，丧师费财"的罪名，结果被贬到重庆奉先，且不准迁徙。宋钦宗和一些主降派大臣仍然幻想通过割地赔款、忍辱负重达成协议回归和平，全然不知亡国在即。

眼见金军已经开始运石伐木，准备强行攻城。宋钦宗赶紧去抓“李纲”这根救命的稻草，重新起用李纲，任命他为资政殿大学士、领开封府事；同时罢免宰相唐恪，代之以主战派何栗，由孙傅知枢密院事。但李纲在外地，根本来不及就任（实际上最终也没来得及赶上发挥作用，李纲得知此命时，北宋已经灭亡）；而何栗又只是一介书生，并无军事指挥之才，不懂军事防御。孙傅就更是愚蠢至极！他竟然相信一个自称能够掷豆为兵的骗子郭京，相信他能隐形、有方术可以退兵。更不可思议的是，经孙傅的推荐，这个骗子还受到宋钦宗的重用，赐官、赐金帛。结果，郭京又于集市寻一耍杂技之人做禁军教头，并任用一些与领兵打仗极不相关的能人异士。国家形势如此危机，最高统治集团却是如此昏庸，大宋岂有不亡之理?

金军攻势越来越迅猛，宋军的防御越来越显单薄，除了极少数的应战之外其余时间基本按兵不动、束手无策。为减少攻城阻力、行缓兵之计，完颜宗翰故技重施，敦促宋朝再派亲王、大臣前来割地议和。宋钦宗轮派了大臣宗室好几人，都受到完颜宗翰的刁难和拒绝。宋钦宗于是任命康王赵构为天下兵马大元帅率众勤王。但为时已晚，金军已经开始全力破城。仓皇之际，人们想起郭京及其招募的能人异士。郭京很快被找到，并受命领7000余人马，出城迎敌。郭京出城后，不断有人回报战绩如何辉煌、如何已夺金人大寨和兵马，实际纯属子虚乌有。那些所谓的能人异士在金人的金戈铁马之下，纷纷身首异处，而郭京早已逃得无影无踪。随后，京城陷落。

金军本欲下令纵火、屠城，得知“何栗欲率都民巷战，闻者争奋”，遂打消念头，再令宋朝献地议和。完颜宗翰点名要见宋钦宗。宋钦宗不敢前去。有人建议让太上皇宋徽宗应邀，宋钦宗

不许，改为遣皇叔燕王赵俣、越王赵偲等 11 人前往。完颜宗翰怒而不见。宋钦宗只好领宰相何栗等众臣赴邀，结果对方推说天色已晚，次日再见。

第二天，一见面，完颜宗翰便直接要求宋钦宗投降、上降表。宋钦宗已经没有任何拒绝的筹码，无奈从命。靖康元年（1126 年）十二月初二，宋钦宗上降表，称臣谢罪。

在降表中，宋钦宗违心地承认金军攻宋乃是“问罪之师”，哀求金人保全宋朝社稷。完颜宗翰未明确表态，但索要了良马一万匹；又恐百姓抗金，命令收取民间兵器；再索“金一千万锭、银二千万锭，帛一千万匹”。没办法，宋朝政府只好下令搜刮民间。结果，操办此事的官员一一被老百姓怒杀。许多老百姓被逼得悲戚愁叹，皆欲自尽。但金人仍不满足。

一个月后，靖康二年（1127 年）正月初九，完颜宗翰、完颜宗望再次要求宋钦宗至金营。宋钦宗被迫前往，但却为金人扣留，从此沦为阶下囚。随后，金人在京城大肆劫掠、搜刮金银，甚至礼乐器物、天文仪器、典籍图书，无所不搜；又搜诸科医生、乐工技人、手工工匠等人，许以家属随行；并掳姿色美女近千人。当时这些年轻女子故意把自己弄得蓬头垢面，几天不食，以期望能逃脱此劫。但毫无人性的开封府尹徐秉哲为讨好金人，却将她们一个个梳洗打扮之后，送入金人军中，供其消遣。一时间，整个大宋京城有如人间地狱，百姓哀号之声不绝于耳。

同年至二月初六，金太宗下诏废黜宋钦宗，北宋正式灭亡。

三、千秋之耻

就在金太宗下诏废黜宋钦宗的同一天，完颜宗翰命人持诏入城，“废帝为庶人，别立异姓，并请太上皇、后妃、嫔御、诸王、王妃、帝姬（公主）、驸马出城。”太上皇宋徽宗当时还蒙在鼓里，经臣下哄骗才出城。等明白情况之后，宋徽宗欲服毒自杀，又被臣下所夺，只好与自己的其余兄弟一并沦为金人俘虏随军北上。内侍邓述又为金人开具诸王、皇孙、后妃、公主名单，由徐秉哲逐一捉拿，前后总计有3000余人。昔日皇亲贵胄，就这样集体成为了阶下囚。这种耻辱大概是宋朝百年以来，从未有人敢想象的。

宋钦宗父子及宫室女子一行3000多人被送到金军营帐，受尽百般凌辱。宋徽宗喋喋不休，向完颜宗翰求情，希望讨得一些让步，却无果而终。完颜宗翰和完颜宗望一言不发，拒不搭理。

金军将领还利用一切机会反复羞辱徽、钦二帝。他们故意安排宋徽宗的妃嫔、公主（当时叫帝姬）在宴席上与普通歌女一起陪酒，宋徽宗不忍目睹，但仍被完颜宗翰强行留住。这些宋朝公主，许多明明已经婚嫁，完颜宗翰仍故意赏赐与部下，徽宗与之理论，均被赶出营帐。

离开东京之前，金军满城劫掠，这座繁华都市顿遭浩劫。首先是搜罗美女。其中有3000女子作为“贡女”要献给金太宗，另有1400名女子犒赏给金军将士，完颜宗翰和完颜宗望各得100余女子。所有宋朝女子，被一律要求换上金人装束，有孕者强行堕胎。接着便是搜寻值钱的宝物。宋徽宗的宫廷收藏、金银珠玉，平日从民间搜刮的珍奇异物、书画珍品，还有大宋皇帝玉玺、宝印数十枚，都被陆续运走。

金军将领还按照金太宗诏书，要求“别立异姓”，以代替宋朝。这个“别立异姓”的对象，正是宋钦宗的丞相张邦昌；国号“楚”，世称“伪楚”。

张邦昌知道这个龙椅不好坐，便称病不食，拒绝接受。对于拥立张邦昌为帝，当时大多数的汉臣都持激烈的反对态度，其中反对得最为激烈的还是日后另一个争议人物秦桧。张邦昌再三称病推辞，引起金国的愤怒。后来金国发来文书，限三日接受，不

然就屠城。张邦昌只好从命。金国大军准备返回北国，已经身为“皇帝”的他却身服缟素，率领满朝文武，亲自向其时已身陷金军牢笼的徽、钦二帝遥拜送行，并且伤心欲绝，涕泪俱下，完全是为人臣子的礼仪。金军离开之后，张邦昌立刻接受吕好问的建议，毅然还政于康王赵构，献大宋国玺，请宋哲宗元祐皇后垂帘听政。康王赵构于是随后登基称帝，延续大宋的国祚，续用“宋”这个国号，后世称为“南宋”。

靖康二年（1127年）三月底，大肆掳掠完毕之后，金军终于启程北上。宋徽宗、宋钦宗父子及后妃、公主、驸马等470余人，教坊、宫女等3000余人，作为俘虏，统统被要求换上青衣随同北上。途中，宋徽宗乘坐牛车，由听不懂汉语的金兵牵引。若是遇上大雨，道路泥泞，途中往往车坏、牛死，随行的宋人若是稍稍落后便被金兵当场杀死。

在食物上，金军对宋徽宗倒还算好生对待，能保持供应，但他哪里能有胃口？至于其他人就没有这番待遇了。燕王赵俣，是宋徽宗的兄弟，就是因为食物匮乏而饿死，死后被金人就地火化了事。尽管宋徽宗一再哀求、乞求放还部分皇室子弟、妻女，但始终未得应允。金人反倒当着宋徽宗的面，将大宋公主分赐给金军将领。

这些随行的宫廷女眷，绝大多数都沦为金军的性奴，包括徽钦二帝的妃嫔、亲王的妻妾及大量的公主。她们被要求在宴会上起舞助兴，被要求去给金军将领侍寝，稍有不从便即刻被杀。面对自己妻女的遭遇，宋徽宗和宋钦宗只能眼睁睁看着，亦无可奈何。

等宋徽宗到达燕京的时候才知道，自金人入侵大宋以来，已掳掠宋朝男女不下20万，女人或被赏赐给金兵为妻妾，或沦为娼妓，且十人九娼，其中不乏皇亲国戚、宗室子女。随后，宋钦宗也被送到燕京，与宋徽宗一样，穿着黑色的衣服，而且时刻受到金兵的监视，从行者稍有延迟即遭鞭打。经过宋徽宗的多次请求，终于获准与自己的儿子宋钦宗见面，但二人见面，却是“相顾无言，唯有泪千行”。人生之大起大落，莫过于徽、钦父子!

短暂停留之后，金人又将徽、钦父子等人迁徙到辽中京（内蒙古宁城西），留下宗室1800余人在燕京。此地距离燕京有950里，荒凉残破。宋徽宗还在幻想“请立赵氏，奉职修贡，万世利也”。被完颜宗翰一笑置之，不予答复。宋高宗建炎二年(1128年）八月下旬，又被押往上京（今黑龙江阿城）。金太宗已等候在此。徽、钦二帝到达的次日，金太宗便将徽、钦父子的妃嫔、公主纳入自己的营帐。

同年八月二十四日，金太宗让徽、钦父子朝见祖庙，行献俘之礼，以此羞辱北宋君臣。徽、钦二帝被要求去除袍服，身披羊裘、腰系毡条，入庙行牵羊礼。然后，金太宗在礼乐声中亲手宰羊贡入殿中。完毕后，再迫徽、钦二帝在乾元殿拜见金太宗，途中骑乘的马背上插着白旗，上面分别写着：俘宋二帝、俘宋二后、俘叛奴赵构母妻、俘宋诸王驸马、俘宋两宫眷属……宋帝后均戴帕头、民腿，外袭羊裘，诸王、驸马、妃嫔、王妃、公主、宗室妇女、宦官均裸露上体，披羊裘。金太宗还故意封宋徽宗为“昏德公”、宋钦宗为“重昏侯”，他们的皇后被封为夫人，穿着胡服。

其余妃嫔宫女，包括宋徽宗的韦贤妃、康王赵构的母妻等300多人被没收为奴婢，纳入上京的“洗衣院”。名义上是为金人浣洗衣服，实际上是官方妓院，专供金人淫乐。另有400余宫人女眷，送入元帅府“女乐院”，也是妓院性质，供金人淫乐。有身孕者计有94人，被要求一律堕胎，有病者调理，以备采选。宋钦宗的皇后不堪侮辱，自缢不成，又投水自尽。此后，金太宗还时不时从洗衣院中挑选女子赏赐军士。至于被俘的工匠男子，则安排岗位，从事奴隶劳动，“任其生死，视如草芥”。

这样的亡国之耻，只怕是“前不见古人，后不见来者”。历

史上的王朝更替循环往复，但未见有如此耻辱的。宋徽宗父子二人创下了历史纪录。只是可怜了那些无辜的宫室女子，无辜的寻常女子，无辜的百姓，他们与金人何干？却要连带背负这样的耻辱，遭遇那样的羞辱。一个朝廷，不能保护自己的百姓，那是无能的朝廷。徽、钦二帝，不管怎样忏悔、怎样遗憾，都不能抹杀自己作为君主的失败。

建炎四年（1130年）七月，徽、钦二帝又被押送到五国城（黑龙江依兰县），而且随从大大减少，不许多带。九月，宋徽宗的郑皇后去世，享年52岁，失去相濡以沫的发妻，他从此无所依靠。宋高宗绍兴五年（1135年）四月，宋徽宗一病不起、撒手人寰，结束了颠沛流离的一生，也结束了自己的囚徒生涯，享年54岁；死后，按照金人习俗就地安葬。

绍兴十二年（1142年）三月，金熙宗准许高宗母亲韦太后归宋，并愿意归还宋徽宗及皇后等人的梓宫（宋徽宗实际已无尸骨可找，只有一根木头置于其中，算作代替）。韦太后临行前，宋钦宗告韦太后："寄语九哥（高宗赵构），吾南归，但为太乙宫主足矣，他无望于九哥也。"乔贵妃也相抱痛哭说："姊姊此归，见儿即为皇太后矣，宜善自保重。妹妹永无还期，当死于此。"又说："姊姊到快活处，莫忘了此处不快活。"悲戚之情，天地动容！

宋钦宗所不知道的是，虽然他很想回归南宋，但是他的"九哥"宋高宗却担心其回来后威胁自己的帝位，一直只在表面上高喊迎回徽、钦二帝。绍兴二十六年（1156年），宋钦宗在金国去世。但死讯却于绍兴三十一年（1161年）才传到南宋。北宋兴亡故事，算是就此完结！

四、后记

前述哲宗时期，宋朝的综合国力达到了一个新高度。从对西夏用兵的决定性设立可以看出，自王安石以来，不断改革变法是有成效的。也许不能完全纠正“三冗”之弊，但财政和国防实力上是有起色的。那么为何徽、钦二帝时期，国家迅速沦落至此呢？

问题显然出在宋徽宗时代。宋徽宗在国家危难，濒临亡国之际，仓促禅位，企图把“亡国之君”的历史责任推脱给自己的儿子，这本身就说明宋之衰亡崩溃在于宋徽宗时期。宋钦宗所扮演的历史角色，不过是北宋灭亡过程中的一道手续而已。

那么宋徽宗时期为何会出现如此重大的国家变故呢？他在位时间仅仅26年而已。他从哲宗手中接管的宋朝，综合国力并不弱。但26年期间，帝国走向崩溃。且亡国之时，各种努力让人可怜、可叹、可笑。金人南下，基本上如入无人之境，没有遇到多少实际上的抵抗。被称为“北宋六贼”的蔡京、童贯等6人，虽手握大权，但却未做任何实效性的抵抗；更奇怪的是，这些人在徽宗时代也没有受到任何追究，反而在徽宗禅位之后还继续“团结”在他周围。这实在是咄咄怪事！

如果仅仅把责任归咎于“六贼”等奸佞之臣，显然太高估这些人的能力了。因为本朝制度，即便宰相也是受监督的——有皇帝的监督、台谏的监督。蔡京四次罢相，就是台谏在起作用。但为什么被弹劾罢相之后，蔡京还能一再重新受到重用呢？这就应该问宋徽宗本人了。

从徽、钦二帝时期帝国崩溃的细节来看，“人事”的失败是最直接的原因。“用人”一再失败，导致一再铸成大错，直至大厦倾覆无力挽救。徽宗时期是这样，钦宗时期也是这样。钦宗时期，尽管他的身边佞臣成群，但也还是有李纲这样的人才，而且主战派李纲的各种抗金努力，都是卓有成效的，都是正确的；但在这样危难的关头，这样的人才也能说被罢免就被罢免。替代他的人却深信奇能异士，指望各种迷信手法能帮助打退金兵，结果不仅被人卷款而逃，而且让皇帝沦为阶下之囚。像这样的责任该由谁承担呢？

答案是不言而喻的。所有这些疑问的答案都共同地指向了——皇帝本人。谁在“用人”问题上出错，谁应该为此负责。宋徽宗、宋钦宗！他们是人事任免权的最高掌握者。他们直接决定着朝中官员的人事任免。他们根据台谏言官的弹劾，能清楚地知道谁是忠、谁是奸。他们也应该有识人之明、用人之慧。但是，他们没有做到选贤任能。亡国之际，正义人士坚持处死“六贼”，百姓打死大量的宦官，这都说明在人事问题上，人们积怨已久。错误的人事任用，伤害了太多老百姓的利益，伤害了太多正直之士的心，迫害了太多忠诚之士的忠。

宋金之间本不对立，因海上之盟，双方本是盟友关系。但为何宋金迅速失和，以致金发起亡宋之战呢？除了金人野心大，在宋金盟友关系的维护上，宋徽宗收容降金大臣，这亦是背盟，是失信。况且，海上之盟虽然存在，宋作为盟约的一方并未实际履行到位盟约中的责任义务；按盟约，宋攻辽，但宋军失败了，金人是完全可以“失约”的。但双方交涉，最终仍能达成妥协，让宋徽宗“部分实现”燕云十六州的领土梦想。表面上看，宋在与金的“外交”中还算是有成果的。但收容金朝叛将张觉这件事，又使宋金之间的盟友关系、合作关系，迅速走向反面。这个过程中，宋徽宗有一系列的决策失误。外交上的失败，责任在自己身上。

金军南下，守将纷纷不战而逃、而降，这是人心向背的结果。这说明宋徽宗的统治已经失去了民心、军心。为什么会这样？那就要问问宋徽宗每年从民间收取花石纲的时候，老百姓的心里是怎么想的；问问他与蔡京一起迫害元祐党人的时候，那些元祐党人及其子弟是怎么想的。

同样的体制，为何哲宗时期宋朝还很强盛，但徽宗时期国家却衰败呢？而且哲宗时期亲政才 7 年，徽宗亲政长达 25 年。

蔡京倒是个才艺出众的文人，但是这个文人对国家的治理起的是什么作用呢？徽、钦二帝的时代，依然是文官全面主政，但这时的文官把事办好了么？文官政治，就一定高枕无忧么吗？现在看来未必。再往前说一点，司马光是文官，王安石也是文官，站在现在的立场来看、站在当时解决实际困难的需要来看，哪个文官才是对国家最有贡献的呢？我看，答案不是“司马光”。身为文官，如果人人都有王安石的眼界、智慧和谋略，如果人人都公忠体国，即使皇帝是昏君，国事也不至于发展如此。

北宋的灭亡，表面上看，是亡于金人之手，实际上是亡于自己之手。北宋开国以来，行重文轻武之策，与士大夫共治天下，初衷向好；但国难当头的时刻，武将没有积极抵抗外敌入侵，士大夫没有治国之能，却有贪权敛财之实，徽、钦二帝亲小人、远贤臣、伤百姓；帝国对宰相权力监督制衡的设计因皇帝的偏听偏信而失灵，帝国自“澶渊之盟”以来的睦邻友好政策被徽宗皇帝片面背弃从而失去战略屏障，导致宋金南北并立；宋徽宗在宋金交往中一再失信，最终铸就了宋金之间的对峙——直至靖康之变的发生，宋朝为金所灭。

皇帝个人的能力和水平，在很大程度上影响着帝国的兴衰成败。这不啻为君主专制时代的悲歌。

第六章　南宋偏安

第一节　建炎南渡寻偏安

靖康二年（1127年），金军大举南下，攻陷汴京并洗劫一空，掳走徽、钦二帝及宫室眷属3000多人，标志着北宋的灭亡。此后，徽、钦二帝被押解北上，直至徙居五国城，并在那里终老去世；而宫室女子大多沦为金军性奴，受尽虐待和羞辱，直至惨死在异国他乡，鲜有善终。故而，宋人将此亡国故事视为"靖康耻"。

"靖康耻"产生的历史深意在于：一方面使得一些宋人对金朝深感恐惧，从此产生"畏金症"；另一方面使得宋金所在的两大民族之间的敌意和仇恨从此刻骨铭心，气节之士总想报仇雪耻。由于金朝攻陷汴京之后，并未永久占领汴京，更未实施对全国的统治，而是扶植了一个傀儡政权之后就回到了北方，这使得南方那些仍然效忠于宋朝的力量迅速走向联合，以重振国家。

见识了金人极具恐怖色彩的军事行动，南方州县也需要这种联合来保境安民、延续文脉。在长江天险的地理阻隔下，江南地区容易获得偏安。历史上也有不少案例可资证明。比如西晋亡国后，西晋皇室跑到南方建立了东晋政权；此后中国北方不断政权更替，但南方却相对安定，经济得到不断发展。

此时，北宋遗民重建政权的有利的条件有两点：第一，金人在汴京扶植建立的"伪楚"政权，其统治者张邦昌根本没有勇气和信心长期自立（他既是童贯的党羽，又是靖康元年负责与金议和的使者），身份尴尬，难以得到民心拥护；第二，“靖康之变”中，金人虽然对北宋皇室采取了“一锅端”的做法，但赵家子孙仍有漏网之鱼，大宋江山后继有人。这个漏网之“鱼”就是被宋钦宗任命为“天下兵马大元帅”的康王——赵构。

一、南宋建立

康王赵构，系宋徽宗第九子，被宋钦宗称为“九哥”。

靖康元年（1126年）春，金兵第一次包围开封府时，他曾以亲王身份充当人质，遭到短暂扣押。当时与他一起充任人质的，还有宰相张邦昌。不过，赵构的“人质”生涯十分短暂。金军在初次撤离东京前提出撤换人质，钦宗于是以肃王赵枢、驸马贾成换回赵构、张邦昌，赵构于是得以幸免。次年，金兵再次包围开封，宋钦宗命他为“天下兵马大元帅”，陈遘为元帅，宗泽、汪伯彦为副元帅，速领兵勤王。但他移屯北京大名府（今河北大名），继又转移到东平府（今属山东）以避敌锋，于是幸运地躲过一劫，没有沦为金人的俘虏。

金军携带徽、钦二帝北返后，“伪楚”皇帝张邦昌身服缟素，率领满朝文武，亲自向其时已身陷金军牢笼的徽、钦二帝遥拜送行，并且伤心欲绝，涕泪俱下。兵部尚书吕好问建议他还政于康王。张邦昌从其计，献大宋国玺，请立康王，并请宋哲宗元祐皇后垂帘。康王赵构予以接受，于靖康二年（1127年）五月初一，在南京应天府（今河南商丘）正式即皇帝位，改元“建炎”。“伪楚”政权只存在了一个月的时间，就完成了其历史使命。赵构即位后延用国号“宋”，由于此后的宋朝定都于南方，故后世称之为“南宋”。赵构，就是南宋的第一位皇帝——宋高宗。

这一政权交接的过程充分显示了北宋开国以来，“与士大夫共天下共治天下”的效果。在过去，在兵荒马乱之际，有多少人想当皇帝？为了当皇帝，都有多少血腥杀戮？但现在赵构却没遇到这种情况。张邦昌与宋高宗之间的政权交接非常和平、非常顺利，没有遇到任何抵抗，甚至张邦昌还求之不得，巴不得尽快“脱手”。原因就是，百余年的文官政治已经对武将的权力得到有效的约束，即使慌乱之际，也没有哪个军人集团有能力得逞，而文官集团又只认赵宋王朝的子孙为正统，只与赵姓皇族“共治天下”。所以宋高宗得到的“天下”，是“让”出来的，不是“打”出来的。宋高宗即位后，文官集团与之依然是“共治”的关系，依然是政治联盟。从某种程度上说，这是北宋“祖宗家法”的成功。

二、建炎南渡

宋高宗即位后，政权所面临的最大危机依然是金人的南侵。金军退去，但随时可能再度南下。所以，稳妥起见，并汲取徽、钦二帝的教训，他重新起用主战派官员李纲。宋高宗任命他为尚书左仆射兼中书侍郎（左丞相）。

接到任命后，李纲便赶到南京，竭尽思虑，为高宗筹划重整朝纲，组织抗金，并同高宗周围的汪伯彦、黄潜善等投降派展开尖锐斗争。他反对投降，主张“一切罢和议”，严惩张邦昌及其他为金兵效劳的宋朝官员，以励上节。张邦昌虽然曾经与宋高宗同为人质，但张邦昌亦是王黼（“六贼”之一）的党羽，极力主和，在与金人议和中又难逃“卖国”嫌疑，宋高宗于是“赐死”张邦昌。李纲上台后，积极主张抗金。为加强抗金斗争的力量，他推荐坚决抗战的老臣宗泽出任东京留守，去开封整修防御设施；又力主设置河北招抚司和河东经制司，支持两河军民的抗金斗争，并推荐张所和傅亮分别任河北招抚使、河东经制副使。他还针对北宋以来军政腐败、赏罚不明等情况，颁布了新军制 21 条，着手整顿军政，并建议在沿江、沿淮、沿河建置帅府，实行纵深防御。

李纲整顿军政的设施，有助于宋朝廷支撑局面，尚能为宋高宗所接受。然而，他主张坚决抗金及反对投降活动，却为宋高宗及汪伯彦、黄潜善所不容。因此，他们便设法驱逐李纲。首先，高宗委任黄潜善接任右仆射兼中书侍郎，以牵制李纲。接着，高宗又罢免张所、傅亮，撤销河北招抚司及河东经制司，蓄意破坏李纲的抗金部署，迫使李纲辞官。结果，李纲主政仅 75 天，便遭罢相，为观文殿大学士，提举杭州洞霄宫；次年十一月，被贬至今海南万宁。李纲心灰意冷，从此再不愿入仕，直至绍兴十年（1140 年）正月十五日病逝。李纲去世后被追赠少师，后又于宋孝宗淳熙十六年（1189 年）被特赠陇西郡开国公，谥号“忠定”。对此，《宋史》作者不无叹息地评价：像李纲这样的贤才，如果任其在靖康、建炎年间去施展，不去阻挠，徽、钦二帝至于会被金人俘虏吗？宋高宗至于需要“南渡”吗？

从对待李纲的任用这件事可以看出，宋高宗实际与其父亲、兄弟没有什么差别，患上了严重的“畏金症”。宋高宗并无大志，他骨子里就是个主和派、投降派，日后在宋金交往中他的政策亦可以证明这一点。

为了避免重蹈徽、钦二帝的覆辙，宋高宗一开始就希望逃到南方去。建炎元年（1127 年）七月，他下达了“巡幸东南”的手诏，目的地是建康（今江苏南京）。但因李纲的极力反对而作罢。

将李纲罢相后，宋高宗于十月逃到扬州，并名之为“行在”（即朝廷的临时住地）。高宗将黄潜善、汪伯彦分别迁为左、右相，把朝廷大事全权交给他们，自己则在行宫寻欢作乐，全然不顾中原军民当时正处在金军的铁蹄之下。结果，宋高宗很快就吃到了教训。

建炎元年（1127 年）十二月，金军分三路再次南侵，西路攻陕西，攻山东的东路军在渡过黄河后由完颜宗弼分率一部直逼开封，完颜宗翰则亲率中路直攻开封与其会师。这是金军对东京（汴京）的又一轮攻势！金朝的目标非常明确，那就是追击立足未稳的高宗小朝廷，俘获高宗，以确保不再有一个赵氏政权与其为敌。

这时的开封府尹兼东京留守是宗泽，他有效地部署了东京防线，粉碎了金军夹攻的计划。其后，他派人联络两河抗金义军，建立以东京为中心、两河为屏翼的抗金防线。同时宗泽派人与两河义军联系，让他们做好接应宋朝大军渡河收复两河失地的准备。两河义军数10万都受宗泽节制，称其为“宗爷爷”。宗泽深知这些自发的义军，是抗金斗争最可倚靠的主力，但没有朝廷的支持，迟早会归于失败。因而在开封秩序恢复正常以后，他一再上书高宗，呼吁还都，以号令抗金斗争。宗泽留守东京一年，先后上了24次《乞回銮疏》。建炎二年（1128年）七月，宗泽见坐失良机，忧愤成疾，与世长辞。死前，他还三呼“过河”。

建炎三年（1129年）旧历二月，完颜宗翰派兵奔袭扬州，前锋直抵天水军（今安徽天长）。听到消息后，宋高宗策马出城，仓皇渡江，经镇江府到达杭州。

这次溃退，朝野都把罪责推在黄潜善和汪伯彦的身上，高宗也不满他俩未能早做准备，让自己吃足了苦头，遂将他俩罢相，改任命朱胜非为右相，王渊签书属枢密院事，仍兼御营司都统制。但这仍然不能息事宁人。御营司武将苗傅和刘正彦嫉妒自己的长官王渊升迁极速，又忌恨宦官胡作非为；于是利用军士对朝政的不满，发动兵变，杀了宋高宗信任的同签书枢密院事王渊和一批宦官，宋高宗应其要求被迫下诏退位（将皇位禅让给三岁的皇太子赵旉）。这件事在历史上被称为“苗刘兵变”。

兵变消息传出后，各地将领纷纷勤王平乱，出兵镇压。文臣吕颐浩、张浚和武将韩世忠、刘光世、张俊起兵“勤王”。苗傅和刘正彦见局势失去控制，连忙奉赵构复辟，最后两人先后被打

败，在闹市被处决。宋高宗得以“复辟”。

之后，宋高宗封赏平乱功臣。升吕颐浩为尚书右仆射；升李邴为尚书右丞；封韩世忠为少保，武胜、昭庆两镇节度使，御书“忠勇”赞扬其忠心，另外封其夫人梁氏为护国夫人。一人兼两镇节度使及功臣之妻受封赏皆始于此。张浚则自请前往川陕一带防守，被封为宣抚处置使。

兵变平息后，宋高宗将杭州升为“临安”府。但金军依然在继续追击。高宗无奈，只好遣使向金帅完颜宗弼（兀术）乞和，在国书中极尽奴颜婢膝之能事，哀求兀术能饶他性命、放条生路。但金军不加理睬，渡过长江，占领建康（南京），直奔临安。宋高宗只好从临安逃到越州（绍兴），后逃到明州（宁波），十二月，索性决定入海避敌——乘船漂泊在台州与温州间的海上。其颠沛流离之狼狈由此可见一斑！

建炎四年（1130 年）正月十六日，兀术攻陷明州，也乘船入海，打算捕获高宗。幸而途中遇上大风暴，被宋军水师击败，又退回明州，让高宗躲过一劫。金军捕获不成，为避免后路被断，开始回撤，途中又纵兵在明州、临安、平江府等地奸淫掳掠、无恶不作。

三月，兀术再次渡江北上，先被韩世忠的水师在黄天荡包围、阻截，撤退到陆地上后又被岳飞率军打败。金军终于退去，从此不再渡江。宋高宗在确知金军已经撤走之后，才从温州泛海北上，回到越州，结束了长达四个月的海上亡命生活。

次年，高宗改元为绍兴元年（1131 年），寓有“绍祚中兴”之意。十月，高宗又升越州为绍兴府，把这里也作为行在。绍兴二年（1132 年）正月，宋高宗迁回临安（杭州），事实上以临安为都城，结束了其“南渡”行程。之所以说是“事实上”，是因为临安名义上还是“行在”，以此体现宋高宗不忘恢复中原的姿态。

第二节　壮志难酬河山旧

绍兴二年（1132年），宋高宗迁回杭州之后，南宋朝廷初步在江南地区站稳脚跟。但是金军灭亡南宋之心不死，南宋受到的威胁并没有减弱。金军将领兀术（完颜宗弼）前番败给韩世忠、岳飞之后，改向川陕方向进攻。绍兴三年（1133年），兀术攻打和尚原（今陕西宝鸡西南），遭到宋军将领吴玠、吴璘兄弟的顽强抵抗，损失惨重。由于收获甚小，兀术于次年年初退回燕京，并调整策略，准备智取。

面对金人咄咄逼人的威胁，为了化被动为主动，绍兴四年（1134年）春，岳飞上书宋高宗请求北伐收复失地，得到高宗的批准。岳飞于是从这年五月率军渡江北伐，南宋一朝最为波澜壮阔的抗金活动旋即展开。

一、乱世出英雄

很多人对岳飞的了解，始于“岳母刺字”这个故事。在历史上，这个故事的原委到底是怎样的呢？我们先来介绍一下“岳飞”其人。

岳飞，字鹏举，相州汤阴县人。他于宋徽宗崇年二年（1103年）生于一个农民家庭，有四个哥哥、一个弟弟和至少一个姐姐。传说岳飞出生时，有大禽若鹄，飞鸣室上，故父母给他取名飞，字鹏举。岳飞受到了良好的家庭熏陶和教育。他的父亲淳朴善良，母亲则深明大义。岳飞小的时候，就有“岳母刺字”，且此故事流传甚广，成为一段脍炙人口的佳话，但细节方面尚待学界继续考证。文献中较早记载这个故事的，是《宋史·岳飞传》。不过《宋史》中所述刺字的内容与民间传说略有不同。《宋史》的版本是“尽忠报国”，而民间传说的是“精忠报国”。学界认为，前者可信度高。“精忠报国”这个说法，可能是因为宋高宗曾御赐“精忠岳飞”四字，民间于是以讹传讹，误把“‘尽’忠报国”传为“‘精’忠报国”。

按岳飞后人的说法，岳飞少年时性格沉厚、寡言少语，但是喜欢读《左氏春秋》《孙吴兵法》等书，且先后拜师学习骑射、刀枪之法等。他的武艺全县无敌，且有神力，不满 20 岁时就能挽弓 300 宋斤，开腰弩八石，“时人奇之”。

岳飞 20 岁时便开始了自己的戎马生涯，其后不久父亲病故，便回家守孝。两年后，因为生计困难，第二次投军，在河东路平定军出任偏校。靖康元年（1126 年），金军突然南下，攻城略地，岳飞从平定军突围回到家乡。岳飞目睹了金人入侵后百姓惨遭杀戮、奴役的情形，心中愤慨，意欲再次投军；又担忧老母年迈、妻儿力弱，在兵乱中难保安全。但他的母亲姚氏积极勉励岳飞“从戎报国”，相传“尽忠报国”就是在这个时候刺在他后背上的。岳飞于是第三次从戎。

靖康元年（1126 年）冬，天下兵马大元帅康王赵构到相州，奉旨组织军队勤王。岳飞随同刘浩所部一起划归大元帅府统辖。岳飞作战勇敢，有勇有谋，在军营中很快崭露头角。岳飞所部亦很快划归副元帅宗泽管辖。岳飞又屡建军功，不断升迁。“靖康之变”发生后，宋高宗准备退居南方，岳飞不顾自己官职低微请缨北伐。但宋高宗以“越职言事”为由，将其革除军职、军籍，逐出军营。

岳飞又北上奔赴前线投军，这是他第四次投军，先后隶属于招抚使张所、名将王彦，最后又复归宗泽。岳飞一次又一次打胜仗。老将宗泽非常赏识岳飞的才干，认准他是大将之才，打算好好培养。据载，有一日宗泽召见岳飞并授以用兵作战阵图，且以："尔勇智材艺，虽古良将不能过。然好野战，非古法，今为偏裨尚可，他日为大将，此非万全计也"告岳飞。岳飞则以"兵家之要，在于出奇，不可测识，始能取胜。阵而后战，兵法之常，运用之妙，存乎一心"回应，宗泽亦十分赞同岳飞之见，于是对他更是欣赏。由此亦可看出岳飞战场上取胜的秘诀是不拘泥于阵图。而这个做法，与宋朝皇帝历来热衷的"将从中御"却恰恰相反。这间接解释了宋朝将帅在战场上的整体表现不佳，其责任到底应该在将帅，还是在皇帝。

建炎二年（1128 年）四月以后，天气开始炎热，金军撤退，宗泽准备北伐。王彦的八字军奉宗泽之命移屯滑州。五马山的首领马扩也携带信王赵榛的信前来东京留守司。宗泽和王彦、马扩等人共同制订了北伐的计划。这年六月止，宗泽对上陈述恢复大计的奏章达 24 次，但始终没有取得高宗的支持。年近古稀的宗泽再也支持不住，背疽发作，于七月初一含恨离世。一代名将就这样遗憾辞世！

宗泽死后，东京留守的继任者杜充，谋略不足，搁置了宗泽的北伐计划。岳飞在其帐下抗金无门，只是收降了一些叛将和流寇。建炎三年（1129 年）五月，杜充眼见天子南渡，遂生南迁之念。这年六月下旬，岳飞刚刚回军开封，就接到杜充南撤的命令。开封乃北宋故都，好不容易得手却白白放弃，他日若再想收复此地，只怕需要数 10 万将士浴血奋战去争取。对于杜充的决策，岳飞苦苦相劝而不可得，只得受命南下。

更离谱的是，宋高宗不仅未对杜充弃守开封的做法作任何责罚，反而命他负责长江防务、升右丞相。宋高宗就是这样不思进取、懦弱无能。大宋天子已经不再是爱惜百姓、保境安民的天子

了，而是只顾自己死活的天子。“建炎南渡”这一路遭受金兵追杀的经历，让高宗对金兵极为恐惧，生怕有朝一日自己会落得徽、钦二帝的下场。于是，到达杭州之后，宋高宗赶紧让人向兀术呈送《致元帅书》，极尽哀怜之意，请求“赐以余年”：

……伏望元帅阁下，恢宏远之图，念孤危之国，回师偃甲，赐以余年……社稷存亡，在阁下一言，某之受赐，有若登天之难，而阁下之垂恩，不啻转圜之易，伏惟留神，而特加矜察焉……

兀术显然收到了这封信，但他不仅没有做任何回复，而且继续兴师南下。建炎三年（1129 年）秋，金军又兵分多路向南进犯。完颜挞懒（汉名昌）领军进攻淮南，兀术则领军直接进攻江南，直捣赵构所在的临安（杭州），只图一举灭亡南宋，占领整个宋朝领土。

很快，金军沿长江北岸东进，与李成合攻乌江，离建康不到百里；不久，开始渡江南下。危难之际，岳飞受命率军奔赴马家渡阻敌，结果因孤立无援退守建康东北的钟山。杜充再弃建康，逃亡真州，不久降金，建康失陷。

杜充既已投降，岳飞决定转战敌人后方，独自抗金。他收编了大量溃军败兵，并严明军纪，陈述报国志向，令士卒感动并得到了他们的拥护。

岳飞的“敌后抗战”痛击了兀术，有力地牵制了他的南下进程。岳飞夜袭并攻克溧阳，再转战广德，在广德境中取得六战皆捷的战绩。岳飞在广德的屯军，军粮用尽、将士忍饥，却不敢扰民。岳飞治军极其严格，他对部下的要求是“冻杀不拆屋，饿杀不打卤（打卤是宋代口语，意为抢劫）”。流传开来，就是“冻死不拆屋，饿死不掳掠”。

建炎四年（1130 年）初春，宜兴正被溃军骚扰，县令请岳飞来宜兴抗战，并以“县中存粮，可供一万军士吃十年”告之。岳飞迅速进驻宜兴，屯于张渚镇。在广德和宜兴，岳飞收降了因政局混乱而在当地为匪的多支部队以及金军强征来的河北、河东等地签军。岳飞不歧视、苛待他们，伪军们都传话道“此岳爷爷军”，争来降附。岳飞抗金英勇，爱民如亲，宜兴百姓感恩戴德。民间流传“父母生我也易，公之保我也难”。

此时兀术仍在穷追宋高宗，一路南下。金军经过常州时，岳飞率军从宜兴赶来截击，四战皆捷，擒女真万户少主孛堇等 11 人。

岳飞的惊人战绩终于引起宋高宗的注意，并获得肯定和认可。常州截击战之后，岳飞首次得到朝廷诏令，命他配合镇江韩世忠，从左翼进击金军，伺机收复建康。金军在水路与韩世忠相持达 40 日，被困于黄天荡，因奸细献策才得以入江。陆路上，岳飞于建康城南 30 里的清水亭首战大捷，金兵横尸 15 里。宋高宗总算稍感安全，得以喘息。

此后，岳飞又着手收复建康，在建康与金兵鏖战半月。此时，民间已按习惯称呼这支由岳飞统率的军队为“岳家军”，与韩世忠的“韩家军”并列，但岳飞的官职此时依然不高，隶属于御前右军都统制、浙西江东制置使张俊部下（张俊后来也名列“中兴四将”之一，但排名在岳飞之后）。在收复建康的战役中，岳家军战绩辉煌，仅斩女真兵就“无虑三千”，擒获 20 多名军官。宋高宗也因此第一次召见了岳飞，并且采纳其建议，重兵布防建康，以卫东南。

绍兴元年至三年（1131—1133 年），岳飞先后平定了游寇李成、张用、曹成和吉、虔州的叛乱，升任神武后军统制。就是在这时候，宋高宗赐御书“精忠岳飞”给岳飞，后世才误将岳飞背后的刺字“尽忠报国”传为“精忠报国”的。宋高宗还将牛皋、董先、李道等所部拨归岳家军，以充实岳家军。如果说岳飞此前的军队

勉强应该视为私人招募的军队，那么在宋高宗召见岳飞，并拨给岳飞军队之后，“岳家军”就很难再被视为私人招募的武装了。

宋高宗在乞和而不得、不断被金兵追杀中，也终于面对现实，唯有全力抵抗才能图存，才能获得议和的筹码。所以对岳飞及其岳家军的倚重开始与日俱增。

绍兴四年（1134 年）春，岳飞上《乞复襄阳札子》，提出收复陷于伪齐政权的襄阳六郡（襄阳府、郢、随、唐、邓等州、信阳军）的主张，并认为“恢复中原，此为基本”。

奏议得到朝廷许可，但高宗又特别规定岳家军不得称“提兵北伐或言收复汴京”，只以收复六郡为限。宋高宗又一次暴露了自己的软弱怯懦。

二、收拾旧山河

绍兴四年（1134 年）五月，岳飞重返战场，岳家军从鄂州（今湖北武汉）渡江开始北伐。首战攻克郢州（今湖北钟祥），杀敌 7000 余人。接着兵分两路，岳飞命部将张宪攻打随州，自己则率主力逼向襄阳府（今湖北襄阳），襄阳敌军不敢与之交战，弃城而逃，岳飞兵不血刃进入襄阳。当时牛皋正与张宪、徐庆合力攻下随州城，俘虏了 5000 伪齐军。岳飞 16 岁的儿子岳云勇冠三军，手持两杆数 10 斤重的铁锥枪，第一个冲上城头。

岳飞出师大捷，震动了河北。当时金朝在河北大名扶植刘豫建立有“伪齐”政权（伪齐皇帝刘豫本是北宋末年的河北西路提点刑狱）。刘豫急忙调度兵力，还请来金朝的“番贼”，与河北、河东的“签军”增援。岳家军奋勇冲杀，一举击败金与伪齐联军，收复襄阳六郡。岳飞连战皆捷的消息，震动了朝廷。高宗接到岳飞的捷报后，对副宰相胡松年道：“朕虽素闻岳飞行军极有纪律，未知能破敌如此。”胡松年则称：“惟其有纪律，所以能破贼。”这句话一语道出了军纪与战绩之间的逻辑关系。宋高宗封岳飞为清远军节度使，湖北路荆、襄、潭州制置使。岳飞由此成为有宋以来最年轻的建节者。

收复襄阳六郡后，岳飞奉诏移屯鄂州。他努力整顿防务，重视发展生产，使襄汉地区终于得以治愈战争的创伤，成为南宋联结川陕、北图中原的战略要地。

绍兴五年（1135 年）二月，岳飞受诏为荆湖南、北、襄阳府路制置使，率领约五万人马前往镇压“钟相、杨幺起义”。时钟相已死，只剩下杨幺在洞庭湖区，采取“陆耕水战”体制，继续与南宋朝廷对抗。岳飞一面继续招降，一面乘机攻打外围营寨；只用了不到六个月时间，就破其营寨、水寨，打败杨幺。杨幺被处死后，岳飞对精壮之士予以收编，余众予以安置。岳飞此番战斗得丁壮五六万，被安置归业的有 27000 余户、10 万余人，缴获船舶 1000 余只。当岳飞携带一切缴获器物，返回潭州向宰相张浚复命时。张浚感叹，“岳侯殆神算也”。事后，岳飞以平杨幺之功加检校少保，进封武昌郡开国公，后又升荆湖北路、襄阳府路招讨使。

绍兴六年（1136 年）初，宰相兼都督诸路军马张浚于镇江府（今江苏镇江）召开军事会议，研究北伐中原。张浚命令岳飞进军襄阳，做好直捣中原的准备。不料在三月，年已古稀的岳母姚氏病逝。岳飞悲痛不已，目疾复发。他一面奏报朝廷，一面自行解职，扶母灵柩至庐山安葬；并接连上表，乞守三年终丧之制。

在朝廷再三催促下，岳飞忠孝难以两全，只好赶回军中，同年七月正式誓师北伐。岳家军兵分两路：一路往东北，由熟悉京西地理的牛皋统领，直奔镇汝军。另一路由王贵、郝晸、董先等带领，向西北方向进军。两路皆捷。牛皋一战即攻克汝城、颍昌府，为这次北伐建立首功。王贵这一路军攻克卢氏县、虢略（今河南灵宝）、伊阳（今河南嵩县），一路缴获粮食 15 万石，降众

数万，席卷了商州全境；杨再兴收复长水县（今河南洛宁县西南），直至洛阳西南的福昌（今河南洛宁县东北）。

岳飞本想乘胜追击、渡河作战，但为朝廷所不许。岳飞只好退师鄂州。宋高宗诏令岳飞支援刘光世、张俊守江淮。岳飞正苦于目疾，但并未犹豫，率军直奔九江；但赶到九江时，淮西战事已告结束。

岳家军的后撤让兀术看到了有机可乘，于是在该年十月底、十一月初联合伪齐军兵，向襄汉地区发动猛烈进攻。岳飞接到多地军情告急后，当机立断，调集精锐第三次出师北伐。

岳家军所到之处，敌军多望风披靡，不战即溃。宋军不仅固守了阵地，且擒获伪齐将领数十人，俘数千人，马 3000 匹，衣甲器仗不计其数。岳飞对被俘伪齐士卒，均散钱遣返还乡，并以“汝皆中原百姓、国家赤子，不幸为刘豫驱而至此。今释汝，见中原之民，悉告以朝廷恩德，俟大军前进恢复，各率豪杰来应官军”相告。

饱受金兵追杀和羞辱的宋高宗此时已视岳飞为朝廷的最大希望，他史无前例地肯定这位军人的成绩，愿意拉近与岳飞之间的君臣关系。他先把岳飞的官职升至荆湖北路、京西南路宣抚使兼营田大使；还把岳飞召至“寝阁”，向他郑重授命，以“中兴之事，朕一以委卿”相嘱托。这几乎是自北宋以来，国君对武将信任的至高点。宋高宗一度还准备把刘世光的军队也都全部调派给岳飞，后因秦桧等人的反对而作罢。

三、“直捣黄龙府”

绍兴七年（1137 年）二月，在宋高宗的信任之下，岳飞见收复中原有望，心情异常激动，便亲手写成一道《乞出师札子》。岳飞陈述了自己恢复中原的规划，而且此时已不再提及迎还“二圣”或者“渊圣（宋钦宗）”之事，只将钦宗包括在“天眷”之中。但是这一年，岳飞与宋高宗之间的信任也开始出现裂痕。

这个裂痕始于该年九、十月间。岳飞收到金国要放归钦宗的太子赵谌的谍报，对此表示担忧，在入觐时向高宗提议立其养子赵瑗（宋孝宗）为皇储，以示高宗之正统。岳飞的建议无可厚非，实属对宋高宗的忠诚之举。但宋高宗却对此提议却非常不满，下诏责备了岳飞。宋高宗的不满，是因为在他看来“立储”这件事不该由武将操心，岳飞主动建言属于干政。这件事说明，虽然宋高宗高度信任岳飞，但这个“信任”并不是没有任何前提的；岳飞作为一个武将，虽然得到了北宋立国以来罕见的荣宠，但宋高宗亦并未忘记祖训中对武将的戒心。宋高宗与岳飞之间的矛盾，以此为开端，此后缓慢发酵，并最终影响着岳飞这位军事天才的个人命运。

此时金朝内部派系斗争激烈，给北宋带来“靖康耻”的完颜宗翰自金熙宗即位以来就逐渐失势，被罢免都元帅，完全削除兵权。绍兴七年（1137 年）七月，完颜宗翰愤郁而死。金熙宗紧接着废黜了完颜宗翰支持的刘豫伪齐政权，改为设行台尚书省于汴京（今河南开封）。金熙宗还向宋廷呼吁和谈，条件是归还黄河以南故宋地，并放还高宗生母韦氏，归还已死的徽宗的梓宫。宋金关系由此发生巨大变化，这直接影响到了岳飞抗金、收复失地的计划。

宋高宗此前向兀术乞和而不可得，现在金人主动议和，一向贪生怕死、懦弱的他在抗金的立场上发生动摇。此前之所以支持岳飞抗金，一个很重要的原因是金人不接受他的求和；现在求和的机会由金人抛出，宋高宗很愿意抓住这个机会。枢密院参议政事秦桧也极力附和，主张议和。

秦桧是历史上极有争议性的人物，他于“靖康之变”期间随徽钦二帝俘至金，为完颜挞懒所信任。建炎四年（1130 年），秦桧被放回南宋，力主宋金议和。绍兴元年（1131 年），被擢为参

知政事，随后拜相，次年被劾落职。秦桧的争议正是始于他的“南归”。“靖康之变”后，能被金人释放回来的很少，为何会轮到秦桧呢？这是一个重要疑点。而历史文献中，金人如何放秦桧归宋，也未能留下翔实的记录。所以，“一般印象总疑心秦桧是女真金人的奸细”，“这只是怀疑，并没有实证”。但秦桧“南归”后，深受宋高宗的信任，官至宰相。

现今金人呼吁和谈，秦桧极力赞成，并因此更受宋高宗的器重。抗金将领中，韩世忠、岳飞对和议一事都表示坚决反对。岳飞在临安朝见时对高宗直言道：“夷狄不可信，和好不可恃，相臣谋国不臧，恐贻后世讥议。”但宋高宗不听，一心议和。

宋高宗急于接受和谈，一个原因是绍兴七年（1137 年）收到了宋徽宗去世的死讯，虽然宋徽宗的去世实际上发生在两年前。而高宗的母亲在靖康之变中被掳去一直未被归还，高宗担忧她年事已高，告诉秦桧不惜“屈己称臣”，希望和议速成。绍兴八年（1138 年）三月，秦桧被任命为右仆射、同中书门下平章事，二次拜相。五月，金派使者议和。秦桧对高宗考验再三，确认其决心已定，遂奏请若要议和，只和自己商议，不许群臣干预。高宗同意。十月，赵鼎因立嗣事件罢相，秦桧独揽大权，决意议和。

同年十一月，高宗下诏，传达金国要宋廷屈己议和，百官多认为金国之言不可信。秦桧将反对议和的一众大臣陆续排挤、贬逐。十二月，金派张通古、萧哲出使北宋，国书名为“诏谕江南”，秦桧怀疑是封册文书，就与金使磋商，改江南为宋、诏谕为国信。金使行至泗州，要求所过州县用臣礼相迎、高宗以客礼相待，态度极其傲慢。京、淮宣抚处置使韩世忠多次上疏，愿效力死战，高宗不准。金使抵达高宗行都，通告宋廷“先归还河南，册封高宗为帝，余事再慢慢商议”。秦桧打算接受金国条件，但高宗不愿跪拜称臣、接受金国册封，馆职吏员也上书反对议和，各地军民都义愤填膺。于是高宗以“居丧期难行吉礼”为由，让秦桧率朝臣去驿馆接收国书。绍兴九年（1139 年）正月，和议已成，大赦天下；该年三月，金人归还河南、陕西旧地。

然而，好景不长。仅四个月后，金朝内部发生政变，兀术以谋反罪诛灭金将完颜宗磐和完颜挞懒，拘王伦于中山府，并且废除刚刚达成的宋金和议。次年五月，金人背盟，分四路入侵，河南、陕西等地相继沦陷，宋金已经达成的议和等同作废。高宗下诏列举兀术罪状。秦桧险遭罢相。面对此结果，秦桧只好主动上奏，表示既然和议已变，支持讨伐金国。

抗金将领早已摩拳擦掌，枕戈待旦。此时南宋军队的岳飞、韩世忠、刘光世、张俊以及其他将领如刘锜、吴玠等已形成强大军力。其中岳飞、韩世忠、刘光世、张俊这四人还被后人称为“中兴四将”。这些人统率的军队中，实力最强的当数岳家军。岳家军甚至通过俘获以前伪齐的万匹战马，成立了南宋年间绝无仅有的万骑马军，可以和金国女真精骑对阵。岳飞也本来就不赞成议和，甚至多次明嘲暗讽宋高宗与秦桧之举，只不过未被高宗和秦桧理睬。

金人背盟后，宋高宗原不同意岳飞出兵，后又恐顺昌有失，便命岳飞发兵救援。岳家军在鄂州已整训三年，岳飞接诏后，立即派张宪、姚政率军东进，援救顺昌。未至顺昌时，刘锜已于顺昌之战中大败金军。绍兴十年（1140 年）六月下旬，当西线金军受阻，东线顺昌解围，局势稍有稳定，高宗便又命司农少卿李若虚向岳飞传达诏命，谕飞“兵不可轻动，宜且班师”。但李若虚素来主张抗金，他不顾矫诏之罪，主动支持岳飞北伐。

岳飞随即挥师北上，在同年在六月、闰六月间，张宪的前军攻下蔡州，牛皋的左军在京西路连克鲁山等县城，统领官孙显也在蔡州和淮宁府之间打败金兵。与此同时，韩世忠部将王胜收复海州（江苏东海县东），张俊部将王德收复亳州。岳飞联络北方民间抗金武装，北方许多州县的民间抗金力量也纷纷揭竿响应，因为实施“连结河朔”的策略已有 10 年，深耕于当地百姓。

该年七月，宋军诸路战线捷报不断：张俊攻克亳州，王胜攻克海州，岳飞败兀术于郾城。

在郾城，完颜兀术见岳飞兵马不多，于是用骑兵 15000 人直扑郾城，企图一举消灭岳家军的指挥中枢。很快，兀术与龙虎大王完颜突合速、盖天大王完颜赛里等人，率领金军在郾城北与岳家军对阵。兀术用“铁浮图”为主力，正面进攻，左右翼又辅之以“拐子马”，都是金军的精锐部队。岳飞令其子岳云率背嵬军和游奕军骑兵迎战，往来冲杀，并派步兵用麻扎刀、大斧等，上砍敌军，下砍马腿，使“拐子马”失去威力，杀伤了大量金兵。岳家军因为有备而来，挡住了完颜宗弼全部战术，获得了“郾城之战”的完胜。七月初十日，金兵再犯郾城，岳飞在城北的五里店再一次大败金军。金军中从此流传一句话：撼山易，憾岳家军难!

取得郾城大捷之后，王贵、岳云又分率精骑与金军战于颍昌城西。岳云以 800 背嵬骑兵作正面攻击，步兵分左、右两翼，以抗金军骑兵。此战中，岳家军“无一人肯回顾”，杀得“人为血人，马为血马”，大败金军，斩金军 5000 余人，俘士卒 2000 余人、将官 78 人，获马 3000 余匹。

接连的失利，使兀术不禁哀叹：“我起北方以来，未有如今日屡见挫衄！”金军大将韩常也不愿再战，派密使向岳飞请降。岳飞为大河南北频传的捷报所鼓舞，他与部属约定，要“直捣黄龙府（今吉林农安），与诸君痛饮！”

岳家军全线进击，包围开封。七月十八日，张宪与徐庆、李山等诸统制从临颍县率主力往东北方向进发，又击败 5000 金军，追击 15 里。同时，王贵自颍昌府发兵，牛皋也率领左军进军。兀术以 10 万大军驻扎于开封西南 45 宋里的朱仙镇，希图再次负隅顽抗。岳家军北上距离朱仙镇 45 里的尉氏县驻营，作为“制胜之地”。岳家军前哨的 500 背嵬铁骑抵达朱仙镇，双方一次交锋，金军即全军崩溃。兀术最后只剩下一条路，放弃开封府，准备渡河北遁。

四、“莫须有”之罪

反攻开封之役是岳飞抗金斗争的最高潮。但就在这形势一片大好的情况下，岳飞却在一天之内接连收到宋高宗十二道用金字牌递发的班师诏，诏旨措辞严峻：命大军即刻班师，岳飞本人去临安朝见。

接到如此荒唐的命令，岳飞愤惋泣下：“十年之力，废于一旦！”然而在朝廷高压钳制之下，岳飞不得不下令班师。百姓闻讯拦阻在岳飞的马前，哭诉担心受金兵报复：“我等戴香盆、运粮草以迎官军，金人悉知之。相公去，我辈无噍类矣。”岳飞含泪取诏书出示众人，无奈称“吾不得擅留”。于是哭声震野。大军撤至蔡州时，当地百姓要求与部队一起行动，岳飞最终决定留军五日，以掩护当地百姓迁移襄汉。

大军班师鄂州，岳飞则往临安朝见。北方忠义军孤掌难鸣，兀术回到开封，整军弹压，又攻取了被宋军收复的河南地区。岳飞在班师途中得知噩耗，不由仰天悲叹：“所得诸郡，一旦都休！社稷江山，难以中兴！乾坤世界，无由再复！”

岳飞回到行朝，不再像以往慷慨陈词，只是再三恳请朝廷解除其军职，归田而居。高宗以“未有息戈之期”为由不许。绍兴十一年（1141 年）正月，完颜兀术再度领军南下。二月，岳飞领兵第三次驰援淮西。这也是他最后一次参与抗金战斗。

绍兴十一年（1141 年）二月，金国在无力攻灭南宋的情况下，准备重新与宋议和。为了对南宋示好，金熙宗将死去的宋徽宗追封为天水郡王，将在押的宋钦宗封为天水郡公。第一提高了级别，

原来封徽宗为二品昏德公，追封为王升为一品，原来封钦宗为三品重昏侯，现封为公升为二品。第二是去掉了原封号中的侮辱含义。第三是以赵姓天水族望之郡作为封号，以示尊重。于是，宋金之间议和的气候又形成了。

为了彻底求和，同年四月下旬南宋朝廷解除了岳飞、韩世忠、刘锜、杨沂中等大将的兵权。完颜兀术又在给秦桧的书信中说，“必杀岳飞，而后和可成”。

该年四月，张俊、韩世忠、岳飞三大将被调离军队，到临安枢密院供职。五月，张俊在和岳飞巡视楚州韩世忠的军队时，暗中挑唆岳飞，欲一同分解韩世忠的军，却遭岳飞严肃回绝。秦桧又欲陷害韩世忠，为岳飞所保全。岳飞回朝后，即遭秦桧党羽万俟卨、罗汝楫的弹劾，诬蔑岳飞驰援淮西“逗留不进”、主张“弃守山阳（楚州）”，要求免除岳飞枢密副使之职。八月九日，岳飞被罢枢密副使，充“万寿观使”的闲职，岳飞自请卸去军职，回到江州庐山旧居赋闲。

但秦桧等人对他的迫害却仍在步步紧逼。在秦桧授意下，张俊利用岳家军内部矛盾，威逼利诱都统制王贵、副统制王俊先出面首告张宪“谋反”，继而牵连岳飞。张俊还私设公堂，向张宪严刑逼供，毫无结果之下，仍捏造张宪口供“为收岳飞处文字谋反”。岳飞才在庐山小住月余，便被召回“行在”临安府。十月十三日，岳飞被投入大理寺（原址在今杭州小车桥附近）狱中，此前其长子岳云也已下狱。

岳飞义正词严地面对审讯，并袒露出背上旧刺“尽忠报国”四大字，主审官何铸见此，亦为之动容。何铸查得岳案冤情，如实禀告秦桧。而秦桧却说：“此上（高宗）意也！”改命万俟卨主审此案。万俟卨用尽手段，也无法使岳飞三人屈招一字。岳飞宁死不自诬，乃至以绝食抗争，经其子岳雷照顾，才勉强支撑下来。

恰在此时，宋金之间的和议紧锣密鼓，终于达成。绍兴十一年（1141 年）十一月初七日，宋金达成“绍兴和议”：由宋向金称臣；双方以淮水至大散关为界，淮河以北的土地全部划归金国；并每年向金贡奉银、绢各 25 万两、匹。宋高宗的父亲宋徽宗等人的梓宫，已经于和议之前送还，宋高宗的生母韦氏（宋徽宗宣和皇后）此时尚在人间，也一并放还。

但可耻的是，和议虽已达成，岳飞始终未能被释放。万俟卨等逼供不成，为了坐实冤狱，又为岳飞罗织搜剔了所谓“指斥乘舆”“坐观胜负”等数条罪名，意图非常明确地欲将岳飞最终定为死罪。此时所有为岳飞辩护的官员都一一遭到罢官、贬逐。布衣刘允升上书为岳飞申冤，甚至被拿下送到大理寺处死。已赋闲的韩世忠因岳飞入狱之事质问秦桧，秦桧以“飞子云与张宪书虽不明，其事体莫须有”回应。世忠忿然道：“相公，‘莫须有’三字，何以服天下？”

绍兴十二年（1142 年）十二月二十九日，宋高宗下达命令：“岳飞特赐死。张宪、岳云并依军法施行，令杨沂中监斩，仍多差兵将防护。”随后，岳飞在大理寺狱中被杀害，时年 39 岁；岳云和张宪被斩首。岳飞的被害标志着南宋初年抗金斗争的最后失败。

在岳飞留下的供状上，只有八个字：“天日昭昭，天日昭昭！”

五、生前身后名

在南宋朝廷，岳飞是主张抗金最坚决的人，而且始终尽一切力量来为这一主张奋斗，从来没有怀疑或动摇过。因此，他成为抗战派的主要代表人物，也是南北军民心目中的一面抗金斗争旗帜。

他的含冤去世，表面上看是宋高宗与秦桧合谋的结果，但实际上是主战与主降两条政治路线斗争的结果。宋高宗作为最高统治者自始至终主张投降乞和，所以主战派是很难占据上风的。既

然在抗金问题上，主战派与投降派处于绝对对立的地位，岳飞又是主战派的主要代表人物；那么对主战派的迫害先从岳飞下手，也是自然的事。即使岳飞幸未牺牲，也不免和韩世忠、刘锜一样地被废黜，依然不能改变抗金斗争失败的结局。

岳飞去世后，在整个高宗朝（直至宋高宗禅位），始终没有得到平反，甚至也没有稍宽其并不存在的“罪”。但是秦桧命运却与之相反。他不断晋升，先是被加为太师、进封魏国公，后又被晋封为秦、魏两国公。绍兴十五年（1145年）四月，高宗赏赐秦桧府第。六月，高宗到秦桧家，对其家眷都加封官职。十月，高宗将亲笔题写的“一德格天”匾额赐给秦桧。绍兴十六年（1146年）正月，秦桧建家庙。三月，高宗赐以祭器，帝王赐将相祭器即始于秦桧。绍兴十九年（1149年），高宗命人为秦桧制画像，并亲自做赞。绍兴二十五年（1155年）十月二十一日，高宗亲自去秦桧家探视其病情；二十二日，宋高宗加封秦桧为建康郡王，进秦熺为少师，皆致仕。当晚，秦桧去世，终年66岁，追赠申王，谥号“忠献”。

在秦桧主导和宋高宗的支持下，岳飞死后，所有主战或者企图给岳飞翻案的声音和力量都遭到压制。绍兴十五年（1145年）五月，有彗星出现，高宗诏命百官直言劝谏，张浚上疏进言朝廷形势严峻，要早作预备，秦桧大怒，削其兵权，贬到连州。绍兴十八年（1148年），李显忠上奏恢复中原，被削去军职。

由于岳飞和秦桧基本代表南宋时期主战与主降两大政治派别，所以后世对二人评价的变化也就成为南宋一朝政治立场是主战或者主降的晴雨表。高宗之后，但凡主战的皇帝，都会追加对岳飞的封赐；但凡乞降或者主和的皇帝，都会维护对秦桧的封赐。

宋高宗之后，对岳飞与秦桧的评价主要有过以下几次变化：

绍兴三十二年（1162年），宋孝宗即位，岳飞冤狱终于平反。1178年，为岳飞追赠谥号“武穆”，宋宁宗时追封为鄂王，宋理宗时改谥“忠武”。宋宁宗开禧二年（1206年），宁宗下诏韩侂胄出兵北伐，四月，追夺秦桧王爵，改谥“谬丑”。宋宁宗嘉定元年（1208年），史弥远掌权，积极奉行降金乞和政策，又恢复了秦桧的申王爵位及“忠献”谥号。

第三节　军政制度有变革

对于宋高宗而言，处置岳飞还有一个重大意义，那就是——重新收回兵权、回归崇文抑武的祖宗家法。之所以使用“重新、重回”这一表述，是因为北宋的兵制并没有“完整”地延续至南宋，原因当然和“靖康之变”有关。

一、南宋兵制之建炎兵制

倘使我们对北宋兵制尚有印象，我们应该知道北宋实行募兵制，其军队是国家招募而来，由禁军和厢军构成。禁军是作战部队，厢军主要负责后勤事务。禁军的分布按照“守内虚外”的原则，一半驻守京师，一半散布在边境地带。禁军的掌兵之权归属三个衙门：殿前司、马军司、步军司。如下表所示：

北宋“禁军”兵制一览表

北宋“禁军”兵制		
统兵机构	部门	统帅
枢密院	殿前司	1. 殿前都指挥使 2. 殿前副都指挥使 3. 殿前都虞候
	侍卫亲军马军司	1. 马军都指挥使 2. 马军副都指挥使 3. 马军都虞候
	侍卫亲军步军司	1. 步军都指挥使 2. 步军副都指挥使 3. 步军都虞候

靖康元年（1126 年）冬，在金军首次攻打开封城的时候，康王赵构在相州领旨，被授命为“天下兵马大元帅”，负责营救京城。当时康王赵构的兵马大约万余人，分为前军、后军、左军、右军、中军，一共五支军队。各军设“统制”（这个军队体系建制，后来成为赵构即位后南宋的军制雏形）。

除了康王赵构的勤王军队之外，各地还有陆续组建的勤王军队，例如老将宗泽的军队。宗泽的军队大约也是一万人，也按照“前、后、左、右、中”命名，分为五支。因赵构是大元帅、宗泽是副帅，所以宗泽的五支军队长官不称“统制”，而叫“统领”。康王赵构和老将宗泽的这两万人左右的军队，在赵构即位后就成为南宋重新组建军队的基础和骨干。其建制起初如下，称为“建炎兵制”：

南宋·建炎四年以前“御营军”兵制一览表

<table>
<tr><th colspan="4">南宋·建炎四年以前“御营军”兵制</th></tr>
<tr><th>统兵机构</th><th>分支</th><th colspan="2">统帅</th></tr>
<tr><td rowspan="5">御营司
（宰相、执政分任正、副使）</td><td>御营前军</td><td>前军统制</td><td>下设 10 个将领</td></tr>
<tr><td>御营后军</td><td>后军统制</td><td>下设 10 个将领</td></tr>
<tr><td>御营左军</td><td>左军统制</td><td>下设 10 个将领</td></tr>
<tr><td>御营右军</td><td>右军统制</td><td>下设 10 个将领</td></tr>
<tr><td>御营中军</td><td>中军统制</td><td>下设 10 个将领</td></tr>
</table>

这个建制的设计首先不同于北宋的地方在于，北宋的军队为“禁军”，归“枢密院——三衙”领导，而建炎兵制中，军队为“御营军”，归“御营司”领导。宋高宗直接统率的军队后来被称为“御前军”，宗泽等其他地方将帅统率的军队被称为“御营军”。等于是推倒了北宋的兵制，然后完全重建。御营军的规模，宋高宗也有规定：“诸军并以万人为一军，每军设十将，共置‘统制’五员；逐军各置虎符，于御前收管，非降虎符，毋得擅自出营”，“诸军不得互相招收”。

但是这个制度和规定执行得并不好。建炎年间，金兵穷追不舍，此建制的军队时而被打乱，时而还有发生兵变被撤销，时而还有“统制”不服从御营司使司“都统制”的现象。北宋时期皇帝对军队的绝对控制，此时完全做不到。

建炎四年（1130 年），宋高宗结束海上流亡生活，重整军制，各级将领复归枢密院领导，但是军队的划分做了重大调整。调整的原因是“苗刘兵变”。苗傅、刘正彦分别统率一支御营军，担任御营军中的一个统制。兵变后，苗、刘二人被杀，其所率军队番号取消，被其他御营军收编。于是五支御营军就只剩下三支了。

所以，宋高宗索性将军队改组。改组后军队称为“神武军”，分三大支，分别由韩世忠、张俊、刘光世统率。如下表：

南宋·建炎四年“神武军”兵制一览表

南宋·建炎四年“神武军”兵制		
统兵机构	分支	将帅（称“统制”）
枢密院	神武军	韩世忠
	神武副军	张俊
	御前巡卫军	刘光世

二、南宋兵制之绍兴兵制

绍兴元年（1131 年），宋高宗在江南的统治安定下来，兵制也逐渐稳定。此时的军队又增加为五支屯驻大军，分别由吴玠、岳飞、张俊、刘光世、韩世忠统率，总兵力达 30 万，达到北宋初年宋太祖时期禁军的人数。其番号编制大致如下表：

南宋·绍兴元年至五年“神武军”兵制一览表

南宋·绍兴元年至五年“神武军”兵制		
统兵机构	分支	将帅（统制）
枢密院	川陕大军	吴玠
	神武左军	韩世忠
	神武右军	张俊
	神武后军	岳飞
	御前巡卫军	刘光世

绍兴五年（1135 年），宋高宗又将屯驻大军的番号改为“行营护军”，还是五支：韩世忠的前护军、岳飞的后护军、刘光世的左护军、吴玠的右护军、张俊的中护军。屯驻大军由“都统制、副都统制”领导。屯驻大军下面又分为若干“军”，其统率军官为：“统领、副统领”。军下设“将”，有“正将、副将、准备将”等将官。其番号和编制如下表：

南宋·绍兴五年“行营护军”兵制一览表

南宋·绍兴五年“行营护军”兵制		
统兵机构	**分支**	**将帅（正、副都统制）**
枢密院	前护军	韩世忠
	后护军	岳飞
	左护军	刘光世
	右护军	吴玠
	中护军	张俊

宋高宗经历了“苗刘兵变”后，他对武将深有所忌，于是决议回归祖宗家法，行“崇文抑武”之道。另外，宋高宗一心想对金人乞和，而屯驻大军以岳飞、韩世忠为代表又一再阻挠对金议和，所以宋高宗也想借机整肃这些屯驻大军的统帅。绍兴十一年（1141 年）四月，宋高宗和秦桧采纳了范同的建议，将岳飞、韩世忠、张俊三人召到临安，一面设宴款待，一面委任韩世忠、张俊为枢密使，岳飞为枢密副使，剥夺他们的兵权，并取消三人所统帅的行营前护军、中护军和后护军的番号。这件事，在历史上被称为宋朝的“第二次杯酒释兵权”。

此时刘光世已经退闲，吴玠早已病故，故五支屯驻大军实际

面目全非了。韩世忠、张俊、岳飞被剥夺兵权后，岳飞在宋高宗的授意下被陷害至死。他们的军队或被肢解，或被缩编，原有建制已经彻底不复存在。经过整体缩编，南宋大军由 35 万的总兵力，减至 214500 余人；这 20 余万人的军队被宋高宗拆成 10 支，部署在长江沿岸和川陕交界处，统称为“御前诸军”。而且在将帅的安排上，宋高宗采纳秦桧的建议——“任将帅，必选驽才”。随着兵力规模的锐减、将帅能力水平的下降，南宋军队的战斗力也由此急剧下降。因为有岳飞这样的前车之鉴，加上秦桧当道，所以军中将帅不再热心抗金，而是各谋私利，贪污腐败成风，士气不存。

不过，宋高宗比较满意的是，经过这一再的折腾，皇帝重新牢固地控制了军队、抑制了武将的权力、防止了兵变的发生，在宋金和议的道路上也不会再遇到任何来自军队的反对力量或者声音。从某种程度上说，这种自废武功的做法甚至比宋仁宗澶渊之盟后的“忘战去兵”还要危险。所以，宋高宗的这种军制改革，实际上已经为帝国的崩溃作了铺垫。

“屯驻大军”的这种面貌一直持续了 60 多年，至宋宁宗时期开禧北伐失败后，才被重新组建的军队所取代。

三、“台谏”功能失灵

岳飞遇害之后，秦桧的权势膨胀，堪称又一“权相”。但是“权相”偏偏又是赵宋王朝的祖宗家法所不希望看到的。太祖、太宗时期在制度设计上，多方削弱相权，其目的就是避免“权相”的出现。但宋朝最终不仅出现了权相，而且不止一次。第一个被称为权相的，应该是蔡京。蔡京居相位 17 年之久，期间甚至出任“独相”，权势超过了此前历任宰相，故被视为“权相”。以此为参照物，秦桧当属赵宋王朝的第二位权相。

秦桧居相位 19 年，期间仅被弹劾罢相一次，其地位之巩固甚至超过了蔡京。蔡京在位期间，“六贼”当道，终致帝国崩溃。秦桧在位期间，对金朝奉行投降乞和政策，并极力压制抗金派将领，甚至杀害抗金英雄岳飞。这两个案例显示，“权相”的出现，并非朝廷之福。

然而，宋代的祖宗家法是极力削弱相权、努力避免权相出现的。那么，蔡京、秦桧之流的权相，又是如何一再出现的呢？这就必须要提到宰相的监督机构——台谏的运行及发展情况。

前面已多次提到，宋代的台谏机构是由御史台、谏院构成的，习惯上合称“台谏”（系统）。御史台，始出于隋唐，本职为“监察百官”，属于监察机构。而“谏院”始设于宋代，由不同名目的谏官供职组成，例如：左右司谏、左右正言、谏议大夫等。只要在谏院供职，不管还有何其他兼职，就都是谏官。谏官在唐代本是纠绳皇帝的，但宋代却主要用于纠绳宰相，成为“天子耳目”。所以，“台谏”系统在宋代其职能首先是监督宰相，其次是监督其他官僚、皇亲国戚等；当然，偶尔也纠绳皇帝的过失。

在此制度之下，“权相”理论上是不可能出现的。因为宰相受多重监督，遭受弹劾便要主动辞职，等候调查、发落。蔡京、秦桧这样的权相之所以能出现，那么只能说明一个问题——“台谏”系统没有起到“监督”宰相的作用。

蔡京和秦桧是怎么做到这一点的呢？

首先，是皇帝纵容的结果。蔡京居相位 17 年，但是期间四次罢相，这说明他受到过弹劾。但是弹劾之后能一再恢复相位，那就是皇帝的“厚爱”了。秦桧也一样，如无宋高宗的器重、倚重，秦桧没有理由位居相位 19 年，且贪腐无度还不受追究。蔡京受到的宠爱，很大程度上是因为蔡京与宋徽宗有着共同的书画艺术爱好，而且水平难分伯仲。秦桧受到器重，则是因为宋高宗骨子里没有抗金的勇气和信心，一门心思想着乞和、偏安，所以对主

和大臣秦桧尤为亲重，把全部的议和希望都寄托在他身上。

其次，不能回避的是，蔡京和秦桧都极力破坏台谏制度，破坏台谏系统对自己的监督和牵制。二人都有权力野心，也都贪腐无度，所以必然要逃避监督。蔡京的主要伎俩是“假借御笔”，事无巨细都假托御笔施行。用“御笔”来对付台谏官员，或者直接罢黜言官，从而达到控制台谏系统的目的。而秦桧则手法更多。秦桧对付言官的办法之一，是授意言官弹劾执政（副相），从而实现自己“独相”的目的或者巩固自己“首相”的权势。秦桧居相位 19 年，执政却如走马灯似的更换了 28 人。这些被弹劾而罢黜的执政被谁取而代之了呢？大多数时候是台谏官员。所以，秦桧的手法是，一方面利用言官弹劾执政使其被贬逐，另一方面用其留下的空位来引诱或者拉拢言官，一举两得。秦桧还有一招就是，把大量的“自己人”推荐、安排到台谏系统。宋代皇帝有置官为自己讲论经史的传统，叫作“经筵”。专为皇帝讲经论史的官员于是就被叫作“经筵官”，他们常常陪侍在皇帝左右，有大量时间接触皇帝、了解皇帝的喜好态度。秦桧就抓住这一点，安排自己的亲信——兄弟、儿子出任经筵官，由此窥视宋高宗的动向。一旦发现皇帝收到言官弹劾自己的奏疏，秦桧就提前采取行动。或者索性让自己的兄弟、子侄兼任台谏官员。本朝制度本不允许宰相推荐台谏官员，但秦桧能如此行事，显然也与宋高宗的放任分不开。

在蔡京、秦桧的破坏下，台谏系统对宰相的监督和牵制力度就被大大削弱了，于是蔡京和秦桧的权势也就膨胀了。所谓“权相”基本上都是这么产生的。

台谏系统被破坏后，极少台谏官员继续忠于职守、坚持力谏，一般都选择或者不顾名节追逐名利，或者意志消沉、沉默是金。这样又正中权相之下怀，成全他们的呼风唤雨、排斥异己。结果，蔡京当权时徽宗朝走向穷途末路——直至发生"靖康之变"、帝国崩溃。秦桧当权，贪污成风，乌烟瘴气，军队战斗力急剧下降，帝国在偏安中缓缓下沉。

更为糟糕的是，在蔡京、秦桧的示范下，宋高宗以后屡出权相，皇权一再被操弄、控制，帝国加速衰落。南宋一朝，堪称是"权相辈出"的时代。

第四节　帝国衰颓难回转

绍兴十一年（1141年），宋金达成"绍兴和议"，宋朝对金称臣，双方以淮水至大散关为界，再次形成"南北朝"格局。

这个和约的签订，和"澶渊之盟"有着许多相似之处。签约前，宋朝都有着军事上的暂时优势，均属"以胜促和"。和约的内容都以宋朝的让步为基础，而且都有"岁币"这一项。这几乎成为宋朝在民族交往中订立合约时的基本规范。所不同的是，论地位，绍兴和议中宋朝的地位显然不如澶渊之盟。绍兴和议约定"宋对金称臣"，意味着宋金是臣属关系，今后宋朝皇帝即位后需要得到金朝的册封，才能获得形式上的"合法"地位。所以严格来说，南宋和金朝虽然在疆域、军事上是南北并立的，但政权地位实际应该以金朝为正统，南宋只能算金朝统治下的一个地方政权。

那么绍兴和议维持了宋金之间多久的和平呢？20年。20年后，金朝皇帝完颜亮亲率大军再度南下，意图统一华夏。南宋政权又一次岌岌可危，濒临险境。若是对比澶渊之盟奠定的辽宋和平，会发现绍兴和议又大大地不如澶渊之盟。因为澶渊之盟后，辽宋双方维持了上百年的和平，大约五代人的时间。而绍兴和议后，宋金之间的和平才不过一代人的时间。这从另一个角度反映了绍兴和议的失败。

绍兴三十一年（1161年），金朝皇帝完颜亮破坏"绍兴和议"，兵分四路，对南宋发动全面进攻。宋高宗此时已无岳飞这样的抗金将帅，故而处境危险。如果抗金失败，宋高宗很有可能步徽、钦二帝之后尘，沦为金人的俘虏，受尽屈辱。

战争初期，金兵进展顺利。金兵打败宋军，先后占领了扬州、和州（今安徽和县）。在和州，金朝的兵部尚书耶律元宜击退宋军，斩首数万，迫使宋军退保江南。但恰在此时，金朝发生政变，完颜亮的弟弟完颜雍乘他南征和中原空虚的时候在东京（辽阳）称帝。消息传到前线，金人军心动摇，已无斗志。

完颜亮知道完颜雍称帝的消息后，决定先继续攻宋，待取得战绩或者灭宋之后再回去捍卫自己的帝位。为了抓紧时间完成渡江，完颜亮勒令将士"三日渡江不得，将随军大臣尽行处斩"。不料，情况急转直下，这一严酷军法反而激起兵变，兵变发生的当日凌晨，完颜亮被部将所杀。之后，兵变的发动者之一，耶律元宜代行左领军副大都督事，率军北还。南宋再次得以保全。

一、宋高宗精明"内禅"

经历此番劫难，宋高宗思虑良久，下定决心，禅位于太子赵昚，理由是"老且病，久欲闲退"。赵昚是宋高宗的养子，已在宫中被养育30年（宋高宗幼子早夭，后来因身体不育，没有子嗣）。

绍兴三十二年（1162年）六月，赵昚正式即位，为宋孝宗，时年36岁。这是宋朝历史上第二次出现“内禅”。56岁的宋高宗自此成为太上皇，享受尊荣。虽然内禅，但其实宋高宗身体十分康健，一直活到81岁才去世，总计当了25年的太上皇。这在中国历史上极为罕见。既然并无健康问题，年龄也不算老，那么宋高宗为什么要禅位呢?

根据学界分析，宋高宗在56岁时做出内禅的决定，主要有两方面的原因：

第一个原因，是贪生怕死，“畏金症”非常严重，担心被俘或者被金人所杀。宋高宗经历过“靖康之变”，经历过建炎南渡期间被金兵穷追不舍，又适逢完颜亮再度兴兵南下，几度被擒，他受够了这种担惊受怕的日子。他也不想步父兄（徽、钦二帝）之后尘，成为亡国之君，被掳受辱；所以他选择提前内禅，以便在不测之时方便脱身。后来的事实证明，他确实有这方面的考虑。内禅之后的第二年，金军在符离（今安徽宿州市内）将宋军打得落花流水；结果在临安（杭州）的太上皇宋高宗就已经安排好了人手准备随时逃跑。

第二个原因，就是阻止太宗一系子孙继位，保全自己晚年以及死后的尊荣，并在有限的天年尽可能享乐。宋高宗自己身为太宗一系的子孙，但是一味对金妥协求和，只求偏安；而且为了巩固自己的皇位，他始终拒绝金人放还宋钦宗以及宋徽宗的其他子孙。这些做法只顾自己的权力地位，不顾国家利益以及兄弟亲情，势必影响到自己死后得到的评价。宗室之中，也难免会有怨恨自己之人。所以将来若是仍由太宗系的子孙继位，而这个人又不是自己的亲生儿子，那么势必会对自己不利。因此，提前内禅给太祖一系的子孙，就颇有必要了。这样既阻止了太宗系子孙的继位，又施恩于太祖系的子孙，同时可以确保自己晚年的尊荣。

宋高宗虽然算不上是一个明君，但也谈不上荒淫无道，在“内禅”这件事上，的确做得出奇的成功。宋孝宗在即位之前，被他养育30年，经过多次考察，孝心和品质确实经得起一再的检验。宋孝宗也是一个极有上进心和进取精神的贤才。史学界对这个内禅的决定评价颇高，差点儿直接说，“内禅，是宋高宗一生所有作为中最正确的事、最重大的事”。

二、宋孝宗乾淳之治

孝宗即位后，其施政治国基本上没有受到太上皇的干扰，于内政外交上都颇有主见，且成绩斐然。

他的第一项成绩，是调整了高宗以来对金的妥协求和政策，力主军事抵抗，于隆兴年间主动出击北伐，史称“隆兴北伐”。

宋孝宗是积极的主战派。他即位后的第二个月，就颁布手谕，召主战派老将张浚入朝，共商恢复河山的大计。并且接受史浩的建议，他还下诏为岳飞冤狱昭雪平反（名义上宣称承太上皇的旨意，给足了太上皇宋高宗面子），追复岳飞原官，赦还被流放的岳家家属，并逐渐开始为被贬谪和罢免的主战派大臣平反复官。这些举措在南宋朝野营造出了积极抗金的新气象，一些抗金将领、爱国志士重新受到鼓舞，为北伐奠定了较好的舆论基础。

宋孝宗的北伐态度非常坚决，他深知朝廷中主和派声音强大，所以为了防止主和派干预，他径自绕过三省与枢密院，直接向张浚和诸将下达了北伐的诏令。这种强势的施政作风，北宋立国以来都很罕见，更不用说南宋了。他任命张浚为北伐主帅，北伐开始后，宋军在一月之内便接连恢复灵璧、虹县和宿州，威慑中原。随后，却因将帅不和，宋军在符篱惨遭失败，被迫再次议和。但这次议和不仅没有付出更大的代价，反而在“绍兴和议”的基础上让金朝做出了更多的让步。这又是宋朝历史上极为罕见的现象。以往议和，一次比一次屈辱，一次比一次代价高，但这次隆兴年间的议和却十分反常，金朝对宋朝做出诸多让步。

金朝的“让步”主要体现在两点：1. 宋朝皇帝不再对金朝称臣，改称叔侄关系。这意味着南宋不再是金朝的附属国、臣属国，而是地位平等的“结义”关系，两国皇帝之间的称呼由双方之间的辈分而定。“澶渊之盟”中，辽宋双方皇帝缔约时“约为兄弟”，地位平等。但“隆兴和议”中缔约时，孝宗上面还有太上皇宋高宗在，所以默认宋高宗与金朝皇帝“约为兄弟”；如此推算辈分，孝宗就得以侄儿自居，认金朝皇帝为叔叔。2. 宋朝对金朝的“岁贡”改称为“岁币”，数量也有所减少。“岁贡”和“岁币”虽然只有一字之差，但其背后所反映的南宋的地位却大不一样。从“岁贡”改为“岁币”，意味着南宋取得了与金朝平等的地位，南宋就可以再次以“中国正统”自居。“岁币”数量的减少，意味着通过此次和议，南宋的经济负担得到了减轻。

那么隆兴和议中，南宋有没有做出让步呢？也有。这个让步就是：南宋归还海、泗、唐、邓、商、秦六州，双方疆界回归“绍兴和议”中的约定——以淮水至大散关为界。

这样的结果，对长久以来背负巨大屈辱的南宋人民来讲，无疑是振奋人心的消息。作为隆兴北伐的小小成绩，金朝的让步来之不易，如果没有宋孝宗的坚决抗金以及在和议中对国家利益的坚持，那么这些都是不可想象的。

宋孝宗在施政治国方面，与宋高宗最大的不同就是在“抗金”事业上的政策。宋高宗自始至终都是主和派、投降派，从来不敢坚决抵抗。而宋孝宗却完全相反，他是坚定的主战派，锐意收复失地。这体现在许多方面。比如，他即位之前，完颜亮大军南下的时候，他“不胜其愤”，主动申请率军抗战。即位后，他反对议和，并以此为标准选择翰林学士。隆兴和议中，当金人贪得无厌、漫天要价时，他强硬地表示宁愿亡国也不屈从。对于主张退守长江并且议和的官员汤思退，宋孝宗将其罢免至永州。结果太学生张观等 70 人上疏请斩汤思退及其同党王之望等，汤思退在流贬途中闻讯，惊悸而死。北伐虽然算不上成功（因为毕竟没有收复失地），但也不算失败，视为“小有成就”比较恰当。

宋孝宗的第二项成绩，是实施政治改革，纠正了前朝的若干弊病。

宋高宗时，政治上最大的问题就是“权相”的产生。秦桧之所以能成为权相，前面已作分析，首要责任当然是宋高宗的纵容，但体制上的问题也是客观存在的，即“台谏”系统已经基本失灵，无法充当“天子耳目”。

针对这一弊病，宋孝宗加强了台谏的监督职能，将台谏官员的任免权重新掌握在自己手中，不再让宰相与台谏官员之间互相援引、权力交易；而且还大大缩短了宰执的任期，防止宰相长期在位拉帮结派，形成盘根错节的势力关系。

这些做法卓有成效，孝宗在位期间，再也没有出现过“权相”。因为严格遵守“祖宗家法”，外戚干政的现象也得到避免。

宋孝宗的第三项成绩，是军事建设，他加强了军事人才的选拔，并壮大了军事力量。

宋孝宗在个性上是主战的，甚至是尚武的，他有收复失地的理想，所以必然重视军队建设。他整军兴武，举行了三次大规模的阅兵，还积极选拔将领；在“重文轻武”的治国传统下，难能可贵的是，他自己也学习骑射。此外，宋孝宗在“绍兴兵制”的基础上，采取了诸多措施来提高军队的战斗力、壮大国家的军事力量。

孝宗首先加强了对军事人才的选拔。他要求各地荐举将领不受等级和数量的限制，经武举考试合格者，还必须到军中熟悉军政七年；枢密院还要设置诸军大小将领的花名册，以备随时抽验考核。另外，他起用了许多主战派将领，例如张浚、李显忠等人，以此来恢复和提高军队的战斗力。此外，宋孝宗还创造性地推行“义兵制”来扩大军事力量。

由于金兵时而南下侵宋，南宋的政局需要不断地扩充军事力量，在内地和边防增招兵员，但是鉴于当时养兵费用浩繁，宋孝宗只好大胆改革军事制度，在全国范围内推行“义兵制”。其具体操作方法是：籍民家三丁取一，以为义兵，授之弓弩，教以战阵，农隙之时，聚而教之。这一制度的实质是“寓兵于农”。“义兵”既不脱离生产，又不荒废教阅；既壮大了军事力量，又减轻了国家的财政负担。当时四川地区共有义兵 5.3 万人，与等额官军相比，每年节省财政开支六七百万。

宋孝宗的第四项成绩，是经济建设方面，他重视农业的发展，促进了商业的繁荣和进步。

宋孝宗重视兴修水利，并以此作为赏罚地方官员的标准。他还注重实效，采取措施减轻农民的负担。例如，南宋初年以来，按惯例都是“提前”征收本税季的田赋，称为“预催”。夏税虽然规定是八月半纳毕，而主管税收的户部却规定，七月底以前就要送到首都临安，而地方实际就要提前到三、四月开始征收。之所以如此，是因为户部每年四、五月间“等米下锅”，已有开支项目等着用其中的一部分。所以，虽是违规却屡禁不止，户部根本不执行。最后，宋孝宗采纳参知政事龚茂良的建议，将户部原先每年八月向南库借的 60 万贯钱，提前到四月上旬借用，“户部自无缺用，可以禁止预催之弊”。宋孝宗还下诏规定，此后必须按照规定时间收田赋，违者劾奏。于是拖延多年的“预催”问题，终于得到解决、纠正，使“民力少宽”。

宋孝宗对商业的最大贡献，是发行了用于全国流通的纸币——“会子”，并且稳定了纸币的币值和流通。中国是世界上最早使用纸币的国家，中国最早的纸币是北宋时期仅在四川地区流通的“交子”。宋孝宗时期发行的“会子”，其意义重大之处在于，它有朝廷的信用作为担保，由户部盖官印在全国流通。由于配套政策的恰当，会子保持了纸币币值的稳定与流通，促进了商品经济的发展。

宋孝宗的第五项成绩，是在文化建设方面，他实行百家争鸣的政策，使学术得到了繁荣和活跃。

宋孝宗一改北宋后期与南宋初期树一派打一派的学术政策，他对主流学派王安石新学及新兴起来的程朱理学，采取兼容并蓄、共同发展的态度。宋孝宗虽也对新学有一些微词，但对理学派攻击新学推崇理学亦不支持，如乾道四年（1168 年），太学录魏掞之攻击“王安石父子，以邪说惑主听，游人心，驯致祸乱”，“请废王安石父子从祀，追爵程颐，列于祀典”，孝宗对此不仅不予理会，还将他出为台州州学教授。

当时，沉寂了 30 多年的苏氏蜀学，在宋孝宗即位后又重新兴起。宋孝宗还为苏轼文集作序赞扬，并追谥苏轼“文忠”、苏辙“文定”，追赠苏轼太师，对苏氏蜀学的发展起到推动作用。兼容并包的社会环境，很快造就了一大批卓有成就的文人学者，正如南宋末年著名学者黄震所称许的，孝宗乾（道）淳（熙）时，“正国家一昌明之会，诸儒彬彬辈出”。当时有著名的思想家有朱熹、陆九渊、陈亮、叶适等人，还有著名的文学家陆游、范成大、杨万里、尤袤，著名词人辛弃疾等。宋孝宗时期，堪称南宋一朝学术中兴的时代。

综上所述，宋孝宗时期，其在政治、经济、军事、文化等领域，都是卓有成绩的。他扭转了宋高宗时期的若干社会问题，防止了权相的产生，加强了皇权；改善了南宋在与金朝交往中的地位，壮大了军事力量，提高了军队的战斗力；减轻了农民的负担，重视并推动了农业的发展，还促进了商业的繁荣；创造了百家争鸣的学术环境，兴起了一大批文人学者，出现了学术中兴。宋孝宗时期所取得的这些成就，为南宋后来的抗蒙、抗元斗争，奠定了一定的物质基础。

此外，宋孝宗还是一个勤勉的皇帝。他勤于理政，夙兴夜寐，在南宋所有皇帝中最为勤勉。他还是一个节俭的皇帝，他日常生活的花费很少，常穿旧衣服，不大兴土木；平时也很少赏赐大臣，宫中的收入多年都没有动用，以至于内库穿钱币的绳索都腐烂了。

淳熙十六年（1189 年），62 岁的宋孝宗禅位于皇子赵惇，自称寿皇圣帝；五年后，宋孝宗去世，享年 67 岁。宋孝宗普遍被认为是南宋一朝最有作为的皇帝。他在位的“乾道、淳熙”年间，政治清明、社会稳定、经济繁荣、文化昌盛，宋朝的内政形势有了较大改观，进入到一个相对兴盛的时期，史称“乾淳之治”。宋孝宗唯一的遗憾，是本朝始终未出现“岳飞”这样的军事天才，以实践自己“中兴”的理想。所以，后世不无遗憾地认为，孝宗一朝“有中兴之君，却难再有中兴之臣”。宋孝宗仿效高宗内禅，大概正是基于这样的遗憾吧。

不过，更大的遗憾或许应该是，自宋孝宗内禅之后，后世之君再也不能振兴国势，反而江河日下，直至帝国崩溃。

三、宋光宗被迫内禅

淳熙十六年（1189 年），宋光宗赵惇即位，改元“绍熙”。这是南宋朝最平庸的皇帝之一。在位时间只有五年，而且体弱多病。他既无治国安邦之才，也无明辨忠奸之能。他在位期间大权旁落，由李皇后长期干政。从文献记载来看，他的皇后李凤娘是著名的悍妇，生性妒悍，又有着强烈的权力欲。她的干政是宋自开国以

来最严重的后宫干政事件。

宋光宗的病情，显然是拜这位皇后所赐。查阅正史典籍，宋光宗在即位之前，我们找不到他已经患病的记录。绍熙二年（1191年）十一月二十六，皇后李氏虐杀宋光宗宠爱的黄贵妃，对外说是“暴卒”。次日，宋光宗正准备祭天，却突然刮大风、降雨，祭天的安排只好取消。随后，宋光宗听到了黄贵妃“暴卒”的消息，于是自然联系到天气的“异变”，深感恐惧，并从此患病，而且开始长期“不视朝”。

宋光宗不理朝政期间，自然由皇后李氏擅权。李氏一门心思为娘家捞取好处，大肆恩荫娘家人，引起群臣的高度不满。但是太上皇孝宗皇帝居住于重华宫，宋光宗理当定期去向父皇朝拜、请安，以示孝心和对孝宗皇帝“内禅”的感恩才对。但宋光宗因病长期不去。据说他的病情时好时坏，常常目光呆滞，精神恍惚，后宫暗称之为“风（疯）皇”。

宋光宗时期，偏偏又多次出现地震、太阳黑子等灾异现象，这都使得宋光宗的病情日益加重而无法减轻。宋光宗长久不拜重华宫，这引起群臣不满。文官大臣于是一再请求，甚至哭谏请求“过宫”（朝拜重华宫），却多为皇后李氏所阻，仅偶尔从之。

皇后李氏阻拦宋光宗朝拜太上皇宋孝宗，其原因主要是太上皇干预了宋光宗的立储。宋光宗本意是想立自己的儿子赵扩为太子，赵扩也是皇后李氏所生；但太上皇觉得赵扩天性懦弱，不适宜继承皇位，相比之下宋光宗的侄儿赵柄生性聪慧，更适合继承皇位。宋孝宗的干预不仅没有奏效，反而引起宋光宗和皇后李氏的反感以及戒心。所以，皇后李氏对于向宋孝宗行朝拜之礼这件事，很不乐意。宋光宗的病情又确实反复无常，外人又不知虚实。于是文官集团越来越觉得这不成体统、不守孝道。文官中不断有人上奏请求宋光宗改变态度，甚至不断有人愤然辞官，都未能使宋光宗“回头是岸”。

更过分的是，绍熙五年（1194年）六月戊戌夜，太上皇宋孝宗驾崩，宋光宗居然不遵成例，既不主持丧礼，也拒绝为孝宗服丧，即便是太子哭着再三请求，宋光宗也不听。这简直是大不孝！同年七月，文武大臣终于无法继续忍受这个“疯皇帝”了，在太皇太后吴氏（宋高宗的皇后——宪圣慈烈皇后）的支持下，知枢密院事赵汝愚与韩侂胄、殿帅郭杲等人发动宫廷政变，迫使宋光宗“内禅”，并立皇子赵扩为皇帝，为宋宁宗。

可悲的是，这一宫廷“政变”发生之后，宋光宗还蒙在鼓里。等知道真相后，病情又雪上加霜，他的皇后李氏倒是从此消停。宋光宗时期的不正常统治虽然被宫廷政变所纠正，但由此却产生了更危险的先例和更严重的政治问题。那就是：皇帝的废立，竟然可以掌握在大臣之手。所以，光宗朝虽然短暂，但却对后世产生了极消极的影响。

四、韩侂胄开禧北伐

宋宁宗即位后，改元“庆元”，并册立韩夫人为皇后。赵汝愚因拥立有功而升任右丞相，以独相的身份执政。韩侂胄本欲借此定策之功，获取节度使之职。但赵汝愚却认为“外戚不可言功”。最终，韩侂胄只升一阶，授为宜州观察使。他大失所望，对赵汝愚怀恨在心。

当时，知閤门事刘弼因未能参与绍熙内禅，也对赵汝愚心怀不满。他对韩侂胄道：赵丞相是想独揽拥立大功，您岂止是不能得到节度使之职，恐怕还会被贬到岭南边荒之地。您只要控制台谏，便可保无忧。当时，韩侂胄还兼任枢密都承旨，负责传达诏旨。韩侂胄采纳刘弼的建议，逐渐获取宋宁宗的信任，开始伺机打击赵汝愚。他通过内批，将监察御史吴猎免职，任命亲信刘德秀、杨大法、刘三杰为御史，逐渐控制了台谏部门。他还将参知政事京镗引为同

党，共同对抗赵汝愚。赵汝愚的地位受到威胁，但却不以为意。

赵汝愚引用理学人士，推荐朱熹为皇帝侍讲。当时，朱熹多次向赵汝愚进言，认为应厚赏韩侂胄而不让其参与朝政，但赵汝愚不听。后来，右正言黄度欲上疏弹劾韩侂胄，却因谋划败露被贬斥出朝。庆元元年（1195 年），韩侂胄指使右正言李沐，奏称赵汝愚以宗室之亲担任宰相，不利于社稷安定。宋宁宗遂免去赵汝愚的丞相之职，将他外放为福州知州。朱熹、彭龟年又先后攻击韩侂胄，也都遭到贬官。

赵汝愚被罢相后，韩侂胄升任保宁军节度使、提举万寿观，并通过向宋宁宗荐用亲信的手段，掌握实权。他指称理学为“伪学”，以此打击理学人士。言官何澹、胡纮奏称赵汝愚是伪学泛滥的罪魁祸首，并犯有十项不逊之罪。不久，赵汝愚又被贬到永州（今湖南零陵）。衡州守臣钱鍪在韩侂胄指使下，对途经衡州（今湖南衡阳）的赵汝愚百般窘辱，致使赵汝愚暴病而死。至此，韩侂胄成为宋朝历史上，继蔡京、秦桧以来的第三位权臣，而且权力之大超过以往。

韩侂胄的“权臣”之路，是以外戚身份干政，继而控制台谏。他再次验证了一个规律：两宋时期，但凡能控制台谏的，最终都为权臣（或权相）。于中可见，太祖太宗以来设计的台谏系统，对于巩固皇权是何等重要！

庆元二年（1196 年），宰相留正因曾与韩侂胄不睦，被罢相贬出朝廷。韩侂胄加授开府仪同三司。在韩侂胄集团的策划下，宋宁宗下令禁止道学，定理学为伪学，罢斥朱熹等理学家，对当时的许多知名人士进行清洗，禁止朱熹等人担任官职，参加科举。这在历史上被称为“庆元党禁”。

韩侂胄当权后，比较得人心的一件事，是提高了岳飞的评价、贬义了秦桧。嘉泰四年（1204 年），在韩侂胄的建议下，宋宁宗追封岳飞为鄂王，给予政治上的极高地位，以支持主战派将士。秦桧死后，宋高宗加封他为申王，谥“忠献”。孝宗时，揭露秦桧的奸恶，但还没有改变爵谥。开禧二年（1206年），宋宁宗又应韩侂胄的建议，削去秦桧的王爵，并把谥号改为“缪丑”。贬秦的制词说：“一日纵敌，遂贻数世之忧。百年为墟，谁任诸人之责？”一时传诵，大快人心。

韩侂胄对秦桧的贬抑，实际上也是对投降、妥协势力的一个沉重的打击。崇岳贬秦，为北伐抗金作了舆论准备。因为宋宁宗时期，宋金关系又逐渐趋于紧张，韩侂胄主张北伐。宋宁宗因为不满金朝蛮横要求按旧时的礼仪行事，对自己受屈辱的地位感到不满，因此他也支持韩侂胄对金朝采取强硬的措施。在这种氛围下，先前被排斥的主战派官员，再次被起用，最著名者如辛弃疾。辛弃疾于64岁时被任为绍兴知府兼浙东安抚使，精神为之一振。第二年，他觐见宋宁宗，慷慨激昂地说了一番金国“必乱必亡”（《建炎以来朝野杂记》乙集），并亲自到前线镇江任职。在辛弃疾的建言下，宋宁宗、韩侂胄终于定下北伐大计。

开禧元年（1205年），韩侂胄加封平章军国事，立班丞相之上，总揽军政大权。开禧二年（1206年）五月，宋宁宗下诏北伐金朝，史称“开禧北伐”。与此同时，在蒙古草原上，一个叫铁木真的人统一了蒙古各个部落，建立了蒙古汗国。铁木真在北方反抗金朝，南宋又兴兵北伐，金朝处于南北夹击之势，危在旦夕！

宋朝军队不宣而战，首先对金朝军队发起了攻击。开战初期，宋军收复了一些地方，但金朝事先已得到风声，觉察到南宋“将谋北侵”，于是做了些准备。金朝在遭到进攻后立即进行了反击。宋军方面却由于用人不当，在攻打唐州时被金军击溃，接着在攻打蔡州时大败于溱水，事后主帅相继被撤。

不久，金军就在东、中、西三个战场上，对宋军发起了进攻，

宋朝军队由进攻转为防守。在金军的大举进攻之下，真州（今江苏仪征）、扬州相继被占，和尚原（西路军事重镇）与大散关（蜀川的门户）也被占。韩侂胄于是打算通过吴曦在四川战场挽回败局，但陕西河东招讨使吴曦却早已在四川暗通金兵，叛变称王。这场战争只好于第二年以宋朝战败而结束。

这时的金朝，其实正如辛弃疾所判断的，处在“必乱必亡”的前夕。只是由于宋朝出了叛徒和内部的不和，部署失宜，才使金兵得以侵入淮南；但金朝实际上已不再有继续作战的能力，只是对宋朝威胁、讹诈。

韩侂胄本想筹划再战，但朝中主降的官员大肆活动。礼部侍郎史弥远和杨皇后在投降议和的问题上尤其积极，并想借机扳倒韩侂胄。原因是，嘉泰二年（1202 年）宋宁宗立杨氏为后的时候，韩侂胄曾持有异议，杨皇后于是对韩侂胄深怀仇怨。她联络史弥远，通过皇子向宋宁宗进言：韩侂胄再启兵端，将危社稷。杨皇后又恐宋宁宗走漏风声，让大权在握的韩侂胄知道，后果将十分严重，就与史弥远、参知政事钱象祖等人密谋，设法除掉韩侂胄。

开禧三年（1207 年）十一月，韩侂胄在上朝途中被殿帅夏震派出的将士挟持，杀死于玉津园中。韩侂胄被杀以后，史弥远立即派人把这一消息告诉了金朝，并以此作为向金朝求和的砝码。此后朝政被史弥远、钱象祖把持。经过与金朝的谈判，按照金朝的要求，韩侂胄和苏师旦的首级被送往金朝示众。

宋宁宗嘉定元年（1208 年），南宋王朝与金朝签订了屈辱的“嘉定和议”，和议条款为：两国境界仍如前；嗣后宋以侄事伯父礼事金；增岁币为银帛各三十万；宋纳犒师银三百万两与金；宋朝皇帝与金朝皇帝的称谓由以前的侄叔改变为侄伯。虽然边境维持了传统划界，但付出了更多的经济损失，并具屈辱色彩。这次和议也是宋金历史上的最后一次和议，蒙古人的兴起随后给金朝带来了灭顶之灾，金朝再也没有心思和能力南下侵宋。

韩侂胄死后，理学人士获得翻身，在他们所修的《国史》中，韩侂胄被称为“奸臣”。元代修撰《宋史》的理学人士，也将韩侂胄与卖国的秦桧，都列入《奸臣传》。极讽刺的是，韩侂胄的首级被送入金朝后，金朝方面认为他忠于本国，于是赐谥号为“忠缪侯”，并将其礼葬在先祖韩琦的坟墓旁。两相比较，谁对韩侂胄的评价更为公允客观，不言自明。

韩侂胄的悲剧，并不是北伐时机不对，更不是排斥异己、大权独揽，而应该是将帅乏人，朝中主降的根基深厚、代有传人。

五、史弥远矫诏立君

史弥远在韩侂胄死后的嘉定元年（1208 年）三月开始实际掌权。他先是恢复了秦桧的申王爵位及“忠献”谥号，积极奉行降金乞和政策；九月与金朝签订“嘉定和议”；十月升任右丞相，此后独相 20 余年（宁宗朝 17 年、理宗朝 9 年）。成为南宋第三位“权相”。

史弥远的降金乞和行为，一些著名理学家也颇不赞同，甚至愤慨。为了改善形象，取悦于理学人士，他接受建议，罢黜学禁；为韩侂胄执政时遭罢斥的大臣赵汝愚、吕祖谦等人复官，又追封朱熹官爵；起用了真德秀、魏了翁、杨简、李心传等诸多理学人士；还在嘉定年间，对不符合赐谥条件的理学家朱熹、周敦颐、程颢、程颐、张载，分别特赐谥号为文、元、纯、正、明，提高理学派的地位。但这些理学人士也并不是都顺服于他。而对他特别不利的是，皇子赵竑非常不喜欢他，并曾表示自己将来即位后要将史弥远发配 8000 里外的地方，流放到新州或恩州。

赵竑不是宋宁宗的亲生子，而是宗室子弟，系太祖宋太祖四子秦王赵德芳的九世孙。宋宁宗本来先后有九个儿子，但是在未成年时就夭折了，因此他不得不从宗室子弟中另寻储嗣。嘉定十四年（1221 年），赵竑被宋宁宗立为皇子。赵竑对于史弥远的这种强烈不满，被史弥远安置在赵竑身边的耳目所告发。史弥远知悉太子的想法后深感不安，于是不时地在宋宁宗面前诽谤赵竑，以图废赵竑，另立他人为继承人，但未能得逞。史弥远只好偷偷培养另一个皇室子弟赵昀，阴谋在宋宁宗去世时，废皇子赵竑而另立宗室赵昀（贵诚）为帝。

嘉定十七年（1224 年）八月，宋宁宗病死的当天黄昏，史弥远派人连夜把赵昀召进宫，连杨皇后都不知情。当史弥远把废立皇子的想法拿出来与皇后及其两个侄儿商议时，杨皇后坚持反对，认为“皇子先帝所立，岂敢擅变？”史弥远只好反复做皇后的思想工作，据说“是夜，凡七往反，后终不听”。但杨谷等说明，史弥远已命殿帅夏震派兵看守皇宫及赵竑，如果不立赵昀为帝，“祸变必生，则杨氏无噍类矣”。杨皇后在权衡利害关系之后，被迫同意。于是，史弥远便伪造宁宗遗诏，“遂矫诏废竑为济王，立昀为皇子，即帝位”。为了说明赵昀即位的“合法性”，史弥远宣称：宋宁宗在世的八月份，即已“诏以贵诚为皇子，改赐名昀”。赵昀即位，是为宋理宗。

至于皇子赵竑，他先是被加为少保，晋封为济王；后又被任命为醴泉观使，令他到受赐宅第。宝庆元年（1225 年）正月庚午日，赵竑被逼在州治自缢身亡。皇帝的废立，在史弥远手中，竟然就这样如同儿戏。这是南宋一朝，第二次由大臣来操纵皇帝的废立。

纵观宋宁宗在位长达 30 年，性格忠厚，崇尚节俭；虽然虚心好学，也重视台谏的意见，但遇事缺乏主见，在对金朝的和战政策上容易摇摆不定，所以先后出现了韩侂胄、史弥远的专权用事。宋宁宗的耐心极好，临朝听政的时候，常常是大臣们的论奏听完了就完了，他既不表态，也不决断，进奏者已经口干舌燥，最后却仍然不得要领。负责记录皇帝言行的起居舍人卫泾，曾经描述了他目睹的宁宗上朝情形：陛下每次面见群臣，无论群臣所奏连篇累牍，时间多长，陛下都和颜悦色，耐心听取，没有一点厌倦的样子，这是皇帝谦虚，未尝有所咨访询问，多是默默地接受而已。所以，整体上评价这位皇帝，纵然不用“荒淫无道”一词，至少也是可以用“昏庸无能”形容。这30余年的统治，南宋的政治经济形势在继续衰落已再难回转。

第五节　联蒙灭金蹈覆辙

就在南宋国势衰落的同时，金国正面临蒙古的步步紧逼，濒临亡国。南宋朝廷的对外政策也分成了两派，一派认为应该联蒙抗金；另一派认为应该铭记唇亡齿寒之道理以及“宋金海上之盟”的教训，援助金国，让金成为宋的藩屏。

宋宁宗在位时期，金朝正处于金宣宗的统治之下。金宣宗在对外交往中一再处置十分不当，导致非常被动，使金朝无可挽回地走向灭亡。他先是于金贞祐二年（1214年）三月遣使向蒙古军求和，双方达成和议。尔后，金宣宗又以金中都缺粮、不能应变为由，力排众议迁都到汴京。这一举动导致两个严重后果：一是极大地动摇了人心，朝中投降派将领和受金压迫的契丹、汉军吏和地主土豪，纷纷叛金降蒙；二是让成吉思汗看清了金朝的腐败

无能，决议继续兴兵伐金。金贞祐三年（1215年）五月，蒙古军攻陷金中都（今北京）。

面对金朝的江河日下，以及蒙古军的无坚不摧，南宋朝廷陷入困境。以乔行简为首的一派，觉得可以联金抗蒙。以真德秀为首的一派则提议不给金朝上岁币。宋宁宗最终采纳真德秀的建议，停止对金朝输送岁币。南宋的做法激起金宣宗的愤恨，在一些文臣武将的支持下，于金兴定元年（1217年）夏天发动了侵宋之战。

这场战争完全是两败俱伤的选择。金军自认为实力比蒙古不足，但比宋朝却绰绰有余，谁料战争进程远远不如预想那般顺利。战争开始后，金军攻城略地，宋军被斩杀两万多人，损失惨重；但随后宋军通过激烈反攻，接连收回失地。并且由于金朝此前在蒙古人攻打西夏的时候见死不救，现在西夏人反过来联合蒙古对金朝发起攻击。同时，山东地区由汉人武装势力组成的“红袄军”声势日大，四处开花。金朝可谓有如过街之鼠。于是，金朝只好向南宋伸出“橄榄枝”，希望宋金议和。

但出乎金宣宗意料的是，南宋非常坚决，连金使也不让入境。金宣宗恼羞成怒，不顾自己国内重镇太原城刚刚被蒙古人攻陷，于金兴定二年（1218年）春，兵分三路向南宋发动新一轮军事进攻。结果，金军主力部队在化湖陂（今安徽怀远以北）被红袄军大败，被迫撤退时又遭追击，损失惨重；西路军在洋州（今陕西洋县）则被宋将张威截击，被杀数千人，最后只得狼狈北逃；中路军先被宋将孟宗政击退，再被宋将赵方派出生力军忽然从枣阳城外向金军发起攻击，守将孟宗政又开城出击，夹击之下，金军此战被杀三万多人，中路军主帅完颜讹可仅以单骑走免。金军彻底战败，求和而不可得！

从此以后，宋朝一扫昔日对金兵的“畏战”“怯战”心理，双方又形成了你攻我杀，你退我攻的态势，宋金“和平”完全成为“过去式”。在宋金关系上，经历了这样的厮杀之后，双方已无任何合作的可能。若无金宣宗兴兵攻宋，南宋出于历史教训，尚有联金抗蒙的可能，但现在这种可能的联盟已经被金朝方面主动拒绝了。

宋宁宗嘉定十一年（1218 年），蒙古再次遣使与南宋接触（此前所派使者被金人截获），宋宁宗亦表达了与蒙古进一步接触的意愿。嘉定十三年（1220 年），淮东制置使贾涉奉朝廷命令遣赵珙出使蒙古，并受到木华黎的热情款待。同年，宋廷还派遣苟梦玉出使，并得见成吉思汗。嘉定十六年（1223 年），苟梦玉再次被派遣出使，两国关系不断升温。

嘉定十七年（1224 年），宋宁宗和金宣宗于同一年去世。宋金关系、宋蒙关系由此发生戏剧性转变。因为金朝新即位的金哀宗完颜守绪下令停止对宋战争后，蒙古对于南宋而言已经失去了制约金国的实际价值，宋蒙关系于是迅速降温，宋金关系则稍稍好转。恰逢此时金哀宗有意与南宋联防武休，以防备蒙古绕道攻击金国后方，无奈金国当权大臣认为此事有失颜面而力加阻挠，而南宋方面也不甚热心，最后此事未能成行。

宋理宗宝庆三年（1227 年）二月，成吉思汗在攻打西夏的过程中，派人送两块金牌到南宋四川制置司，胁迫南宋臣服蒙古。为了炫耀武力，他还派了一支骑兵进入宋境，悍然进攻南宋川陕战区，四川制置使郑损擅自做出了弃守关外五州的错误决定，使四川外围要塞轻易落入蒙古军之手，南宋开国初期吴玠在四川构筑的“三关五州”防御体系至此瓦解（三关即为阶州七方关、凤州仙人关、兴元武休关；五州即为阶州、凤州、成州【同庆府】、西和州和天水军）。所幸，当时蒙古军队只是试探性进攻，目的只是大肆掠夺财物，没有趁机攻城略地。七月，因天气炎热，成吉思汗病逝，蒙古军才撤出宋境。

宝庆三年（1227 年），成吉思汗去世前曾经留下遗言：“若假道于宋，宋金世仇，必能许我。”确实，如果向宋朝提出借道攻

打金朝，宋金有世仇，那么宋朝一定会答应。这一战略在逻辑上是完全可行的，宋金之前有了新仇旧恨，确实断难联合拒蒙。

宋理宗绍定四年（1231 年），蒙军攻克凤翔后，窝阔台召集蒙古诸王大臣商议灭金。最终通过如下决议：拖雷率右路军自凤翔过宝鸡，渡渭水，迂回四川后沿汉水直下，进入河南，从背后攻击金军，而窝阔台率中路军自白坡渡黄河，斡晨那颜率西路军由济南西下。蒙古提出希望南宋能够借道，但却遭到了宋朝的拒绝。

原来，宋廷虽然与金朝有深仇大恨，但北宋亡国故事，使得宋朝在是否"联蒙"的问题上必须谨慎又谨慎。宋廷之中，即使主张灭金以报世仇的真德秀，对于如何处理与蒙古的关系，也提出应该谨慎对待。真德秀认为"今之女真，即昔之亡辽，而今之鞑靼，即向之女真"，并预感联蒙灭金可能重蹈当年联金灭辽的覆辙。所以此时，在南宋朝廷内部，虽然"灭金"的声音很响，但"联蒙"的策略还很难占上风。

结果，窝阔台的灭金计划出台后，一方面金朝迅速做好准备应战，另一方面宋廷却并没有激于义愤草率"联蒙"，而是帮助金国守好后门，以期延缓金国的灭亡。在"借道"不成的前提下，拖雷只好对金朝进行强攻。

但事情的发展往往不以人的意志为转移。绍定四年（1231 年）四月，蒙军在宋朝毫无防备之际，突然从东道入境四川，一时之间宋军来不及重新部署，只能眼睁睁看着蒙军入境。四川制置使桂如渊措手不及，不仅没有组织有效抵抗，反而逃到合州躲了起来；后来局势恶化，又主动为"借路"蒙军提供粮草和向导，蒙军顺利地通过了四川。宋廷急调京湖制置使陈赅领兵增援四川，陈赅却并不放在心上，以为只是蒙古游骑前来骚扰，便只派了 3000 人前往金州。等蒙军击败金州宋军，并迅速沿汉水直下京西南路，陈赅才意识到事态的严重性，但为时已晚，蒙军已顺利进入金国境内，并取得“三峰山大捷”，打垮金军主力。

不过，窝阔台当时因为与拖雷争夺蒙古国大汗之位，重在除掉拖雷，所以并未急于灭掉金朝。窝阔台留下奄奄一息的金朝，率军北返，途中毒死了拖雷。

蒙金之间的形势发生如此剧变，给宋廷出了巨大的难题。既然金朝被灭只在弹指一挥间，那么对于南宋而言，金朝哪里还有作为屏障的价值可言呢？如果坚持拒蒙，宋朝便是与蒙为敌，早晚被蒙古吞灭。如果联蒙，蒙古灭金之后，下一个可能照样是南宋。两条道路都是死路，但是第二条尚有挣扎、喘息的空间。宋廷陷入痛苦的纠结之中。

绍定五年（1232 年）十一月，蒙军再次进攻金国，南宋也出兵相助一起围攻开封；最后开封城破，金哀宗被迫逃往蔡州。十二月，蒙古遣使来商议宋蒙合作夹击金国，宋蒙之间达成口头承诺：宋廷与蒙古联合出兵，灭金之后蒙古同意将河南还给宋朝。

金哀宗垂死挣扎，采纳“进取兴元，经略巴蜀”的建议，收拢溃军准备进入四川。但此时南宋不会再给金国任何机会。宋廷得到边报之后，孟珙奉命主动出击，先迫降了邓州、申州，后又大败武仙于马镫山，“降其众七万”，八月十三日攻克唐州，彻底切断了金哀宗西逃之路。

眼见形势不妙，金哀宗又派遣阿虎带以“唇亡齿寒”的道理说服南宋不出兵，可惜为时已晚，此时的金国已经不具备作为“唇”的实力了。不过，史弥远也很犹豫是否要跟金国“连和”，以致廷议未决。

于是，史弥远之侄、京湖制置使史嵩之问计于孟珙，孟珙说了如下一番话：倘国家事力有余，则兵粮可勿与。其次当权以济事。不然，金灭，（蒙古）无厌，将及我矣。这也就是说，南宋尚不具备坐观成败的实力，不如趁机“和蒙”，尽量拖延必将到来的宋蒙大决战，使南宋获得足够的准备时间。另外，这样也可

以趁机抢得一些地盘以增加战略纵深，并向蒙古人展示自己的实力，使之不敢轻视自己。而且，无论南宋出不出兵，金国都灭亡在即，因此此次出兵的重点不是灭金而是“和蒙”，这是在当时的历史条件下南宋唯一正确的选择。

孟珙这番话说服了史嵩之。之后，史嵩之又说服史弥远做出联蒙灭金的决定。绍定六年（1233 年）十月，史嵩之最终下达了出兵的命令，孟珙、江海率忠义军 2 万运粮 30 万石北上，抵达蔡州城下与蒙军会师。南宋出兵助粮，固然有“执仇耻”的目的，但最根本的目的在于“和蒙”，这是符合南宋利益的正确之举，是南宋唯一正确的抉择。而且对蒙古来说，消灭金朝只是早晚的事，与南宋建立军事同盟其实完全是可有可无的。

宋理宗端平元年（1234 年）正月，宋蒙联军攻破了金国最后的据点蔡州城，金哀宗完颜守绪匆忙传位后自缢身亡，金末帝完颜承麟亦在乱军中被杀死，金国灭亡。由于宋军表现突出，最后分得了大部分战利品，其中就包括完颜守绪的尸体。

随后，宋廷仿效当年金朝羞辱徽、钦二帝的做法，以其人之道还治其人之身，将完颜守绪的尸体带到临安祭祖，并让被俘的金国宰相张天纲等人行献俘礼，算是洗雪“靖康之耻”。正如陆游《示儿》中的诗句所愿：“王师北定中原日，家祭无忘告乃翁”。

金朝成为往事，宋廷有没有因此高兴呢？即使有，也是短暂的。因为随着金朝的灭亡，南宋无可奈何地重蹈了北宋“联金抗辽”的覆辙，一个强大的蒙古国取代了虚弱的金朝与自己南北并立，南宋帝国的崩溃已经无可挽救地排上了议事日程。

第七章 南宋亡国

第一节 无可奈何衰落去

就在金朝灭亡的前一年，也就是宋理宗绍定六年（1233年），权相史弥远病重去世，结束了自己独相26年的历史。去世前，他将他的党羽郑清之升为右丞相。史弥远去世后，被追封卫王，谥“忠献”。这个谥号与秦桧最初所得谥号相同。这并非是一种巧合，而是讨论谥号的礼官们认为史弥远与秦桧属同一类人物，故而形成某种共识，也算是对史弥远重用理学人士、提高理学地位的一种回报。

史弥远掌权26年间，虽因金受蒙古威胁无暇南顾，而能保持南宋安定；但史弥远排斥异己，贪污中饱，加重税金，使南宋国势渐衰。史弥远死后，宋理宗才开始亲政。值得说明的是，宋理宗因为是史弥远“矫诏”拥立的，所以在亲政前一直由独相史弥远把持朝政，自己对政务完全不过问，其时间多用在思尊崇理学、纵情声色事务上。

世上已无史弥远，宋理宗于是唯有“亲政”。亲政之初，他立志中兴，采取罢黜史党、亲擢台谏、澄清吏治、整顿财政等改革措施，史称“端平更化”。

宋理宗端平元年（1234年）正月，金朝灭亡，宋理宗煞有介事地举行完对徽、钦二帝的告慰仪式之后，于是年五月任命赵葵为主帅，全子才为先锋，赵范节制江淮军马以为策应，正式下诏出兵河南。由于河南空虚，宋军很快收复了开封、洛阳、归德等

地。但蒙古军借由宋蒙联手灭金时并未就灭金后河南的归属作出明文规定，派兵反击，迫使宋军放弃刚刚占领的汴京、洛阳。这件事在历史上被叫作“端平入洛”。

“端平入洛”的失败，使南宋损失惨重，数万精兵死于战火，投入的大量物资付诸流水，南宋国力受到严重的削弱。更重要的是，“端平入洛”使蒙古找到了进攻南宋的借口，蒙古由此开始了攻宋战争。朝野上下对于出兵河南的失败及由此带来的严重后果议论纷纷，而对这种局面，理宗也不得不下罪己诏，检讨自己的过失，以安定人心。

端平二年（1235 年），蒙古军分东、西两路出征南宋。国家生死存亡之际，宋理宗采取了一系列措施来革除弊政。

首先从用人开始——从择相开始。

宋理宗受够了史弥远的专权，但又恐大肆打击史弥远派系会引起朝中震动。于是，他采取较隐蔽的做法，表面上维护史弥远，但对其党羽却绝不宽贷。自史弥远病危开始，宋理宗便开始着手罢免那些因攀附史弥远而升迁的官员，例如左司谏梁成大、参知政事袁韶、江淮安抚制置使赵善湘，也都遭到台谏的论劾而相继罢任，其他被罢黜的史党爪牙不胜枚举。

比较例外的是宰相郑清之。史弥远死后，宋理宗有意纠正宋宁宗嘉定年间以来权臣独相的局面，谨慎简选宰相，使这一时期的政治相对稳定。郑清之任相虽出于史弥远的安排，但他是宋理宗的老师，又参与拥立，因而也深受理宗信任，端平更化时，其相位并未因史弥远推荐而有所动摇。另外，郑清之也不像史弥远那样专断，倒是比较配合理宗改革，因而颇受眷顾。但是郑清之能力有限，而且他的儿子卖官鬻爵，令其政声大坏。

端平二年（1235 年），乔行简开始与郑清之并相，郑清之罢去相位以后，宋理宗让乔行简独相三年，宋理宗嘉熙三年（1239

年），乔行简因老病改为平章军国重事。史称他“历练老成”，参与更化时间最长，对加强边防、整顿财政、荐引贤能贡献颇多。

乔行简改任“平章军国重事”后，李宗勉与史嵩之被分任左、右相。李宗勉任相仅两年，即死于任上，史称他“守法度”，有“公清之相”的美誉。史嵩之是史弥远的侄儿，虽不是贤相，却是能臣。他第二次经理京湖防务时，荐士 32 人，董槐、吴潜后来都称贤相。史嵩之任相以后，京湖用孟珙，川蜀用余玠，在其后抗御蒙古南侵中都功绩卓著，可谓识人。但史嵩之因是史弥远之侄，又比较专权独断，后人对他亦无好感，不断有人上书以儒家伦理抨击他，太学生、武学生与临安的府学生也轮番上书。宋理宗便让史嵩之守丧，除服以后，也没有再起用他。

其次，是收回对台谏官员的任命权，并且整顿吏治。

按制度设计，台谏官员为天子耳目，由天子任命选拔。但自权相蔡京时代开始，就注重控制台谏，后世权相也多通过推荐台谏官员、安插亲信的方式来“控制”台谏。所以“权相”的形成，与台谏部门的职能丧失有很大关系。宋理宗为了避免出现下一个史弥远，在史弥远死后就开始大规模调整台谏官员的任命，加强对台谏系统的管理，强化其“天子耳目”的功能。

对于腐败和冗官现象，宋理宗也采取了一些措施。比如保证官员的任职资格，科举取士减少人数、保证质量，严格官员的升迁制度……收到了一定的效果。“端平更化”期间，在选贤用能方面颇有起色，扫除了前期官场昏庸黑暗的局面。

纵观理宗更化期间的用人，大多皆贤良称职，一时朝堂之上，人才济济，政风为之一变。不过，“端平更化”虽然声势很大，但并没有改变南宋走向衰落的趋势。虽然网罗了不少贤良之士，但他们“所请之事无一施行”，朝令夕改，最终无所建树。澄清吏治、整顿财政的各项措施也大多就事论事，治标不治本。另外，宋理宗也很

快从更化图治转入嗜欲怠政，走上昏庸之途。他尊崇理学，下令周敦颐、程颢、程颐、张载和朱熹入祀孔庙；宣布王安石是儒学“万世罪人”，黜出孔庙（胡瑗、孙复、苏轼、欧阳修、司马光也被迁出）。他起用了当时著名的理学人士真德秀、魏了翁；但二人入朝后大谈“正心诚意为第一义”，对物价虽采取过措施却收效不大，令老百姓大失所望。真德秀升任参知政事后，仅两个月就去世了。魏了翁立朝仅六个月，也出朝督视京湖江淮兵马，不久自求罢官归里。宋理宗对理学的尊崇，仅仅用于装点门面，具有象征意义而已。

进入淳祐年间，宋理宗已逐渐丧失“端平更化”的上进姿态，朝政也逐渐败坏。淳祐九年（1249 年）九月，宋理宗封阎氏为妃。阎贵妃奢侈无度，而且在宋理宗的宠爱下，骄横放肆，干预朝政；一些投机钻营的小人，依仗着她愈发骄横专恣，并于朝中干权乱政。阎贵妃还与马天骥、丁大全、董宋臣等奸臣勾结，狼狈为奸，沆瀣一气，史称“阎马丁董”，恃宠乱政，结党营私，排除异己，陷害忠良，与贾似道明争暗斗，打击谗陷，把朝政搞乌烟瘴气。以至于有人在朝堂门上书写：“阎马丁当，国事将亡。”

宋理宗开庆元年（1259 年）以后，理宗听任贾似道“权倾中外，进用群小”。贾似道为了不让士大夫批评他专权乱政，对士大夫施展利诱之术，故意败坏士风，“似道既专恣日甚，恐人议己，务以权术驾驭，不爱官爵，牢笼一时名士，又加太学餐钱，宽科场恩例，以小利啗之。由是言路断绝，威福肆行”。士风每况愈下，贾似道逐渐一手遮天，朝政黯淡无光。

景定五年（1264 年）十一月，宋理宗在临安去世，在位 40 年，享年 60 岁，遗诏太子赵禥即皇帝位。对宋理宗的评价，后世学者褒贬参半。王夫之认为他“无君人之才，而犹有君人之度”。李贽说他是个“得失相半之主”。当然，也有毫不客气的评价：“但（赵）昀乃一庸才，嗜欲甚多，怠于政事，崇尚道学，虚谈经筵性命，只图偏安，无复国之大志，因之权移奸臣，朝政日非”。考虑宋朝当时面临的生死存亡之形势，结合宋理宗政策的得失，实在不宜给予他过高的评价。

宋理宗享国 40 年，与宋仁宗接近，但跟宋仁宗朝的政治气象相比，实在有天壤之别。仁宗虽然“无定志”，但在位 42 年期间，贤相相继；再看宋理宗在位期间，前有权相史弥远、丁大全，后有贾似道，可谓“权相、奸臣”相继。宋理宗在位的 40 年，几乎可以视作南宋“失去的”40 年。宋理宗去世后，太子赵禥即位，为宋度宗，伴随着蒙古大军的汹涌南下，南宋帝国之崩溃几成定局。

第二节　蒙元入侵帝国崩

宋理宗在位的 40 年，最生不逢时的地方，是蒙古的入侵。自“端平入洛”失败后，宋蒙之间渐成敌对双方。蒙古大军在不断西征的过程中，也在一再进攻宋朝，意图统一南北。蒙古大军对南宋的攻击，是从蒙古大汗窝阔台时期开始的。

一、窝阔台攻宋

宋理宗端平二年（1235 年），蒙古军分东、西两路出征南宋。东路军由窝阔台的第三子阔出等人率领南下攻打长江中游一带。

次年，南宋襄阳守将降蒙，蒙古军南下深入今安徽、湖北地区后退回，宋军又恢复了襄阳等地。

西路军则由窝阔台的第二个儿子阔端等人率领，攻打四川，于1236年、1238年、1241年连续三次侵入四川。

端平三年（1236年）十月，东路军主帅阔出病死于军中，窝阔台派忒木台率军继续南攻江陵（今属湖北）。为突破江陵东西防线，兵分两路，一路攻复州（今湖北天门），一路在枝江（今湖北枝江西南）、监利（今属湖北）编造木筏，准备渡江。宋廷闻讯，急遣节制蕲黄光信阳四郡军马孟珙赴援。孟珙巧施疑兵计，反复变换旗帜和军服颜色，夜点无数火把，以少示众，并遣军袭击蒙古军，破24寨，夺回被掠军民两万余人，迫使蒙古军北撤。与此同时，蒙古马步军都元帅察罕率军攻真州（今江苏仪征）也被击退。是月，西路军阔端攻破成都，大掠四川腹地。后闻东路主帅阔出死，率军北归，留部分兵力扼守沔、阶、兴元等要地，主力退出四川。不久，所占州县均被宋军收复。

宋理宗嘉熙二年（1238年）九月，窝阔台复派察罕率东路军攻庐州（今合肥），欲造舟巢湖，以窥长江。蒙古军筑高坝攻城，守城宋将杜杲率军奋力抵抗，大败蒙古军。蒙古军遂转军东下，攻克滁州，又转战天长，被宋军击败，察罕被迫引军退出宋境。西路蒙古军由达海绀卜率领复入四川，攻克隆庆（今四川剑阁）后，四处掳掠。嘉熙三年（1239年）四月，孟珙乘东路蒙古军进攻淮西，对长江中游放松进攻之机，遣军收复京襄诸郡。六月，阔端遣达海绀卜率军入蜀，再战成都，四川制置使丁黼战死。汪世显部经开、达二州，进至万州，宋军守大江南岸，蒙古军以夜乘革舟迂回渡江之策，击溃宋军，东下破夔州（今四川奉节），抵巫山，企图出三峡、入两湖。十二月，宋将孟珙分兵屯峡、归(今湖北宜昌、秭归)、施（今湖北恩施）诸州，控扼蒙古军东进之路，于归州大垭寨一举击溃蒙古军的进攻，收复夔州。宋廷旋以孟珙为四川宣抚使，加强四川防御。

宋理宗淳祐元年（1241年）十一月，窝阔台汗病死。蒙古军主力北归，蒙宋战争暂告一段落。

这一阶段的宋蒙战争历时七年，蒙古军主力用于西征，攻宋的兵力较弱；且战线过长，兵力分散，无明确的主攻方向；加之深入汉淮河网和巴蜀山地，不便发挥骑兵优势，又缺乏水军，故未实现战争企图。这些进攻活动主要以讨伐和抢掠为目的，虽然一度攻下大部分城镇，但都退回，没有占领已经攻占的地方。

二、蒙哥攻宋

1251年，蒙哥继承汗位后，首先平定了定宗后及太宗皇孙失烈门的反叛，巩固了统治地位。继而着手进行攻宋的准备，在临近南宋边境地区建立屯驻基地。

南宋经与窝阔台时期蒙古军作战，深知蒙古骑兵善驰突、野战的特点，逐渐形成守长江上游以固其下游，守汉、淮以蔽长江的防御方针。四川战区，宋将余玠采取守点控面的防御措施，先后建立了以重庆为中心，以钓鱼山（今四川合川东）为屏蔽和支柱，以长江为依托，以岷江、嘉陵江、涪江、渠江旁新建的山城为骨干的纵深梯次防御。荆湖战区，宋安抚制置大使孟珙招兵置军，加强江陵、襄樊（今襄阳）、鄂州（今武昌）的守备，大兴屯田，为阻止蒙古军过夔门沿江东进，实行三层防御部署。江淮战区，宋在军事重镇和要点加筑城寨，增兵守备，并于城寨百里以内，三里一沟、五里一渠，以遏制蒙古骑兵长驱奔袭。同时还造轻捷战船，以水、步混编组成游击军，屯戍长江中，拟随时应援。

宋理宗宝祐四年（1256年），蒙哥汗发动了征宋战争，兵分两路：塔察尔（成吉思汗的幼弟铁木哥斡赤斤之孙）率东路军进

攻襄阳、两淮，自己率西路军进攻四川。两年后，蒙哥汗率西路军进入四川，塔察尔率东路军进至长江岸边而还，毫无进展。

蒙哥汗于是改变计划，命他的四弟忽必烈率蒙古、汉军出征南宋。宋理宗开庆元年（1259 年）二月，蒙哥率军进至石子山（钓鱼山东），开始围攻钓鱼山。历时五个月未克，蒙古军疫病流行，士气大减。七月，忽必烈率军渡淮水，抵达长江北岸；蒙哥亲临现场指挥攻城时，身中飞石，后卒于军中，蒙古军西路军遂撤围北归。

忽必烈得知大汗死讯后，仍然进兵，并且突破了宋军的长江防线，包围了鄂州（今武昌）。其妻遣人密报忽必烈，声称忽必烈的七弟阿里不哥正准备在漠北称汗，忽必烈这才决定撤兵争位。

此时南宋因政治腐败，致贾似道得以擅权网罗亲信，极力打击陷害有功将领。一批战功卓著的将帅，或被罢官，或被治罪而死，致使民心相悖，将士离心，战备松弛，坐失强兵固边的大好时机。昏庸的宋军统帅贾似道，不但不乘机击败蒙古军，反而以割江为界，岁奉银、绢各 20 万两匹为条件，向忽必烈请降。

忽必烈立即与南宋达成和议，留张节率偏师接应自云南东来策应的兀良合台军，自己率军北归。不久，兀良合台率部在鄂州（今武昌）与元军会师北还。贾似道乘机命夏贵以舟师截击其后队 700 人（一说 170 人），谎报大捷，蒙哥攻宋至此休战。

三、忽必烈灭宋

宋度宗咸淳三年（1267 年），忽必烈已夺得汗位（世称“元世祖”）并巩固了对北方地区的统治，开始着手统一江南。

他采纳南宋降将刘整的建议，制定了先取襄樊（今属湖北），实施中间突破、沿汉入江、直取临安（今杭州）的灭宋方略，从而开始了攻灭南宋的战争。

经过六年激战，终于在 1273 年攻破樊城（今湖北襄樊），襄阳守将吕文焕投降，元军顺利突破了宋朝在长江上游的防御体系。

咸淳十年（1274 年）三月，元世祖以伯颜为统帅出征南宋。元军兵分两路，东路军由合答统帅，刘整为先锋，自淮西出发，沿大运河南下，直趋扬州；西路军由伯颜和阿术统帅，自襄阳出发，沿汉水入长江，顺江而下，直取临安（今杭州）。十二月，元朝水师进入长江，攻破阳逻堡要塞，南宋统将夏贵逃走，汉阳、鄂州的宋军投降。伯颜留阿里海牙经略荆湖（今湖南和湖北部分地区），以南宋降将吕文焕为先锋，顺江而下，继续前进。沿江南宋将领多为吕氏旧部属，皆不战而降，元军迅速攻占了湖北，向安徽挺进。

1274 年，宋度宗死，贾似道立度宗幼子赵㬎为帝，即宋恭帝。贾似道仍旧专擅朝政。贾似道遣使请和，遭到伯颜的拒绝，被迫领兵迎敌。宋恭帝德祐元年（1275 年）二月，宋元双方在丁家洲（今安徽贵池下游一带）交战，宋军大败。元军攻克建康、镇江等地。十一月，元军分三路向临安进发。

德祐二年（1276 年）二月，元军抵达临安。宋摄政太皇太后谢道清拒绝张世杰、文天祥背城一战，以图求存建策，一面送益王赵昰、广王赵昺南逃，一面遣使赴元请降。二月初五，宋恭宗赵㬎率百官于临安降元。伯颜取谢道清手诏，招降未附州县。

丞相陈宜中遁温州（今属浙江），张世杰、苏刘义等各率所部离去。而李庭芝、张世杰、文天祥等人则继续抗击元军，在福州另立年仅 7 岁的益王赵昰为帝（即宋端宗），改元“景炎”，转战福建、广东。

1278 年四月，宋端宗死，又立其弟卫王赵昺为帝。六月，忽必烈为彻底消灭南宋势力，命张弘范为蒙古、汉军都元帅，率水、步骑军两万由海道南下，都元帅李恒率步骑由陆路南下，会歼南宋残部。元军很快攻占四川、湖南、福建、广东等地。

宋帝昺祥兴二年（1279 年）正月，元组织了水军，大举进攻

厓山。文天祥以战俘的身份也被软禁在元军船上，途中文天祥作《过零丁洋》一诗。恰巧张弘范来让文天祥给张世杰写一封劝降信，他就顺手写出了这首诗，交给张弘范算是答复。张弘范读罢，除对他的遭遇同情外，心中肃然起敬。张弘范与文天祥在政治上虽然是对立的，但他对文天祥的人格则是崇敬和钦佩的。当部下劝告他，敌国的丞相，居心叵测，不可亲近时，张弘范笑着说："他是个忠义至性的男儿，决不会有其他。"十一月，文天祥转战至海丰被俘，押解至大都。

同年，张世杰等在广东厓山（广东新会南海中）被元军击败，陆秀夫抱卫王赵昺投海而死。赵昺时年不满 8 岁。张世杰在厓山突围后遇台风溺死，南宋帝国彻底灭亡。

后记

如果说北宋是在耻辱中亡国，那么南宋则是在悲壮中亡国。和北宋相比，南宋的亡国稍有尊严，至少有文天祥、陆秀夫、张世杰这样以身殉国的大臣。

南宋投降后，元朝意外地给予宋朝皇室“一定”的礼遇，没有如对待西夏和金朝皇族那样赶尽杀绝。宋恭帝被俘以后，被元朝封为瀛国公。到了元世祖忽必烈至元二十六年（1289 年），元世祖忽必烈突然赏给 19 岁的宋恭帝许多钱财，让他出家为僧。于是当年的小皇帝宋恭帝成了高僧，为佛教界做出了许多贡献，翻译了不少佛教经文，成为一段传奇。元英宗至治三年(1323 年)，宋恭宗因文字狱被下令赐死，享年 53 岁。

至于丞相文天祥，更是备受元世祖忽必烈的宽待，几度准备将其释放。从宋帝昺祥兴二年（1279 年）文天祥被俘，到元世祖至元十九年（1282 年）文天祥被处死，忽必烈羁押了他三年时间。这三年，文天祥宁死不屈，“粉身碎骨浑不怕，要留清白在人间”。即便临刑就义，文天祥也坚持南向跪拜，尔后受刑。当时的情境，有人记录如下：

至元十九年（1282 年）十二月初九，文天祥在柴市从容就义。文天祥被押解到柴市口刑场的那天。监斩官问他：“丞相还有甚么话要说？回奏还能免死。”文天祥喝道：“死就死，还有什么可说

的！”他又问监斩官：“哪边是南方？”有人给他指了方向，文天祥向南方跪拜，说：“我的事情完结了，心中无愧了！”

文天祥死后，谥号“忠烈”。按照谥法，“临患不忘国曰‘忠’，秉德遵业曰‘烈’”。明朝大臣于谦评价，“孤忠大节，万古攸传。载瞻遗像，清风凛然”。清朝皇帝乾隆评价，“若文天祥，忠诚之心不徒出于一时之激，久而弥励，浩然之气，与日月争光。该志士仁人欲伸大义于天下者，不以成败利钝动其心”。

当然，也有人注意到，南宋亡国之时，大臣并非都如文天祥、张世杰、陆秀夫那样忠贞不贰，那些理学名儒中也有甘愿俯首称臣的，如许衡、吴澄之辈。只是和宋徽宗时期的北宋相比，南宋的亡国体面多了。

那么，南宋何以亡国呢？临难之际，既然不乏文天祥、张世杰、陆秀夫这样的以身殉节之士，那么为什么会落到帝国崩溃的田地？当时有人是这么总结的：

第一个原因是“宰相非人”，即朝廷用非其人。以至于有人说“北宋缺将，南宋缺相”。南宋一朝“权臣”“权相”问题最为严重。前有秦桧、韩侂胄，后有史弥远、贾似道，皇权一再旁落，甚至皇帝的废立任由权相做主。这是北宋朝不曾见到的。不过共性倒是，不管是权臣还是权相上台，朝政一定因之败坏。宋高宗配合秦桧处死岳飞，自废武功，失去中兴之臣。史弥远对蒙古曲意求和，妥协投降。贾似道更是临门一脚，硬生生将南宋踢向了亡国之门。

贾似道擅权 15 年，大走邪门歪道，独断专行；并且妒贤嫉能，对不肯屈服于其权势的官员施加打击和陷害。权倾朝野之后，贾似道又大肆敛财，贪财好利。

第二个原因是“台谏非人”，即台谏系统被破坏，台谏官员无法充当“天子耳目”。这也在贾似道时期最为严重。贾似道当权后，台谏官员的任命，无一不出自于他之手，或非得得到他的首肯不可。这样，不仅使贾似道之流的为非作歹有恃无恐，而且成了他们手中迫害反对派的有力工具。

第三个原因是“边阃非人”，即负责边防的大臣用非其人。一方面，边防将帅，并非都是靠自己的能力取得这些职位，有些人是依仗靠山、来自“中朝权贵”。而另一方面，南宋基本上忠实地执行了北宋以来崇文抑武的政策，边阃大员诸如“宣抚使”“制置使”，大多都是由文臣担任，他们根本不懂军事，却让这些人来指挥作战，战场上岂有不败之理？

第四个原因就应该是蒙古族强势崛起，宋蒙实力对比差距实在太大。从蒙古人的西征及其成果来看，当时宋军的确难以抵御蒙古军的进攻。南宋的灭亡，多少有些源于“生不逢时”。在蒙元最强盛的时代，南宋却是积重难返。岂有不亡之理？

不过，在这些原因之外，有一点却是共同的，那就是——君主专制制度的弊端。

君主专制制度是一种权力高度垄断在一个家族、一个人之手的制度。这决定了君主无法凭一己之力统治国家，他必须依赖官僚的辅佐或者共治，但又不可能充分信任这些官僚。官僚中既可能有安分守己的正直、才干之士，也可能有心怀叵测、奸邪平庸之人。君主永远避免不了“用非其人”的问题，帝国也永远避免不了昏君或者暴君的出现。居君主之位的人，如果一不小心出现错误，或者在利益的协调上失去平衡，就可能对帝国产生不可逆转的损害。这，就是君主专制的脆弱之处。

北宋或者南宋，都没有逃脱这一历史规律。自秦始皇以来，纵观中国汉、唐、明、清各王朝，单独地看都只有一二百年而已，原因都在于“君主专制”与生俱来的弊端。“君主专制”，实则是两宋以及汉、唐、明、清各朝最终崩溃的“原罪”。因此，两宋时期的皇权纵然较以往朝代更为强大，但帝国的最终归宿却没有成为“例外”。